Herwig Buntz und Elisabeth Erdmann

Fenster zur Vergangenheit

Bilder im Geschichtsunterricht

Band 2:
Von der Frühen Neuzeit bis zur Zeitgeschichte

C.C. Buchner

Fenster zur Vergangenheit
Bilder im Geschichtsunterricht
Band 2: Von der Frühen Neuzeit bis zur Zeitgeschichte

Von Herwig Buntz und Elisabeth Erdmann

Dieses Werk folgt der reformierten Rechtschreibung und Zeichensetzung. Ausnahmen bilden Texte, bei denen künstlerische, philologische oder lizenzrechtliche Gründe einer Änderung entgegenstehen.

1. Auflage [321] 2011 10 09
Die letzte Zahl bedeutet das Jahr dieses Druckes.
Alle Drucke dieser Auflage sind, weil untereinander unverändert, nebeneinander benutzbar.

www.ccbuchner.de

Gesamtherstellung: Aktiv Druck & Verlag GmbH, Ebelsbach

ISBN 978-3-7661-**4607**-6

Inhalt

Vorwort

Nicht ganz so rasch wie geplant liegt nun der zweite Band der „Fenster zur Vergangenheit. Bilder im Geschichtsunterricht" vor. Das hängt nicht nur mit der starken anderweitigen Arbeitsbelastung der Autoren nach Erscheinen des ersten Bands zusammen, sondern auch mit den Schwierigkeiten, die sich bei der Recherche einstellten und die in manchen Fällen den Besuch des entsprechenden Archivs erforderten, der aufgrund der Arbeitsbelastung nicht immer leicht zu realisieren war. Von daher sei an dieser Stelle allen herzlich gedankt, die die Archivbenutzung vor Ort erleichterten oder schriftliche Auskünfte gaben.

Die Macht der Bilder

Bilder haben Konjunktur und die Bezeichnung „iconic turn" ist sicherlich nicht übertrieben. Im Zug einer stetig wachsenden Visualisierung der Informationsaufbereitung scheint sich das Verhältnis zwischen verbaler und visueller Kommunikation immer mehr auf das Nonverbale zu verschieben. Es ist nahe liegend, dass damit das Verhältnis von bewusster und unbewusster Informationsverarbeitung so sehr aus dem Gleichgewicht gerät, „daß die Korrektur von Vor-Urteilen durch Nach-Denken immer seltener stattfindet. Die Mühelosigkeit und Geschwindigkeit, mit der die auf visuellen Stimuli basierenden unbewußten Schlußfolgerungen zustande kommen, sowie die grundlegende Schwie-

rigkeit, sie in Zweifel zu ziehen, muß das von Lippmann [schon 1922, d. Vf.] für das heraufdämmernde Medienzeitalter vorhergesagte, immer breitere Kreise in der Bevölkerung erfassende, stereotypisierende Denken zusätzlich fördern." [1]

Untersuchungen haben gezeigt, dass innerhalb kürzester Zeit, es geht um Millisekunden, durch optische Eindrücke Einstellungen z.B. über eine wahrgenommene Person geschaffen werden. Diese Schlüsse ändern sich im Übrigen kaum, wenn man den Betrachtern längere Zeit zur Beobachtung einräumt. Diese unbewussten Schlüsse, die uns unser optischer Apparat aufdrängt, scheinen auf den ersten Blick unveränderlich.

Selbstverständlich kann es nicht darum gehen, ein Bilderverbot zu propagieren oder normativ Weisungen zu erteilen. Vielmehr ist es notwendig, die versteckten Zusammenhänge zu durchdringen. Die Menschen sind in der Lage, die unbewussten Schlüsse, die ihnen der sensorische Apparat quasi aufdrängt, nicht handlungsbestimmend werden zu lassen[2], sondern durch Aufklärung sich von der Pseudogewissheit zu lösen, die sie hindert, den Dingen auf den Grund zu gehen. Kant hat den Sinn und den Zweck der Aufklärung bekanntlich definiert als den „Ausgang des Menschen aus seiner selbstverschuldeten Unmündigkeit"[3]. Wenn wir genau hinschauen, wenn wir die Entstehungsbedingungen und die Absichten der Bildherstellung und ihre Wirkung sowie den historischen Kontext kennen, ist das Ziel erreicht, die Beobachtung und den kritischen Umgang mit Bildern zu fördern.

---

[1] Siegfried Frey, Die Macht des Bildes. Der Einfluß der nonverbalen Kommunikation auf Kultur und Politik, Bern, Göttingen u.a., 1999, S. 131.
[2] Vgl. ebd., S. 145.
[3] Immanuel Kant, Was ist Aufklärung? in: Berlinische Monatsschrift 12, Dezember 1784, S. 481-494, S. 481.

Im Vorwort des ersten Bands der „Fenster zur Vergangenheit" wurden Fotografien selbstverständlich unter „Bildquellen" subsumiert, jedoch wurden sie nur genannt, da es in der Zeit, die im ersten Band behandelt wird, noch keine Fotografien gab.[4] Da der vorliegende Band Bilder bis ins 21. Jahrhundert enthält, soll im Folgenden der Schwerpunkt auf den Fotografien liegen.

Die technische Entwicklung der Fotografie

Das Prinzip der Camera obscura war bereits Aristoteles bekannt. Danach fallen Lichtstrahlen durch ein Loch und erzeugen auf einer dahinter liegenden Fläche das Abbild der beleuchteten Gegenstände, die sich vor dem Loch befinden. Seit der Renaissance setzte sich die Erkenntnis durch, dass eine Linse die Schärfe und Lichtwirkung verbessern könne. Zahlreiche Maler benutzten die Camera obscura als Zeichenhilfe. Der Nachteil war jedoch, dass das Bild nicht fixiert werden konnte.[5] Es waren zwar schon optische und chemische Prinzipien der Fotografie bekannt, doch erst gegen Ende der 1830er-Jahre wurden fotografische Verfahren veröffentlicht, die zum einen in der Öffentlichkeit große Aufmerksamkeit erfuhren, zum andern auch zum praktischen, weitverbreiteten Gebrauch führten. 1839 kaufte die französische Regierung die Rechte an der Erfindung von Joseph Nicéphore Niepce (1765-1833) und Louis Jacques Mandé Daguerre (1787-1851) und schenkte sie mit großer Geste der Welt. Daraufhin trat William Henry Fox Talbot mit seinem Verfahren in Reaktion auf Daguerre ebenfalls an die Öffentlichkeit.

Die „photogenic drawings" von Talbot beruhten auf der einfachen Technik, Gegenstände auf ein lichtempfindliches Papier zu legen, zu belichten und das Bild anschließend mit einer chemischen Lösung zu entwickeln und zu fixieren. Von diesem so erzeugten Negativ konnten anschließend Abzüge per Kontaktkopie hergestellt werden. Dieses Verfahren wurde Talbot- oder Kalotypie (Gr. *kalos:* schön) genannt.

Unter den Verfahren mit Kameras war die Daguerrotypie von 1839 bis in die späten 1850er-Jahre gebräuchlich. In den USA war sie sehr beliebt und daher noch ungefähr ein Jahrzehnt länger in Gebrauch. Dabei wurden Abbildungen auf sensitivierten versilberten Kupferplatten aufgenommen. Das Bild wurde unter Quecksilberdämpfen entwickelt und erst dadurch sichtbar. Da keine Abzüge hergestellt werden konnten, war das so erstellte Bild ein Unikat.

1851 wurde das Kollodiumverfahren veröffentlicht. Als Schichtträger verwendete man eine mit nassem Kollodium überzogene Glasplatte, was kürzere Belichtungszeiten ermöglichte. Der Nachteil war, dass die Schicht im noch feuchten Zustand belichtet und entwickelt werden musste. Das Verfahren wurde mit vielen Veränderungen bis in die 1870er-Jahre angewandt. Es war jedoch unhandlich, und man musste unterwegs immer eine Dunkelkammer mit sich führen. Ab 1871 erleichterte die *Gelatinetrockenplatte die Arbeit des Fotografen, denn nun musste nicht mehr unterwegs entwickelt werden. In der folgenden Zeit wurde das Verfahren weiter verbessert. Vor allem Fotoateliers verwendeten die Glasplatte noch nach dem Ersten Weltkrieg.

Ein flexibler Film als Schichtträger wurde bereits in den 1880er-Jahren entwickelt, doch er

---

4   Vgl. Elisabeth Erdmann, Vorwort, in: Herwig Buntz und Elisabeth Erdmann, Fenster zur Vergangenheit. Bilder im Geschichtsunterricht, Bd. 1, Bamberg ²2007, S. 5-15, S. 15.
5   Boris von Brauchitsch, Kleine Geschichte der Fotografie, Stuttgart 2002, S. 19-21.

setzte sich – ständig verbessert – erst nach dem Ersten Weltkrieg durch. Kameras mit Rollfilmen erlaubten wesentlich schnellere Aufnahmen.

Bereits um die Wende zum 20. Jahrhundert wurde mit Farbaufnahmen experimentiert, zuverlässige Farbfilme kamen aber erst Mitte der 1930er-Jahre in den Handel. Zuvor behalfen sich die Fotografen mit der (Teil-) Kolorierung von Positiven.

Mit den digitalen Techniken entstand in den 1980er-Jahren etwas vollkommen Neues. Das Bild wird dabei nicht mehr auf fotochemischem Weg, sondern auf elektronischem Weg produziert. Zur Bildbearbeitung ist jetzt lediglich ein Computer mit entsprechendem Bildbearbeitungsprogramm notwendig. Die digitale Fotografie ist auf dem Vormarsch, doch gibt es gerade auch Berufsfotografen, die auf das analoge Verfahren schwören oder beide Verfahren anwenden.[6]

Die Fotografie – Abbild der Natur?

Der französische Fotohistoriker Michel Frizot definierte die Fotografie mit folgenden Worten: „Sicherlich eine sehr heterogene Gesamtheit von Bildern, denen gemeinsam ist, daß sie durch Lichteinwirkung auf eine lichtempfindliche Oberfläche entstanden sind." Diese Definition gilt sowohl für die analoge wie für die digitale Fotografie, wobei bei letzterer das durch das Objektiv gebündelte Licht auf einen elektronischen Sensor fällt, der die Reize elektronisch umsetzt. Frizot führt weiter aus: „Manche sehen in der Fotografie eine objektiv inventarisierende Abbildung der Welt, also ein Dokument; für andere ist das fotografische Bild vollkommen subjektiv, der Fotograf daher ein Künstler, der mit den Elementen der Wirklichkeit komponiert und sie sich aneignet, um sich selbst auszudrücken." [7]

Seit 1839 wurde immer wieder die Detailgenauigkeit hervorgehoben. Die Fotografien wurden nicht als Gebilde von Menschenhand betrachtet, sondern für so genau und detailgetreu angesehen, dass man sie als Werk der Natur ansah. Dazu hat Talbot mit seinem Buch „The Pencil of Nature" beigetragen, das in sechs Teilen 1844-1846 erschien. Er schrieb darin: „Die Tafeln dieses Werkes (sind) durch nichts anderes zustande gekommen als durch die Einwirkung des Lichts […] ohne Unterstützung durch irgend jemanden, der mit der Zeichenkunst vertraut wäre […]. Die Hand der Natur hat sie abgedruckt."[8]
Diese Vorstellung wird bis heute von den „Realisten" vertreten, die an ein analogisches Wesen der Fotografie glauben. Die vordergründig realitätsgetreue Abbildung erschwert sicherlich den analytischen Umgang mit der Fotografie. Es ist durchaus bekannt, dass eine Reihe von Wahlentscheidungen die jeweilige Fotografie beeinflusst. Dazu gehören die Wahl der Kamera, der Standpunkt der Fotografen, die Lichtverhältnisse, der Ausschnitt und die Entwicklung. Darüber hinaus müssen auch die jeweiligen Funktionen, die die Bilder haben, beachtet werden. Es ist von Bedeutung, ob eine Fotografie für die Dokumentation von Befunden wie z.B. in der Archäologie oder in der Kunstgeschichte, ob sie für das Familienalbum oder für die Presse bestimmt ist. Soll sie als Werbung dienen oder als repräsentative Abbildung? Es ist also wichtig, sich mit den

---

6 Jens Jäger, Photographie: Bilder der Neuzeit. Einführung in die Historische Bildforschung, Tübingen 2000, bes. S. 41 ff., vgl. auch Michel Frizot (Hg.), Neue Geschichte der Fotografie, Köln 1998.
7 Michel Frizot, Einleitung: Das Zeitalter des Lichts, in: Neue Geschichte der Fotografie, hg. v. Michel Frizot, Köln 1998, S. 9-13, beide Zitate S. 11.
8 Ders., Eine automatische Zeichnung. Die Wahrheit der Kalotypie, in: ebd., S. 59-82, S. 62.

---

privaten und kommunikativen Verwendungs-formen der Fotografie auseinanderzusetzen. Dabei spielen auch die Auftraggeber einer Fotografie eine Rolle. Das gilt sowohl für private Fotos wie in besonderem Maß für Pressefotos. Denn in der Regel unterliegen die Fotografen den Zwängen, die von den Erfordernissen der Zeitschrift oder Zeitung ausgehen, für die sie arbeiten. Dazu kommt, dass bei der Presse in der Regel nicht der Fotograf eines oder mehrere seiner Bilder auswählt, sondern die Redaktion oder ein Bildredakteur, was manchmal die Fotografen verärgert.[9] Die Agentur Magnum, die erste unabhängige Foto- und Fotografenagentur, wurde bekanntlich 1947 von berühmten Fotografen gegründet, um ihre Rechte gegenüber den großen Zeitschriften und Bildagenturen besser vertreten zu können.[10]

Fotografien und Geschichte

Fotografien vermittelten (und vermitteln) dem Betrachter, dass sich Geschichte so zugetragen habe. Für Leopold von Ranke waren Fotos „die echtesten unmittelbaren Urkunden", die von der Vergangenheit zeugten.[11] Droysen hätte vermutlich von Überresten gesprochen.
Diese Auffassung war verbreitet. So verteidigte die „Berliner Illustrierte Zeitung" 1919 die Fotografie gegen kulturkritische Vorbehalte, indem sie den Lesern versprach, bei den Ereignissen mit dabei zu sein, sie also zu Augenzeugen der Weltgeschichte zu machen und zugleich ihre Erkenntnis zu fördern.[12]

Heute wird dagegen von Medienwissen-schaftlern und anderen Wissenschaftlern die Mehrdeutigkeit der Fotografie betont. Sie gilt zwar als Abbild der Realität und bezieht sich auf die gezeigten Ereignisse oder Personen, allerdings ist das „Wie" umstritten. Hier spielen sicher der Standpunkt des Fotografen, seine Absicht, sein Auftrag und andere Faktoren eine Rolle. Dazu kommt, dass eine Fotografie die dreidimensionale Wirklichkeit zweidimensional abbildet. Außerdem handelt es sich um einen Ausschnitt, der zu einem bestimmten Augenblick so und nicht anders vom Fotografen aufgenommen wurde; Gerüche und Geräusche können nicht abgebildet werden. Andererseits verweist die Fotografie auf die Realität, die hinter dem Abgebildeten liegt. Der Betrachter einer Fotografie bringt jeweils seine eigenen Erfahrungen und Erinnerungen ein. Unter Umständen handelt es sich um ein Detail, das ihn gefangen nimmt und seine Erinnerungen weckt.[13]

Aus medienwissenschaftlicher Sicht hat sich Bernd Stiegler ebenfalls mit der Frage, ob Fotografien Geschichte zeigen, in einem Aufsatz von 2005 auseinandergesetzt. Nachdem er die Positionen verschiedener Fototheoretiker unter seiner Fragestellung geprüft und insbesondere nach dem Verhältnis von Text und Bild gefragt hat, stellt er die These auf, dass Fotografien ein zum Bild gewordener Blick auf die Geschichte seien. Er nennt Fotografien bildliche Konkretionen von Geschichtsmodellen: „Fotografien zeigen nicht Geschichte, sondern verschiedene Formen,

---

9   Vgl. Luc Boltanski, Die Rhetorik des Bildes, in: Eine illegitime Kunst. Die sozialen Gebrauchsweisen der Photographie, Frankfurt a. M. 1983, S. 137-163, bes. S. 156 ff.
10 Vgl. www.magnumphotos.com/archive/C.aspx?VP=XSpecific_MAG.AgencyHome_VPage&pid=2K7O3R1VX08V (3.8.2008).
11 Ranke zitiert nach Karin Hartewig, Fotografien, in: Aufriß der historischen Wissenschaften, hg. v. Michael Maurer, Bd. 4: Quellen, Stuttgart 2002, S. 427-448, S. 428.
12 Vgl. ebd., S. 226 f. zitiert die Berliner Illustrierte Zeitung.
13 Vgl. ebd., S. 435 ff. Sie bezieht sich bei dem Detail, das der Betrachter wahrnimmt, auf Roland Barthes, S. 437.

Geschichte zu visualisieren."[14] Bei den von ihm an Bildern ausgemachten Modellen geht es um unterschiedliche Umgangsweisen vor allem des Betrachters mit Geschichte, wie z.B. Geschichte als offener oder als geschlossener Zeichenraum, als inszenierte Geschichtslosigkeit oder als subjektive Konstruktion der Geschichte. Auch sein „Modell der Fotografie als Beweis oder Beleg" zeigt, wie der Betrachter mit dem Bild bzw. mit den Bildern umgeht. Als Beispiel stellt er die Fotografie eines Schriftstellers als Kind und als Erwachsener nebeneinander. „Die Geschichte, die aus diesem Doppelbild abzulesen ist, die Geschichte, die dieses Bild zeigt, ist die Geschichte der Fotografie, die uns Identität oder Differenz als Geschichte suggeriert und doch nicht mehr kann als uns Bilder zu zeigen, denen wir eine Geschichte, die Evidenz eines Augenblicks oder die konstruktive Kraft eines Geschichtsmodells zuschreiben."[15]

Fotografien „sehen" lernen

Fotografien sind Bilder und somit historische Quellen. Sie müssen ebenso wie andere Bilder „gesehen" bzw. „gelesen" werden.

Vielen geschichtsdidaktischen, museumspädagogischen und fotohistorischen Arbeiten liegt der ikonologische Ansatz von Panofsky zugrunde, der im Übrigen in seiner ersten Stufe, der „vorikonographischen Beschreibung", ein präzises Beobachten des jeweiligen Bilds fordert. Allerdings werden auch andere Ansätze zur Kenntnis genommen, und es wird vorgeschlagen, sie ergänzend heranzuziehen.[16] Karin Hartewig hat darauf verwiesen, dass sich die Fotogeschichte am ehesten noch der ikonographisch-ikonologischen Methode von Panofsky bediene, gelegentlich noch die historische Semiotik heranziehe und zunehmend die soziologischen Gebrauchsweisen und Verwertungszusammenhänge berücksichtige. „Allerdings förderte der eklektizistische Methoden-Mix, den man neben den ‚Königswegen' der reinen Lehre als ‚Wald- und Wiesenweg' der Praktiker bezeichnen könne, bereits eine Fülle überzeugender Darstellungen und Bildpräsentationen zutage."[17] Hartewig hält den Ansatz Panofskys für äußerst produktiv, allerdings verweist sie zu Recht darauf, dass er für Meisterwerke der Malerei der frühen Neuzeit entwickelt worden sei. Folglich müsse eine Übersetzung geleistet werden, die der Fotografie als serieller Quelle, aber auch den vielen Bildern gerecht werde, deren Fotograf unbekannt ist.[18] Diese Forderung ist in vielen Arbeiten bereits erfüllt. Der Historiker Gerhard Jagschitz hat 1991 vier Interpretationsebenen für Fotografien unterschieden: 1) das Offensichtliche, Erkennbare, 2) das Rekonstruierbare, Erschließbare, 3) das nicht Erschließbare, „Sprachlose", 4) das durch den Rezipienten neu Geschaffene.[19] Hier wird deutlich, welche Bedeutung er dem Rezipienten zumisst. Er hat seine Ausführungen im Übrigen mit einem Appell an die interdisziplinäre Zusammenarbeit zur Interpretation von Fotografien abgeschlossen. Ob sich diese Unterscheidung der Interpretationsebenen bewährt, muss sich erst noch erweisen. Neben dem Ansatz Panofskys sollten auch die anderen Ansätze zur Bildinterpretation herangezogen und überprüft werden, wieweit sie für die Eigenart der Fotografien aussagekräftig sind.

---

14 Bernd Stiegler, Zeigen Fotografien Geschichte?, in: Fotogeschichte 25 (2005), S. 3-14, S. 9.
15 Ebd., S. 14.
16 Vgl. Erdmann, a.a.O. (Anm. 4), S. 13 mit Anm. 50.
17 Hartewig, a.a.O. (Anm. 11), S. 439.
18 Vgl. ebd., S. 440 ff.
19 Gerhard Jagschitz, Visual History, in: Das audiovisuelle Archiv, 29/30 (1991), S. 23-51, S. 35.

Fotografien haben gegenüber anderen Bildern Eigenheiten, die es bei der Interpretation zu beachten gilt: Auf den ersten Blick bilden sie die Realität ab. Darauf hat bereits Michael Sauer verwiesen.[20] Zwar weiß jeder heute, dass das nicht so ist, aber das fotografische Bild verführt immer wieder den Betrachter. Dazu kommt, dass Fotografien, seit es sie gibt, manipuliert wurden.[21]

Wie schwer es ist, mit Fotografien umzugehen, hat auch der Streit um die Ausstellung „Vernichtungskrieg. Verbrechen der Wehrmacht" gezeigt, die dann aufgrund der Kritik geschlossen und für eine neuerliche Präsentation umgearbeitet wurde.[22]

Zur äußeren Beschreibung eines Fotos gehören das Format und die Art des Fotos. Wichtig ist aber auch, die Frage nach dem Negativ zu stellen. Erst der Vergleich zwischen Negativ und Positiv lässt Aussagen über den Grad einer Manipulation zu. Handelt es sich um eine Retusche am Negativ oder am Positiv? Auch die Frage, ob nur ein Ausschnitt des Negativs vergrößert wurde, lässt sich damit beantworten. Da es bei der digitalen Fotografie kein Negativ mehr gibt, kann eine Manipulation nicht mehr nachgewiesen werden. Immerhin existiert seit 1997 ein Memorandum zur Kennzeichnungspflicht manipulierter Bilder (M) bei dokumentarisch-publizistischen Fotos, das von mehreren Verbänden und Agenturen unterzeichnet wurde. Allerdings ist es juristisch nicht bindend.[23]

Es lässt sich auch nicht immer feststellen, wer der Fotograf war, insbesondere bei den Amateurfotografien. Je berühmter ein Fotograf war (oder ist), desto eher besteht die Chance, seine Aufnahmen zu identifizieren. Bei Amateurfotos ist der Nachweis kaum zu führen, es sei denn, das Bild findet sich in einem entsprechenden Kontext oder es ist etwas über die Herkunft der Aufnahmen bekannt.

Auch wenn man nicht weiß, wer der Fotograf war, so lässt sich über genaue Beobachtung etwas über die Perspektive des Fotografen aussagen. Auch der Auftraggeber einer Aufnahme lässt sich in vielen Fällen nicht mehr ausmachen, doch sind soziologische Überlegungen hilfreich, sofern man weiß, ob es sich z.B. um ein Pressefoto oder um ein Foto anlässlich eines Firmenjubiläums handelt.

Neben der genauen Bildbeschreibung sollte man versuchen, die Aufnahme zeitlich einzuordnen. Die Entstehungszeit lässt sich zumeist wenigstens grob bestimmen, daher sollte das Foto in den historischen Kontext eingeordnet werden. Es muss dann auch je nach Art des Fotos nach den epochenspezifischen politischen, sozialen und kulturellen Umständen gefragt werden. In diesem Zusammenhang sind auch die technischen und materiellen Möglichkeiten der Fotografie in der betreffenden Zeit auszuloten. Wer konnte es sich überhaupt leisten, zu fotografieren oder sich von einem Berufsfotografen abbilden zu lassen?

Seit einiger Zeit wächst auch in der Geschichtswissenschaft das Interesse am Umgang mit Fotografien.[24] Freilich haben andere Disziplinen bereits früher mehr dazu beigetragen. Notwendig ist jedenfalls, dass auf diesem Feld weitergearbeitet wird.

---

[20] Vgl. Michael Sauer, Fotografie als historische Quelle, in: GWU 53 (2002), S. 570-593, S. 570 f.

[21] Vgl. Alain Jaubert, Fotos, die lügen. Politik mit gefälschten Bildern, Frankfurt a. M. 1989; David King, Stalins Retuschen. Foto- und Kunstmanipulationen in der Sowjetunion, Hamburg 1997; Bilder, die lügen (Begleitbuch zur Ausstellung), hg. vom Haus der Geschichte der Bundesrepublik Deutschland, Bonn 1998.

[22] Vgl. Hartewig, a.a.O. (Anm. 11), S. 432 ff., Sauer, a.a.O. (Anm. 20), S. 575 (Anm. 5), S. 578 mit Anm. 14.

[23] Vgl. www.fotorecht.de/publikationen/mkennzeichnung.html (3.8.2008).

[24] Vgl. die verschiedenen Beiträge, die sich mit Fotografien befassen, in dem Sammelband: Visual History. Ein Studienbuch, hg. v. Gerhard Paul, Göttingen 2006.

Zum Umgang mit diesem Buch

Wie bereits der erste Band wendet sich auch der zweite vornehmlich an Geschichtslehrer. Das Buch soll eine Hilfe sein, schnell und zuverlässig Informationen zu erhalten, die notwendig sind, ein Bild im Unterricht als historische Quelle einzusetzen. Andererseits soll das Buch jedem, der sich für Bilder interessiert, einen vertieften Zugang gewähren. Gerne hätten die Autoren noch vermehrt schriftliche Quellen und andere vergleichbare Bilder miteinbezogen, um die historische und visuelle Einordnung zu erleichtern. Dem standen Platzgründe entgegen.

In vielen Geschichtslehrplänen wird auf die Bedeutung des methodischen Wissens und auch explizit auf den Umgang mit Bildern als historische Quellen verwiesen. Das kann aber nicht bedeuten, dass man einmal ein Bild ausführlich im Geschichtsunterricht behandelt und dann der Meinung ist, nun könnten die Schüler damit umgehen. Methodisches Wissen muss sorgfältig und von Anfang an aufgebaut und immer wieder mit zunehmendem Schwierigkeitsgrad geübt werden. Damit hängt aber auch zusammen, dass das Buch keine fertigen „Rezepte" bietet, sondern Informationen über das jeweilige Bild, aber auch methodische Hinweise bereitstellt. Der Lehrer muss jeweils aufgrund seiner didaktischen Kompetenz in Anbetracht des Alters und des Leistungsvermögens seiner Klasse entscheiden, was er auswählen und wie er vorgehen wird.

Elisabeth Erdmann   Erlangen-Nürnberg

Für wichtige Hinweise und Unterstützung danken die Verfasser:
Herrn Dr. Gerhard Ribbrock vom Städtischen Museum Mülheim/Ruhr,
Herrn Günther Wolf, Stadtarchiv Freiburg/Br.,
Frau Ulrike Konrad, Museum am Burghof Lörrach,
Frau Dr. Maren Ballerstedt und Frau Konstanze Buchholz, Stadtarchiv Magdeburg,
Herrn Roland Kuhne, Stadtarchiv Halle (Saale).

DA Columbus in seiner ersten Schiffahrt zu Land gefahren/ hat er an dem Gestaden deß Meers ein höltzin Crucifix lassen auffrichten/ darnach ist er in die Insel Haytin/ welche er Hispaniolam nennet/ kommen/ vnd mit vielen Spaniern auff das Land außgestiegen/ An demselbigé Orth ward er von dem Cacico (also nennen sie die Königische auff jhre Spraach) welcher Guacanarillus mit Namen hieß/ gantz freundtlich vnnd hertzlich auffgenommen/ vnd als sie beyde einander mit Geschenck vnd Gaben verehreten/ haben sie ein Bündnuß der zukünfftigen Freundtschafft mit einander gemacht vnd bestättiget: Es verehret vnnd begabet Columbus den König mit Hembdern/ Hüten/ Messern/ Spiegeln vnd dergleichen/ Hergegen verehret vnd schencket dem Columbo der Cacicus ein grossen vnd schweren glotzen Goldts/ Capit. 7.

C ij Columbus

Kupferstich (15 x 18 cm) von Theodor de Bry, aus: „Sammlung von Reisen in das westliche Indien", Bd. 4, Frankfurt a. M. 1594, Aufbewahrungsort: Kunsthistorische Bibliothek Museen Preußischer Kulturbesitz, Berlin.

Die Landung des Kolumbus in Amerika 1492

Beschreibung

Auf einer schmalen, vom Meer umspülten Landzunge steht ein mit Brustpanzer, Schärpe, Halskrause und Hut bekleideter Mann, an seiner linken Seite hängt ein Degen, und oberhalb des Handschutzes hält er einen langen Stab mit einer Metallspitze. Hinter ihm haben sich zwei behelmte Soldaten mit Degen und geschultertem Gewehr aufgestellt. Dieser Gruppe kommen nur mit einem Lendenschurz bekleidete Männer entgegen: Sie tragen Halsketten und verschiedene Gefäße, die sie den Bekleideten entgegenstrecken.

Dahinter erstreckt sich offenbar tiefer liegend eine etwas breitere Landzunge. An ihrem äußersten Ende links richten drei Männer, ebenfalls mit umgürtetem Degen, ein Kreuz auf. Ein Gewehr und ein Spaten liegen neben ihnen auf dem Boden.

Im Hintergrund nähern sich drei Segelschiffe dem flachen Strand. Eine Gruppe von fünf Bewaffneten steht schon am Ufer. Neben dem ersten Schiff, das wegen der geringen Wassertiefe nicht Anker werfen kann, liegt ein Beiboot, das Menschen aufnimmt, um sie an Land zu bringen. Im Hintergrund ist eine hügelige, mit einigen Bäumen bestandene Landschaft zu sehen. Es lassen sich zwei Dreiergruppen von unbekleideten Menschen erkennen, die offensichtlich vor den Schiffen fliehen.

Interpretation

Laut Überschrift und Text unter dem Bild ist Kolumbus abgebildet, der auf seiner ersten Fahrt vermeintlich nach Indien kam. Der Text geht auf die erste Landung ein, das Aufrichten eines hölzernen Kreuzes sowie die Weiterfahrt nach Haiti, wo Kolumbus von dem Kaziken Guacanarillus freundlich aufgenommen wurde und beide Geschenke austauschten.

Auffallend bei dem Bild ist, dass mehrere Vorgänge, die sich nicht gleichzeitig abgespielt haben können, dargestellt sind: Zum einen die Landung der Schiffe, zum anderen das Aufstellen des Kreuzes und das Aufeinandertreffen von Kolumbus und Indianern. Allerdings wird nicht wie im Text beschrieben der Austausch von Geschenken dargestellt, sondern fast unbekleidete Einheimische bringen Kolumbus Geschmeide und Goldschmiedearbeiten (im Text ist dagegen von einem Klumpen Gold die Rede). Das Bordbuch des Kolumbus erwähnt zwar das Fliehen der einheimischen Bevölkerung, aber nicht im Zu-

sammenhang mit der Landung auf Guanahani. Im Aussehen unterscheiden sich die Indianer nicht von den Spaniern, sondern nur in der Kleidung. Auffällig ist, dass die Indianer Kolumbus reich verzierte Halsketten, einen überdimensionierten Ring sowie Pokale und ein Kästchen bringen, die von der Form her an zeitgenössische europäische Gold- und Silberarbeiten erinnern. Kolumbus dagegen übergibt keine Geschenke, obgleich er davon in seinem Bordbuch berichtet und auch der Text unter dem Bild, der von Benzoni stammt (s. S. 14), darauf verweist.

Theodor de Bry

Theodor (Dietrich) de Bry wurde 1528 als Sohn einer wohlhabenden Familie in Lüttich geboren. Er hielt sich zeitweise in Straßburg auf, wo er 1560 heiratete. 1570 wurde er in Lüttich wegen seiner Sympathien für die Reformierten angeklagt. Seines Vermögens beraubt musste er seine Vaterstadt verlassen. Er fand Zuflucht in Straßburg, der Heimat seiner bereits verstorbenen Frau. Ausgebildet war er als Goldschmied und Kupferstecher. Infolgedessen konnte er, wie er selbst bezeugt, sein verlorenes Vermögen und sein Ansehen wiedergewinnen. 1590 erhielt er in Frankfurt am Main, der Heimat seiner zweiten Frau, das Bürgerrecht. Dort arbeitete er als Kupferstecher, Buchdrucker und Verleger. Bereits 1590 erschien der erste Band seiner später so genannten „Sammlung von Reisen in das westliche Indien und das östliche Indien", auch bekannt unter dem Titel „Collection des grands et petits voyages". Sechs Bücher der Reisen in das westliche Indien betreute Theodor de Bry, bald auch mithilfe seiner Söhne, bis zu seinem Tod 1598. Seine Söhne Johann Theodor und Johann Israel führten mit ihrer Stiefmutter Katharina Rölinger die Werkstatt weiter, später die Schwiegersöhne von Johann Theodor, nämlich Matthias Merian der Ältere und Wilhelm Fitzer.

Verbreitung und Grundlagen des Werks

„Die Reisen in das westliche Indien" erschienen als deutsche Ausgabe in 14 (1590-1630), als lateinische Ausgabe in 13 Büchern (1590-1634). Der erste Teil des ersten Buchs erschien sogar in deutscher, englischer, französischer und lateinischer Sprache. De Bry dachte also an einen europäischen Leserkreis. Latein wurde damals von den Gebildeten beherrscht, während sicher nicht alle, die als interessierte Leser in Frage kamen, einen lateinischen Text lesen konnten. Wie groß der Erfolg der Sammlung von Reisen in das westliche Indien war, lässt sich daran ermessen, dass noch zu Lebzeiten Theodor de Brys die Familie begann, auch die Reisen in das östliche Indien herauszugeben. Nachdrucke mit Textauszügen und den Kupferstichen de Brys erschienen noch 1655. Mit der „Sammlung von Reisen [...]" wurde erstmals seit den Reisen des Kolumbus den Lesern ein Bildpanorama der Eroberungen in Amerika und zugleich der dortigen Bevölkerung geboten. Nur wenige Europäer hatten die Möglichkeit, Indianer in Europa zu sehen und zu sprechen wie z.B. Montaigne, der sich in Rouen mittels eines Dolmetschers mit den Indianern unterhalten konnte (Essays 1, 31). Es ist jedoch nicht bekannt, dass de Bry Bewohnern der neuen Welt begegnet ist.

Den einzelnen Teilen oder Büchern liegen Auszüge bzw. Zusammenfassungen aus verschiedenen Berichten zugrunde. Das vierte Buch, dem das Bild entstammt, basiert auf den Erlebnissen (1541-1556) des Mailänders Girolamo Benzoni, der zu Beginn seiner Berichte auf die Reisen des Kolumbus und anderer Entdecker eingeht. Auch die beiden folgenden Bücher de Brys fußen auf dessen Bericht. Durchaus kritisch beschreibt Benzoni die Goldgier und die Grausamkeiten der Spanier gegenüber den Indianern. Allerdings gilt das nicht für seine Schilderung der Entdeckungen des Kolumbus.

Zusätzliches Material

Das Bordbuch des Kolumbus

Christoph Kolumbus schrieb für das spanische Königspaar ein Tagebuch seiner Überfahrt nach Indien auf dem westlichen Seeweg (1492). Das Original ist verloren, doch es existiert eine Zusammenfassung von Las Casas (1474-1566), der von Kolumbus in der dritten Person spricht. Nur auszugsweise zitiert er ihn. Der Bericht ist nicht immer vollständig und nicht frei von Irrtümern. Las Casas lag wahrscheinlich eine Abschrift des Originals vor. Über die Landung auf Guanahani (San Salvador), der ersten Insel, die Kolumbus erreichte, wird Folgendes berichtet:

Bald sahen sie dort nackte Leute am Strand, und der Admiral fuhr in einem mit Waffen ausgerüsteten Boot an Land; Martin Alonso Pinzón und Vicente Anes, sein Bruder, der Kapitän auf der Nina war, begleiteten ihn. Der Admiral entfaltete das königliche Banner und die beiden Kapitäne zwei Fahnen mit dem grünen Kreuz [...]. Der Admiral rief die beiden Kapitäne und die anderen, die an Land gesprungen waren, zu sich und sagte, sie sollten getreulich bezeugen, daß er vor aller Augen für den König und die Königin, ihre Herren, von der Insel Besitz ergriff [...]. Das Folgende sind wortwörtlich die Äußerungen des Admirals in seinem Buch über die erste Seereise und die Entdeckung dieser Indien: 'Da sie uns große Freundschaft erwiesen und ich erkannte, daß es Leute waren, die sich besser mit Liebe zu unserem heiligen Glauben befreien und bekehren würden als mit Gewalt, gab ich einigen von ihnen ein paar bunte Mützen und etliche Glaskugeln, die sie sich um den Hals hängten, und allerhand andere Dinge von geringem Wert, an denen sie großes Vergnügen fanden, und sie waren uns derart zugetan, daß es ein Wunder war. Hernach kamen sie zu den Booten geschwommen, in denen wir saßen, und brachten uns Papageien und Knäuel mit Baumwollfäden, Wurfspieße und viele andere Dinge und tauschten sie gegen Dinge ein, die wir ihnen gaben, zum Beispiel Glaskügelchen und Glöckchen. Kurz gesagt, sie nahmen alles und gaben sehr bereitwillig von dem, was sie hatten. Aber mir schien, als seien die Leute sehr arm an allem. Sie gehen allesamt nackt herum, wie sie ihre Mutter zur Welt gebracht hat, auch die Frauen [...]'.

Christoph Columbus, Schiffstagebuch, übers. v. Roland Erb, Nachwort v. Jürgen Hell, Leipzig ⁶1992, S. 22 f.

Hinweise für den Unterricht

Im Zusammenhang mit der Landung des Kolumbus auf Guanahani sollen die Schüler das Bild genau betrachten und den darunter stehenden Text lesen, um dann beides miteinander zu vergleichen. Dann sollte ihnen der Auszug aus dem Bordbuch des Kolumbus vorgelegt werden, sodass sie Gelegenheit haben, die Tendenz der europäischen Überlegenheit, die sich gerade auch im Bild äußert, selbst herauszufinden. Sinnvoll wäre es, den Text von Urs Bitterli über die ersten Begegnungen zwischen den Spaniern und den Bewohnern Haitis einzubeziehen, weil er den Blick von den Europäern hin zu den Einheimischen lenkt (vgl. Bitterli, S. 78 ff.) Die Schüler könnten im Anschluss an eine Besprechung aufgefordert werden, die möglichen Gedanken der Indianer, aber auch die der Spanier zu Papier zu bringen.

Literatur

Girolamo Benzoni, La Historia Del Mondo Nuovo, Venedig ²1572 (Faksimile Graz 1962).

Urs Bitterli, Alte Welt – Neue Welt. Formen des europäisch-überseeischen Kulturkontaktes vom 15. bis zum 18. Jahrhundert, München 1992.

Elisabeth Erdmann, Das Bild des Fremden. Urteil und Vorurteil anhand eines Bildes bei Theodor de Bry, in: Uwe Uffelmann, Manfred Seidenfuß (Hgg.), Verstehen und Vermitteln. Arnim Reese zum 65. Geburtstag, Idstein 2004, S. 109-120.

Gereon Sievernich (Hg.), America de Bry, 1590-1634. Amerika oder die Neue Welt. Die „Entdeckung" eines Kontinents in 346 Kupferstichen, Casablanca, Berlin, New York 1990.

Sündenfall und Erlösung, Öl auf Holz (80 x 111,5 cm) von Lucas Cranach, ca. 1529, Aufbewahrungsort: Schlossmuseum, Gotha.

Ein reformatorisches Lehr- und Andachtsbild

Beschreibung

Ein Baumstamm teilt das Bild in zwei Hälften. Auf der vom Betrachter aus gesehen linken Seite sind die Äste dürr. Das Bild auf dieser Seite besteht aus fünf Einzelszenen. Direkt neben dem Baum steht eine Gruppe von vier Männern. Der Vorderste ist Mose, er hält in der Linken die beiden Gesetzestafeln, auf die er mit der Rechten zeigt. Mose ist barhäuptig, er hat dichtes Haar und einen kräftigen Bart. Bekleidet ist er mit einem knielangen Mantel mit weißem Pelzkragen. Der Mann an seiner Seite trägt einen langen Mantel und eine Haube mit weißem Rand. Sein langer weißer Bart zeigt, dass er älter als Mose ist. Er blickt seinen Nachbarn an und hebt die rechte Hand, als wollte er ihn beschwichtigen. Von den beiden Männern, die dahinter stehen, sind nur die Köpfe sichtbar. Ein Strauch trennt die Gruppe vom Hintergrund.

Der Blick von Mose ist auf die Bildmitte gerichtet, wo sich das Hauptgeschehen abspielt. Ein nackter Mann mit nach oben gestreckten Armen und offenem Mund rennt auf einer Kiesfläche nach links. Dort lodert am Bildrand ein großes Feuer, dessen Flammen in eine Rauchsäule übergehen. In den Flammen sieht man schemenhaft Kopf und Brust eines

Menschen. Zwei Gestalten jagen den nackten Mann: Ein grinsendes Gerippe versucht ihn mit einem Speer zu treffen. Ihm zur Seite läuft ein Wesen mit Vogelfüßen, Tatzen, einem Hundekopf und Bockshörnern. Sein Bauch sieht ebenfalls wie ein Gesicht mit einem offenen Rachen aus. Das Monster umarmt das Gerippe freundschaftlich mit seinem linken Arm.

Eine Wiese verbindet diese Szene mit einer sehr viel ruhigeren im Mittelgrund. Dort stehen Adam und Eva unter einem Apfelbaum, Eva gibt Adam gerade eine Frucht. Um den Stamm des Baumes windet sich eine Schlange. Der Bildhintergrund ist horizontal geteilt. Unten steht vor einem Wald ein Lager aus Zelten. Dazwischen laufen einige Menschen, während andere auf dem steinigen Boden liegen. Zwischen ihnen kriechen Schlangen. Auf einem hohen Pfahl ist eine Schlange an dem Querholz befestigt.

Am Himmel über Zeltstadt und Paradiesszene sitzt Christus als Weltenrichter auf einem Regenbogen. Er ist mit einem Umhang bekleidet und hat die Füße auf die Erdkugel gestellt. Von seinem Mund gehen ein Schwert und eine Lilie aus. Der helle Kreis, der ihn umgibt, wird durch einen Wolkenkranz eingerahmt. Auf ihm knien zwei Gruppen von jeweils fünf bis sechs Personen in langen Gewändern, offensichtlich nach Männern (rechts) und Frauen getrennt. Sie haben die Hände zum Gebet gefaltet und blicken zu Christus.

Die felsige Landschaft im Hintergrund setzt sich auf der rechten Bildhälfte fort. Auch sonst sind die beiden Bildhälften vielfach miteinander verknüpft. Neben dem Baum, dessen Blätter hier Laub tragen, steht ein bärtiger nackter Mann, die Hände zum Gebet erhoben. Der Mann vor ihm gleicht ihm in Bart- und Haartracht. Er ist barfüßig und trägt einen Umhang, der die rechte Schulter frei lässt, sodass ein Untergewand sichtbar wird. In der linken Hand hält er ein großes Buch mit fünf Nagelköpfen auf dem Einband. Die beiden ersten Finger der rechten Hand sind wie zum Schwur erhoben und zeigen auf die rechte Bildseite. Hier liegt das Gerippe am Boden und neben ihm das Monster mit den Bockshörnern, bei dem jetzt auch ein langer Schwanz zu erkennen ist. Über die beiden schreitet ein Lamm, das eine (kaum sichtbare) Fahne trägt. Dahinter steht auf einer Kiesfläche das T-förmige Kreuz mit dem toten gekreuzigten Christus. Aus seiner Seitenwunde ergießt sich ein Blutstrahl, über den eine Taube fliegt, und fällt auf den nackten Mann. Hinter dem Kreuz blickt man in eine offene Felsenhöhle, vor der ein mächtiger Stein aufgerichtet ist. Auf dem Boden steht ein geöffneter Steinsarkophag.

Über dem Felsen schwebt der auferstandene Christus in einer *Aureole. Das Tuch, das er um seine Hüfte geschwungen hat, und der lange Umhang wehen hinter ihm. Christus hält in der Linken die Stange einer Fahne, die ein weißes Kreuz auf rotem Grund zeigt. Mit der Rechten deutet er auf eine kleinere Gloriole am Himmel. Von dieser Gloriole kommt auf einem Lichtstrahl ein Engel zu einer Gruppe von Männern, die eine Schafherde weiden, dahinter liegt eine Stadt. Der untere Bildrand enthält folgende Texte aus dem Neuen Testament:

Vom Regenbogen und Gericht. Es wird Gottes zorn geoffenbart vom Himmel uber aller menschen Gottlos leben und unnrecht. Roman. 1. Wier seind allzumal sünder unndt mangeln des preyses das sie sich Gottes nicht rühmen mügen. Roman. 3.

Vom Teuffel und Tod. Die Sünde ist des Todes spieß aber das gesetz ist der sünden krafft. 1. Corinth. 15. Das gesetz richtet zornn ahn. Roman. 4.

Vom Mose und den Propheten. Durch das gesetz kömet erkentnus der sünden. Roman. 1. Math. 11. Das gesetz undt propheten gehen bis auff Johannes zeitt.

Vom Menschen. Der gerechte lebett seines glaubens. Roman. 1. Wir halten das ein mensch gerecht werde (durch) den glauben on werck des gesetzs. Roman. 3.

Vom Teuffer. Sihe das ist gottes Lamb / das der welt sunde tregt. Sant Johannes Baptist. Johannis. 1. In der heyligunge des geistes zum gehorsam und besprengung des blutes Jhesu Christi amen. 1. petri.

Vom Tode und Lamb. Der Tod ist verschlungen ym sieg Tod wo ist dein spies Helle wo ist dein sieg / Danck hab Gott der uns den sieg gegeben hat durch Jesum Christum unsern heren. 1. Corinth. 15.

Interpretation

Die beiden Bildhälften sind antithetisch aufeinander bezogen. Die Szenen des linken Bildes gehören dem Alten Testament an. Am Anfang der Menschheitsgeschichte steht der Sündenfall. Die Gesetzestafeln erinnern an Mose, der dem Volk Israel die Zehn Gebote gegeben hat. Die Männer um ihn sind Propheten, neben ihm steht vielleicht der Prophet Jesaja, der durch seine Verheißungen bereits auf Johannes den Täufer (Jes. 40, 1-5) und auf Christus hinweist (Jes. 7, 145; 9, 1-6). Die Zeltstadt im Hintergrund zeigt die Errettung des Volkes Israel vor einer Schlangenplage (4. Mose 21, 4-9). Die eherne Schlange, die Mose aufrichten ließ und deren Anblick die Menschen rettete, wurde als Vorausdeutung auf die Kreuzigung aufgefasst. Über allem thront Christus als Weltenrichter.

Die zentrale Aussage wird im Mittelbild zusammengefasst. Der Mensch (Adam) ist sündig und kann aus eigener Kraft die Gebote nicht halten. Deshalb verfällt er dem Gericht, und Tod und Teufel treiben ihn in die ewige Verdammnis. Dies drücken auch die toten Äste aus. Die andere Seite des Baumes lebt und grünt. Der Mensch wird von Johannes dem Täufer auf den gekreuzigten Christus verwiesen, der mit seinem Tod die Sünden der Menschen gesühnt hat. Der Blutstrahl der Seitenwunde, der den Mund des Menschen trifft, soll wahrscheinlich das Abendmahl

symbolisieren. Gleichzeitig zeigt er dem Heiligen Geist den Weg zum Menschen. Das Lamm schreitet über Tod und Teufel, die besiegt am Boden liegen. Aber nicht nur der gekreuzigte, sondern auch der auferstandene Christus mit der Fahne als Siegeszeichen ist ein Garant der Gnade. Er weist auf die Gloriole am Himmel, aus der ein Engel schwebt, um seine Geburt den Hirten zu verkünden. Damit werden wichtige Aussagen des Neuen Testamentes – Geburt Christi, Kreuzigung und Auferstehung – in einem Bild simultan zusammengefasst. Den einzelnen Szenen sind die jeweiligen Bibeltexte zugeordnet, die sie nicht nur erklären, sondern in ihrer Aussage bestärken.

Cranach und die Reformation

Lucas Cranach wurde 1472 als Lucas Sunder oder Müller in Kronach geboren. Seine erste Ausbildung als Maler erhielt er bei seinem Vater. Nach Lehrjahren in Wien berief ihn der sächsische Kurfürst Friedrich der Weise 1505 als Hofmaler nach Wittenberg. Cranach lebte den größten Teil seines Lebens in dieser Stadt, wo er schon bald eine große Werkstatt betrieb. Sein Wohlstand und Ansehen vergrößerten sich noch durch seine Heirat mit der Tochter des Gothaer Bürgermeisters. Er war viele Jahre Ratsmitglied in Wittenberg und zeitweilig Bürgermeister. 1550 übergab er seine Werkstatt seinem Sohn Lucas und begleitete den Kurfürsten Johann Friedrich auf dessen Wunsch in die Gefangenschaft nach Augsburg und Innsbruck. Ein Jahr nach seiner Rückkehr starb er 1553 im Alter von 81 Jahren.

Seit 1520 war Cranach mit Luther befreundet, der Taufpate seiner Tochter Anna wurde. Durch die Freundschaft mit dem Reformator entstanden die bekannten Lutherporträts und schließlich die Bilder zu dem Thema „Gesetz und Gnade". Gleichzeitig arbeitete Cranach aber weiter für katholische Auftraggeber.

„Gesetz und Gnade" bei Cranach

Die bildliche Umsetzung des Themas „Gesetz und Gnade" schuf Cranach in enger Zusammenarbeit mit Luther. Dieser hatte anfangs Bilder und ihre Verehrung abgelehnt, aber seit der Auseinandersetzung mit den Bilderstürmern seine Meinung geändert. Bilder sollten die Botschaft des Wortes unterstützen und durch ihre Anschaulichkeit dem Menschen die zentralen Glaubensinhalte vermitteln. Aus dieser Auffassung heraus trat er für eine Erneuerung der christlichen Bilder ein. Das Bild „Gesetz und Gnade" entstand in der Zeit, in der Luther an seinem großen und kleinen Katechismus arbeitete, und es setzt diese Gedanken gleichsam in eine sichtbare Predigt um. Nicht nur der antithetische Aufbau, sondern auch viele Details wie die Bedeutung Johannes des Täufers finden sich in Luthers Schriften wieder.

Hinweise für den Unterricht

Die Auswertung des detailreichen Bilds benötigt viel Zeit, bei der der Lehrer – zumindest in der Mittelstufe – das Gespräch führen und die Ergebnisse strukturieren sollte. Fehlende Bibelkenntnisse müssen vom Lehrer ergänzt werden. Für die weitere Behandlung eignet sich eine fächerübergreifende Zusammenarbeit. Dabei kann das Fach Kunsterziehung auf das Leben des Malers eingehen und sein Werk kunstgeschichtlich einordnen und die Religionslehre die grundsätzlichen Neuerungen in Luthers Lehre behandeln. Im Fach Geschichte lässt sich der Wandel in der Einstellung Luthers zu den Bildern und seine Zusammenarbeit mit Cranach thematisieren. Für eine weiterführende Arbeit können zwei verschiedene Fassungen des Themas verglichen werden, um die Genauigkeit bei der Betrachtung und Beschreibung zu schulen.

Literatur

Luther und die Bilder. Martin Luther: Auslegungen über die Propheten (1525), in: Johann Georg Walch (Hg.), *Sämtliche Schriften*, Bd. 14, Groß Oesingen 1987, Sp. 998-999.

Günter Schuchardt (Hg.), *Gesetz und Gnade. Cranach, Luther und die Bilder. Katalog zur Ausstellung im Museum der Wartburg*, Eisenach 1994.

Oskar Thulin, *Cranach-Altäre der Reformation*, Berlin 1955.

Plünderung des Klosters Weißenau im Bauernkrieg 1525, *Federzeichnung (31,2-31,3 x 44,7-44,9 cm), nach 1525, vor 1533, Jacob Murers Weißenauer Chronik, Blatt VI, Aufbewahrungsort: Fürstlich-Waldenburgisch-Zeilsches Archiv, Schloss Zeil bei Leutkirch, ZA. Ms 54.
Handschriftlicher Text auf der Rückseite: VI Nota, wie die buren ain unwesen gehebt haben in dem goczhus mitt essen und trinken, foll sin, schlachen ainanderen, tu(e über u)ren zerschlachen der kuche und pfistre, da ze nemmend, was inen gefiel, mitt fischen, uss fu(e über u)ren und tragen uß dem kloster frowen und man win und brot.
Übersetzung: VI. Nota, wie die Bauern ein ungeschicktes Wesen gehabt haben in dem Gotteshaus mit Essen und Trinken, voll sein, einander schlagen, Türen zerschlagen der Küche und Bäckerei, da zu nehmen, was ihnen gefiel, mit Fischen, führen und tragen aus dem Kloster Frauen und Männer, Wein und Brot (aus: Jacob Murer, Text und Kommentar, S. 31).

Bilder vom Bauernkrieg 1525

Beschreibung

Der Betrachter blickt auf eine Reihe von unterschiedlichen Gebäuden, die von einer Mauer umgeben sind, auch wenn die Mauer weder im Vordergrund noch links und rechts in der unteren Bildhälfte zu sehen ist. Durch viele Figuren, die unterschiedliche Tätigkeiten verrichten, zum Teil auch kämpfen, wirkt das Bild belebt, aber auch unruhig. Bildbeherrschend nach rechts von der Bildmitte steht ein zweistöckiges Gebäude. Die Vorderwand des oberen Stockwerks ist wie durch ein übergroßes Fenster geöffnet, das den Blick in einen Speiseraum mit Butzenscheibenfenstern freigibt. Rechts und links oben am Gebäude sind Wappen angebracht: links ein Schlüssel, der mit einem Schwert gekreuzt ist, rechts eine dreiblättrige Pflanze mit Wurzeln. Innen im Speisesaal sitzen auf Bänken ohne Lehne je vier Geistliche, erkennbar an ihrer Tracht oder Tonsur, und je vier weltliche Männer, von denen einer ein Schwert umgürtet hat. An einem Ende des Tischs sitzt ein Mann auf einem Faltstuhl und stützt den Kopf mit der Linken, am anderen Ende sitzt wohl vor einem Wandbehang ein Mann, der mit der Rechten einen riesigen Becher hebt. Auf dem Tisch befinden sich runde Brote, eine Trinkschale und ein Noppenglas. Ein Mann liegt auf dem Boden und erbricht sich gerade in den Hof über zwei Hunde. Am Eingang zum Speisesaal sitzt ein Mann, der von einem Brot (?) abbeißt, ein anderer kommt mit zwei großen Schenkkannen die Treppe herauf, ein weiterer in rotem Rock eilt nach unten. Durch die Arkade des Untergeschosses sieht man einen Mann, der Wein vom Fass abzapft. Im Hof vor dem Gebäude tragen zwei Männer einen Weinbottich an einer Tragestange. Daneben gehen zwei Männer mit ihren Schwertern aufeinander los, zwischen ihnen ist das Wort „frid" geschrieben. Drei andere liegen verwundet und blutend auf dem Boden, ein Bewaffneter mit umgürteten Schwert und Hellebarde steht daneben, dazu kommen noch andere Männer, die essen oder sich erbrechen. Am linken Bildrand ist gerade noch der Teil eines Mühlrads zu sehen, das Wasser des Mühlbachs verläuft zum Teil oberirdisch. Aus dem Fachwerkhaus daneben tragen Bewaffnete Brote, aus einem Bau daneben werden an einem Kranen Säcke heruntergelassen, die mit einem Schlüssel gekennzeichnet sind. Last- oder Reittiere sind zwischen den Häusern zu sehen, ein mit Fässern beladenes Fuhrwerk fährt durch ein großes Tor hinaus, ein anderes Fuhrwerk hat bereits den ummauerten Bezirk verlassen. Aus einem Fischteich werden mit einem Netz Riesenfische gefangen, der andere Teich wird durch Hochziehen der Schleuse abgelassen. Nach rechts schließt sich

an das bildbeherrschende Mittelgebäude ein großer Bau an – mit einem Staffelgiebel, einer Sonnenuhr sowie einem Wappen mit vier Feldern. Zwei Männer mit Schlegel und Axt versuchen das Tor zum Erdgeschoss aufzubrechen. Hinter dem Bau ist eine Kirche zu erkennen, wobei der obere Teil des Kirchturms durch den Bildrand abgeschnitten ist. In der Zeichnung finden sich die Zahlen eins bis vier eingestreut.

Interpretation

Bereits aus der Beschreibung wird deutlich, dass es sich um ein ungewöhnliches Geschehen innerhalb eines Klosters handelt. Irritierend ist, dass vier Geistliche mit am Tisch sitzen, während die anderen Dargestellten Lebensmittel fortbringen bzw. betrunken sind und auch gegeneinander handgreiflich werden. Es handelt sich um die Besetzung und Plünderung eines Klosters im Bauernkrieg.

Der Bauernkrieg nahm seinen Ausgang von der Landgrafschaft Stühlingen im Hegau. Hier begann die Erhebung schon im Sommer 1524 und breitete sich langsam im Schwarzwald und um den Bodensee herum nach Oberschwaben aus, offenbar noch ohne planmäßige Organisation. Anfang 1525 erfasste der Aufstand das Allgäu. Jetzt beschäftigte sich auch der Schwäbische Bund, der Zusammenschluss der oberdeutschen geistlichen und weltlichen Herren und der Reichsstädte, der seinen Sitz in Ulm hatte, mit dem Aufstand. Die Bauern hatten sich inzwischen fester organisiert und sich Hauptleute und Räte gegeben. Als Abt Murer Anfang Februar von Weißenau nach Ulm reisen wollte, wurde er in dem Kloster gehörigen Ummendorf aufgehalten, wo er lange Pfarrer gewesen war. Er befragte die Bauern, die ihm ja bekannt waren, ob sie ihm treu bleiben wollten. Alle bis auf einen sagten ihm das zu. Murer ließ sie daraufhin bewirten, doch am nächsten Tag liefen sie dem

Baltringer Haufen zu. Der Abt musste seine Reise abbrechen und kehrte nach Ravensburg zurück. Anfang März kamen die Bauern in das Kloster und verlangten, der Abt solle sich ihnen anschließen und seinen Pfarrern befehlen, das reine Evangelium zu predigen oder Laienprediger einzusetzen. Der Abt entzog sich allen Zugeständnissen durch die Flucht nach Ravensburg, wo das Kloster ein eigenes Haus besaß. Hierhin brachte er auch die Klosterschätze. Die Mehrzahl des Konvents folgte ihm. Vier Pfarrern, die ebenfalls Mitglieder des Konvents waren, befahl er, im Kloster zu bleiben, sich mit den Bauern zu verschwören und sie zu verpflegen. Auf diese Weise wollte der Abt das Kloster vor dem Niederbrennen bewahren. *Glasfenster und Bilder waren zuvor im Gewölbe der Marienkapelle geborgen worden. Diese Taktik des Abts ging auch auf.

Der Zeichner

Das Bild ist eine von elf Zeichnungen, die der Abt des Klosters Weißenau zur Illustration seiner Chronik über die Ereignisse des Bauernkriegs anfertigen ließ. Das Prämonstratenserkloster war von den Mönchen des Klosters Rot an der Rot gegründet worden, nachdem 1145 das Gebiet südlich von Ravensburg, das heute zur Stadt Ravensburg gehört, dem Orden von dem kinderlosen welfischen Ministerialen Gebizo geschenkt worden war. Der Name des Klosters war „in der Owe (Aue)", wurde jedoch zur Unterscheidung von älteren Klöstern nach den weißen Kutten der Prämonstratenser später Weißenau genannt.
Jacob Murer, wohl der jüngste Sohn des Konstanzer Malers Hans Murer d. Ä., wurde um 1460 geboren. 1499-1522 verwaltete er als Pfarrer eine große Klosterpfarrei in Ummendorf bei Biberach, ehe er 1523 zum Abt des Klosters Weißenau gewählt wurde. Er starb 1533. Über den Bauernkrieg hat er eigenhändig

eine Chronik geschrieben, der elf Zeichnungen beigegeben sind. Sie stammen nicht von Murer selbst, immerhin lassen sich unter manchen Zeichnungen Vorzeichnungen, aber auch Anweisungen erkennen, die wohl auf ihn zurückgehen. Auch die Zahlen auf den Zeichnungen gehen auf Murer zurück. In seinen Anweisungen sind sie erläutert. Für Blatt VI: 1 = Speiseraum, 2 = Untergeschoss, 3 = Tür zum Keller im Kanzleibau, 4 = im Hof vor der Prälatur, 5 = Pfisterei (Bäckerei), 6 = Fischteich. Insgesamt lassen sich drei verschiedene Zeichner ausmachen, dazu noch ein weiterer, der auf allen Blättern die Personen eingezeichnet hat. Die Weißenauer Bilderchronik ist einzigartig, sie lehnt sich auch nicht an zeitgenössische Vorbilder an. Vermutlich hat der kunstverständige Abt sie erdacht, und Klosterbrüder, die keine Künstler, sondern Dilettanten waren, haben sie ausgeführt. Darin liegt auch der historische Wert der Bilder.

Zur Lage der Bauern

Die vom Kloster Weißenau abhängigen Bauern hatten ihre Beschwerden in sogenannten Artikeln vorgebracht. Am bekanntesten sind die „Zwölf Artikel", die von dem Schreiber der Beschwerden der Baltringer und Allgäuer Bauern, dem Kürschnergesellen und Laienprediger Sebastian Lotzer sowie dem Memminger Prediger Christoph Schnappeler zusammengefasst worden waren. Die Bauern des Klosters Weißenau selbst haben offenbar keine schriftlichen Beschwerden verfasst. Jacob Murer beschränkt sich in seiner Chronik auch lediglich auf die Ereignisse, die sein Kloster betroffen haben. So teilt er nichts über die Zusammenhänge mit, auch nichts über die „Zwölf Artikel". Er berichtet lediglich, dass seine Bauern, die zur Herrschaft des Klosters Weißenau gehörten, nachts zu ihm kamen und ihn um Rat fragten, nachdem die aufständischen Bauern sich bereits des benachbarten Tettnangs bemächtigt hatten. Die Bauern waren aufgefordert worden, sich den Aufständischen anzuschließen, andernfalls würden sie gezwungen. Sie sagten, sie hätten keine Beschwerden gegen den Abt vorzubringen, allerdings gegen den Landvogt. Die meisten Hintersassen der Klöster waren den Gerichten und dem Steuerrecht der Landvogtei unterworfen. Murer sagte ihnen zu, er wolle sich für sie verwenden, sofern sie nicht zu den Aufständischen liefen. Die Bauern forderten ihre Güter als Eigentum, denn sie hätten bereits den Preis dafür bezahlt. Erschwerend kam hinzu, dass die Landvogtei forderte, die Bauern sollten sich bereithalten, gegen die aufständischen Bauern im Schwarzwald zu ziehen. Stefan Rahl, einer der vermögendsten Untertanen des Klosters, machte sich zum Sprecher der Bauern, die sich weigerten gegen ihre Brüder im Schwarzwald zu kämpfen. Daraufhin kamen die Bauern auch in das Kloster Weißenau. Stefan Rahl und Hans Moser von Furt als Notar bedrängten den Abt, er solle schwören, sich auf die Seite der Bauern zu stellen und seine Pfarrer anweisen, nur das „lautere, klare Evangelium" zu predigen oder Laienprediger einsetzen. Murer entzog sich diesen Forderungen, indem er nach Ravensburg flüchtete. Der Abt berichtet anschließend über die Maßnahmen gegen die Bauern. Seine Chronik endet damit, dass die Hintersassen des Klosters erneut die Huldigung leisteten, allerdings erst nachdem angedroht wurde, 2000 Landsknechte aus dem Allgäu herbeizuholen. 1529, vier Jahre nach dem Bauernkrieg, erlangte das Kloster Weißenau das Recht, dass seine Hintersassen ihm allein dienstpflichtig waren und der Abt als Einziger das Recht hatte, sie zu strafen. Sowohl aus der Bilderchronik wie aus den weiteren Schriften Murers geht hervor, dass er durchaus sozial eingestellt war. So ermahnt er im Vorwort der Klosterchronik seine Nachfolger, ihre Untertanen mild und sanft zu behandeln, um weitere Aufstände zu vermeiden.

Bauernkriegspanorama, Ausschnitt (ca. 4,60 x 5,70 m), von Werner Tübke, Gesamtgröße des Panoramas 14 x 123 m, 1989, Aufbewahrungsort: Panorama Museum, Bad Frankenhausen.

Beschreibung

Im Vordergrund ist ein rundes Brunnenbecken mit schlichter Verzierung zu sehen. In der Mitte liegt auf einem baumartigen, goldgeschmiedeten Gebilde ein Granatapfel, auf dem umgebenden Wasser schwimmen sechs große Blumen mit roten Blütenblättern, dazwischen kleine weiße. Unterhalb des Brunnens ist wie auf einem kleinen Schild „Tübke 1987" zu lesen. Eine Reihe von Männern mit unterschiedlicher Kopfbedeckung und Kleidung, die teils unterschiedliches Handwerkszeug bzw. einen Narrenstab in Händen halten, stehen um den Brunnen. Auf dem Ausschnitt sind zwölf Männer zu sehen, links ragt noch eine Hand und ein Teil eines langen Mantels ins Bild. Hinter der Gruppe wächst dichtes, auf der linken Seite blühendes Gebüsch.

Interpretation

Die Personen, die um den Brunnen stehen, sind von links nach rechts: Hans Sachs, der Dichter und Schuhmacher aus Nürnberg, die Bildhauer Peter Vischer, Veit Stoß und Tilman Riemenschneider, ferner der Maler Jörg Rathgeb. Als Mittelgruppe folgen Albrecht Dürer, Martin Luther und Lucas Cranach der Ältere. Rechts stehen Sebastian Brant, der Verfasser des „Narrenschiffs", gekennzeichnet durch den Narrenkolben, Philipp Melanchthon, Erasmus von Rotterdam und Ulrich von Hutten mit lorbeerbekränztem Kopf.

Allen ist gemeinsam, dass sie als Künstler oder Gelehrte für die Renaissance, den Humanismus und die Reformation, d.h. für den Übergang vom Mittelalter zur Neuzeit, von Bedeutung waren. Sie sind nach zeitgenössischen Gemälden gezeichnet, sodass sie leicht identifiziert werden können. Insgesamt handelt es sich um 20 Personen, die der Maler selbst als „Riesen der Renaissance" ausgewählt hat. Auf dem Ausschnitt nicht zu sehen sind links die Anhänger der Täuferbewegung, Hans Hut und Melchior Rinck, die beide die Schlacht von Frankenhausen überlebten. Auf der rechten Seite sind nicht mehr zu sehen: Nikolaus Kopernikus, Paracelsus, Christoph Kolumbus, Johann Gutenberg, Jakob Welser und Jakob Fugger.

Die Blumen, die im Brunnen schwimmen, werden als sog. Lutherrosen gedeutet (Meißner). Luther hatte eine weiße heraldische Rose mit schwarzem Kreuz auf rotem Herzen als seine *Petschaft entworfen, mit der er seine Schriften kennzeichnete.

Werner Tübke

Werner Tübke wurde 1929 in Schönebeck/Elbe als einziger Sohn einer Kaufmannsfamilie geboren. Der zeichnerisch begabte Junge besuchte seit 1939 das Realgymnasium in Schönebeck, erhielt daneben seit 1939/40 Privatunterricht in Zeichnen und Aquarell bei Karl Friedrich in Magdeburg. Er studierte Grafik und Buchkunst, Kunsterziehung und Psychologie. Danach war er freischaffender Künstler sowie Assistent und Dozent an der Hochschule für Grafik und Buchkunst in Leipzig, wo er 1972 eine ordentliche Professur erhielt. Seit 1976 war er wieder freischaffender Künstler. Er unternahm zahlreiche Reisen ins Ausland und traf auch mit dortigen Künstlern zusammen. Sein Stil wird als magischer Realismus mit surrealen Zügen bezeichnet. Tübke starb 2004 in Leipzig.

Der Auftrag

Am 9. Juli 1972 wurde von Edith Brandt, Sekretär für Wissenschaften, Volksbildung und Kultur der SED-Bezirksleitung Halle, im „Neuen Deutschland" angeregt, 1975 zum 450. Jahrestag des deutschen Bauernkriegs ein Panorama zu errichten. Am 9. Oktober 1973 fasste das Politbüro der SED folgenden Beschluss:

Vom Ministerium für Kultur ist dem Sekretariat des ZK eine Vorlage über eine auf dem Schlachtberg in Bad Frankenhausen zu errichtende Gedenkstätte mit einem Panorama, das dem heroischen Kampf der Bauernbewegung unter Thomas Müntzer gewidmet ist und die historischen Kenntnisse der Bevölkerung, besonders der Jugend, vertiefen sowie der patriotischen Erziehung dienen soll, vorzulegen [...].

Meißner, in: Tübke, Bauernkrieg, S. 156.

Nachdem bereits 1975 das Richtfest des Panorama-Rundbaus gefeiert worden war, wurde am 1. Januar 1976 der Vertrag zwischen dem Ministerium für Kunst und dem Maler Werner Tübke geschlossen. Im Sommer 1975 hatte Tübke seine Vorstellungen an den Kulturminister H.-J. Hoffmann geschrieben:

Da sich seit Juli 1974 gewisse Akzentverschiebungen ergeben haben, was den Charakter der Gedenkstätte Frankenhausen betrifft, ist eine Bestätigung der neuerlichen Vorstellungen seitens des Sekretariats des Politbüros erforderlich [...].
Im Vertrag wird kein Termin für die Fertigstellung fixiert. Ich rechne aber mit einer Zeit von 5 bis 8 Jahren. Das Künstlerhonorar muß so sein pro Jahr, dass es mindestens meinem jetzigen Jahreseinkommen entspricht [...].
Nachdem die Vorarbeit bestätigt ist, wird mir freie Hand gelassen für die Ausführung, es redet niemand rein. Das Projekt wird von vornherein so angelegt, dass es hochqualifizierte Malerei wird, persönliche Malerei von mir mit allen Möglichkeiten der Überhöhung etc.; es wird nicht pädagogisch als Illustration von Geschichte konzipiert.

Meißner, in: Tübke. Bauernkrieg, S. 156 f.

In seiner Erwiderung auf die Verleihung der Ehrendoktorwürde der Karl-Marx-Universität Leipzig am 9. Dezember 1985 sagte Tübke:

Abgesehen von den ständig abrufbaren unterschwelligen Voraussetzungen knüpfte und knüpfe ich an, speziell das Relief der Malerei betreffend, unter anderem bei
- Signorellis Fresken im Dom von Orvieto
- Plastiken im Museum der Akropolis, Athen
- Masaccios Dreieinigkeit mit der Jungfrau und Johannes in S. Maria Novella, Florenz
- Masaccio, Masolino, Filippo Lippi in der Brancacci-Kapelle, Florenz
- Decke und jüngstes Gericht der Sixtinischen Kapelle Michelangelos in Rom, Vatikan.

In: Wissenschaftliche Zeitschrift der Karl-Marx-Universität Leipzig, Gesellschaftlich-wissenschaftliche Reihe 35, 1986, S. 504-509, S. 509.

Im Juli 1976 begann Tübke mit den ersten Studienzeichnungen die dreijährige Phase der Motivsammlung, die mit ausgiebigen Quellen- und Literaturstudien verbunden war. 1979 bis 1981 wurde die 1:10-Gemäldefassung des Gesamtwerks auf Holztafeln mit den Arbeitsgängen Vorzeichnung in Kohle und Hell-Dunkel-Untermalung in *Eitempera geschaffen. Ende 1981 schloss Tübke die Lasur-Übermalung der 1:10-Fassung ab. 1982 diente der Vorbereitung der monumentalen Leinwand und der Einarbeitung von fünf Mitarbeitern. Am 14.9.1989 wurde das Bauernkriegspanorama als politische Manifestation der DDR mit Großkundgebung in Bad Frankenhausen eröffnet.

Hinweise für den Unterricht

Obgleich sich in mehreren Geschichtsschulbüchern Ausschnitte, meist Kampfszenen, aus dem Bauernkriegspanorama im Zusammenhang mit dem Bauernkrieg finden, ist es nicht zu empfehlen, in dieser Altersstufe (in der Regel sind die Schüler 13 Jahre alt) dieses sehr komplexe Bild zu besprechen. Es handelt sich schließlich um ein *Historienbild, das erst 1989 vollendet wurde und kann somit nicht als Quelle für die Ereignisse des Bauernkriegs dienen. Für die erstmalige Behandlung des Bauernkriegs bietet sich vielmehr das Bild aus der Weißenauer Chronik von Jacob Murer an, das kurz nach den Ereignissen von Zeitzeugen gemalt wurde. Die Bildbetrachtung sollte durch die Chronik ergänzt werden. Im Anschluss daran können die Schüler in Gruppen ein Rollenspiel zwischen Abt Murer und den Bauern vorbereiten und dann durchführen.

Für die Sekundarstufe II empfiehlt es sich, den Ausschnitt aus dem Bauernkriegspanorama im Geschichts- und im Kunstunterricht zu behandeln. In Geschichte kann der Ausschnitt im Zusammenhang mit der Behandlung der DDR betrachtet und eingehend besprochen werden. Auch die Bestrebungen des Künstlers, sich nicht den vom Staat vorgegebenen Zielen unterzuordnen, sollte thematisiert werden. Dafür ist die Brunnenszene hervorragend geeignet, konzentriert sich doch der komplexe Sinngehalt des Bilds in diesem fiktiven Gruppenporträt auf die großen Leitfiguren, die den Umbruch der neuen Zeit verdeutlichen sollen. Den Schülern können Rechercheaufgaben zu den abgebildeten Personen übertragen werden unter der Leitfrage, weshalb der Künstler wohl die betreffende Persönlichkeit abgebildet hat. Außerdem könnten die Schüler auch nach zeitgenössischen Abbildungen der Personen suchen und damit die Darstellung von Tübke vergleichen. Im Kunstunterricht bietet sich die Möglichkeit, verstärkt auf die Maltechnik des Künstlers, aber auch auf das Gesamtbild einzugehen. Abschließend wäre es eine gute Gelegenheit, eine Exkursion nach Bad Frankenhausen in das Panorama-Museum durchzuführen.

Literatur

Günther Meißner, Theatrum mundi. „Frühbürgerliche Revolution in Deutschland". Monumentalgemälde von Werner Tübke im Panorama Frankenhausen, Dresden 1989.

Jacob Murers Weißenauer Chronik des Bauernkrieges 1525, hg. v. Günther Franz unter Mitarbeit von Werner Fleischhauer. Faksimile, Text und Kommentar, 2 Bde., Sigmaringen 1977.

Werner Tübke. Bauernkrieg und Weltgericht. Das Frankenhausener Monumentalbild einer Wendezeit. Vorgestellt von Günther Meißner (Text) und Gerhard Murza (Konzept und Fotografie), Leipzig 1995.

Der Fenstersturz in Prag, *Kupferstich (10,3 x 14 cm) von Matthäus Merian, um 1630, Theatrum Europaeum, Bd. 1, Frankfurt a. M. 1635, S. 18.

Der Prager Fenstersturz

Beschreibung

Der Blick des Betrachters fällt in einen hohen, reich ausgestatteten Saal mit Holzdecke und Täfelung, in dem es aber weder Möbel noch Bilder gibt. Auf der linken Seite steht ein offener Kamin, der sich über die ganze Höhe des Raums erstreckt. Der Raum öffnet sich durch eine Tür neben dem Kamin und eine zweite an der Schmalseite. Zwei große Rundbogenfenster mit Butzenscheiben nehmen einen großen Teil der rechten Wand ein.

In diesem und dem anschließenden Raum spielt sich ein dramatisches Geschehen ab.

Durch die linke Tür dringen drei bärtige Männer in großer Eile in den Saal. Sie tragen Hüte mit hohem Kopf und breiter, vorne hochgeschlagener Krempe, Umhänge und weite Beinkleider, die unter dem Knie mit Bandrosetten geschlossen sind, Strumpfhosen und niedere Schuhe. Zwei halten Pistolen mit langen Läufen in der Hand, bei einem ist ein umgegürteter Degen zu erkennen. So wie sie sind auch die anderen Männer bekleidet, bei einigen ist unter dem Umhang ein ärmelloses Wams sichtbar und außer dem Schwert ein Dolch. Durch die zweite offene Tür sieht man im hinteren Raum nebenan eine Gruppe von Männern beieinander stehen, die offensichtlich ein lebhaftes Gespräch führen.

Das Hauptgeschehen findet im Vordergrund statt. In der Mitte des Saals haben zwei Männer einen dritten Mann gepackt, der zu den Fenstern schaut und sich verzweifelt wehrt. Der eine hält ihn an den Schultern, der andere fasst ihn von hinten unter die Achseln. Auch vor den Fenstern ringen jeweils zwei Männer mit einem dritten. Bei der vorderen Gruppe wird ein Mann hochgehoben und in das geöffnete Fenster geschoben. Seine Gegner haben ihn so um Beine, Unterleib und Brust gepackt, dass er sich nur noch mit der linken Hand auf der Fensterbank abstützen kann, während er die rechte hilflos in die Höhe streckt. Seinen Hut hat er verloren, er ist bei dem Gefecht auf den Boden gefallen. Die beiden Männer dahinter werfen gerade einen Mann aus dem Fenster, von dem man nur noch die Beine sieht.

Interpretation

Das berühmte, häufig reproduzierte *Ereignisbild stellt den Prager Fenstersturz dar, der am 23. Mai 1618 auf dem Hradschin stattfand und allgemein als der Anfang des Dreißigjährigen Kriegs gilt. Matthäus Merian, der sich auf mündliche und schriftliche Berichte stützen musste, stellt das Ereignis in drei simultanen Szenen dar: Die Vertreter des unzufriedenen böhmischen Adels stürmen in die Kanzlei auf dem Hradschin, verhandeln mit den Vertretern des Kaisers und werfen schließlich die kaiserlichen Räte und ihren Sekretär zum Fenster hinaus. Von Martinitz sind nur noch die Beine zu sehen, während sich Slawata am Fenster und der Sekretär Fabricius in der Mitte des Saals verzweifelt wehren.

Das Bild ist parteiisch und in mehreren Details ungenau. Die Sympathie des Künstlers gilt dem böhmischen Adel, aus dessen Perspektive das Geschehen gezeigt wird. Seine Vertreter handeln entschlossen und zielstrebig. Dass ein längeres Gespräch stattfand, wird nur im Hintergrund angedeutet. Die Beine von Martinitz und die Hilflosigkeit von Slawata wirken eher komisch, das weitere Geschehen

ist ausgeblendet. Im Unterschied zum historischen Ereignis sind kaum Menschen in dem Raum, während beim Fenstersturz viele Männer beteiligt waren. Es gab auch nur ein Fenster, und den Hut verlor nicht Slawata, sondern Martinitz im Handgemenge.

Der Prager Fenstersturz

Das gewaltsame Vorgehen des böhmischen Adels gegen die kaiserlichen Räte hat eine lange Vorgeschichte. Im Konflikt mit seinem Bruder Matthias hatte Kaiser Rudolf II. 1609 einen Majestätsbrief erlassen, der den böhmischen Ständen Religionsfreiheit zusicherte. Obwohl Matthias als Kaiser diesen Majestätsbrief bestätigte, kam es in den folgenden Jahren immer wieder zu Streitigkeiten, wenn evangelische Kirchen auf katholischem Grund und Boden geschlossen oder abgebrochen wurden. Die Beschwerden, die die Stände am 6. März 1618 auf einem Landtag in Prag zusammenstellten, wurden zurückgewiesen. Trotz des Verbots, sich erneut zu versammeln, kam es am 21. Mai 1618 zu einem weiteren Treffen. Zwei Tage später drang eine radikale Gruppe unter Führung des Grafen Thurn in die Kanzlei auf dem Hradschin ein. Nach einer längeren Debatte, in der die Statthalter Zeit gewinnen wollten und ihre Unschuld beteuerten, ließ man Adam von Sternberg und Diepold von Lobkowitz gehen.

Der Hass konzentrierte sich auf Jaroslaw Borsita von Martinitz (1582-1652) und Wilhelm von Slawata (1572-1652), die man zu Recht beschuldigte, die Gegenreformation zu unterstützen und für die Politik des Kaisers mitverantwortlich zu sein. Dabei spielten auch persönliche Spannungen eine Rolle, denn Thurn war 1617 das Burggrafenamt auf Karlstein entzogen worden, das anschließend Martinitz erhalten hatte. Es wurde erneut hitzig debattiert, bis die Demonstranten eine Schrift verlasen, in der sie Martinitz und

Slawata zu „unser und des Landes Feinde gleichfals Zerstörer des Rechtes und allgemeines Friedens" erklärten, die bestraft werden müssten (Martinitz, S. 229). Dann warf man sie und ihren Sekretär aus dem Fenster.

Die drei Beteiligten überlebten den Sturz aus etwa 16 Meter Höhe, Martinitz und Fabricius wurden nur leicht verletzt, während Slawata ohnmächtig war. Fabricius lief sofort nach dem Sturz nach Hause und fuhr anschließend nach Wien, um von dem Vorfall zu berichten. Martinitz floh indes in das Haus der Fürstin Lobkowitz, in das auch Slawata gebracht wurde. Hier wurden beide ärztlich behandelt. Als Graf Thurn mit einigen anderen Adeligen in das Haus eindrang, verhinderte die Fürstin weitere Übergriffe.

Die beiden Statthalter und ihr Sekretär wurden für ihre Leiden reich belohnt: Der Kaiser erhob Martinitz und Slawata in den Grafenstand und übertrug ihnen weitere hohe Ämter. Beide erlebten noch das Ende des Dreißigjährigen Kriegs. Philipp Fabricius erhielt zu seinem Adelstitel „von Rosenfeld" 1623 noch den bezeichnenden Zusatz „von Hohenfall" und starb 1631 als Unterkämmerer.

Der Fenstersturz als Form der Volksjustiz, wie sie in Prag schon 1419 praktiziert worden war, führte nicht zwangsläufig zur bewaffneten Auseinandersetzung. Der Kaiser reagierte anfangs zurückhaltend. Die böhmischen Stände dagegen beriefen einen Landtag ein, stellten ein Heer auf, setzten Ferdinand als böhmischen König ab und wählten Friedrich V. von der Pfalz, das Haupt der protestantischen Union, zum König. Dadurch wurde aus dem lokalen Konflikt ein jahrzehntelanger europäischer Krieg.

Zusätzliches Material

„Warhafftige Zeitung aus Prag", *Holzschnitt (9 x 13,5 cm), 1618.

Der Prager Fenstersturz nach dem „Theatrum Europaeum"

Die Chronik „Theatrum Europaeum" wurde von Johann Philipp Abelinus (Abele) aus Straßburg begründet und von Matthäus Merian verlegt. Der erste Band, der die Jahre 1617 bis 1629 umfasst, erschien 1634, trägt aber das Datum 1635. Der Text stammt von Abelinus.

Nachdeme nun von den anwesenden Herren und Ständen ein gemeiner Schluß gemacht worden / haben sie folgenden Mitwoch als den 23. May / jeder mit einem bey sich habenden Knecht / mit ihrem Gewehr [Degen] und Pistolen versehen / alle zu Pferd / sich in das Schloß begeben / und bey den Königlichen Land-Offizierern ihre Beschwerden vorgebracht / und derselben Abschaffung begehret. Als nun der Obriste Burggraf Adam von

Sternberg neben Herrn Popeln, Kreutzherrn und Priorn bey unser lieben Frauen / auff solches Begehren sich ziemlich accommodirt [angepasst]: Hergegen aber der Obriste Landrichter / Wilheln[m] Slabata von Chlum [...] und der Graf Martinitz Schmetsantzky mit selbigen nicht einstimmen wollen / sondern sich den Ständen gar hart erzeiget / haben selbige vorige zween Herren beyseits geruffen / und unterdessen besagten Slabata und Schmetsanßky / beneben dem Secretario M.[agistro] Philippo Fabricio, aus der Cantzeley durchs Fenster hinab in den Graben in Mänteln und Degen / wie sie gangen und gestanden / gestürtzet. Weil sie aber in ihrem grossen Glück auf einen Hauffen Kehrichts gefallen / ist ihnen an dem Leben / wiewohl es bey viertzig Ehlen [eine Elle entspricht ca. 60 cm; die Höhe war in Wirklichkeit niedriger] hoch hinunter gewesen / kein Schad geschehen / und ob wohl auch von den andern / nachdem sie vermercket / daß sie noch in dem Leben / etliche Pistolen-Schüß nach ihnen geschehen / sind sie doch nicht getroffen worden / und haben sie sich indessen verkrochen / also der Gefahr entrunnen.

Theatrum Europaeum, Bd. 1, Frankfurt ³1662, S. 16 f.

Hinweise für den Unterricht

Die beiden Bilder und die Texte eignen sich aufgrund der unterschiedlichen Perspektive sehr gut für die quellenkritische Auseinandersetzung mit der Darstellung eines bekannten und spektakulären Ereignisses. Der Kupferstich aus dem „Theatrum Europaeum" und der dazugehörige Text wirken scheinbar objektiv, doch sollte der Lehrer auf den zeitlichen Abstand und die offensichtlichen Unterschiede in den Darstellungen hinweisen. Die Parteilichkeit des Bilds kann von den Schülern selbst erarbeitet werden (gewählte

Perspektive und Darstellung der Personen, eventuell auch im Vergleich mit dem zweiten Bild). Weitere Perspektiven ergeben sich aus den Lebenserinnerungen von Martinitz und Slawata und durch ein großformatiges *Votivbild, das Slawata um 1620 anfertigen ließ und das seine Rettung als unmittelbares Eingreifen von Maria und Christus erklärt (abgebildet in: Bußmann, S. 337).

Literatur

Klaus Bußmann, Heinz Schilling (Hgg.), 1648 – Krieg und Frieden in Europa. Ausstellungskatalog, Münster, Osnabrück 1998.

Gottfried Lorenz (Hg.), Quellen zur Vorgeschichte und zu den Anfängen des Dreißigjährigen Krieges, Darmstadt 1991, S. 231-232 (aus dem handschriftlichen Bericht des Grafen Martinitz).

Adam Wolf, Geschichtliche Bilder aus Oesterreich, Bd. 1: Aus dem Zeitalter der Reformation (1526-1648), Wien 1878, S. 324-327 (aus den Lebenserinnerungen des Grafen Slawata).

Die Landung Gustav Adolfs in Deutschland 1630, *Kupferstich (27,2 x 35,5 cm) von Georg Köler, 1631, Aufbewahrungsort: Germanisches Nationalmuseum, Nürnberg.

Gustav Adolfs Landung in Deutschland 1630

Beschreibung

Das Bild ist durch einen breiten Balken aus drei Textkartuschen und zwei Engelsköpfen und -flügeln in der Horizontalen geteilt. Im oberen Teil, der zwei Drittel des Bilds ein-

nimmt, steht Gustav Adolf übergroß und erhöht in der Mitte. Er trägt eine Rüstung über einem Hemd mit besticktem Kragen. Über den Brustpanzer hat er eine bestickte Schärpe gelegt, die an der linken Hüfte gebunden ist und von dort nach unten fällt. Die ausgezogenen Handschuhe und der abgesetzte Helm mit einem großen Busch liegen neben ihm auf dem Boden. In der linken Hand hält er einen Stab, mit der erhobenen rechten Hand greift er nach dem Griff eines Schwerts, das ihm eine Hand aus einer Wolke reicht. Ein Teil der Schneide ragt über das eigentliche Bild hinaus. Sein Kopf ist mit einem Lorbeerkranz geschmückt. Strahlen eines Lichts, das hinter der Wolke entspringt, gleichen einem Heiligenschein, der durch die Schrift „GUSTATE ET VIDETE QUAM SUAVIS EST DOMINUS" („Schmecket und sehet, wie freundlich der Herr ist", Psalm 34, 9) eingerahmt ist.

Die Gestalt des Königs teilt das Bild in zwei Hälften. Wie auf einer Panoramakarte liegen am oberen Rand der rechten Seite einige Länder mit den Bezeichnungen „Gotia", „Norvegia", „Svecia" und (quer dazu) „Finelandia". Unter den eingezeichneten Städten dieser Länder sticht der Umriss von Stockholm hervor. Hinter den Ländern ist eine Sonne zur Hälfte über dem Horizont sichtbar. Zwischen den Ländern und dem Hügel, auf dem der König steht, liegt ein bewegtes Meer, auf dem mehr als ein Dutzend vollbesetzte Schiffe heransegeln. Das Schiff im Vordergrund scheint das königliche Flaggschiff zu sein. Es trägt ein Wappen auf dem Heck und feuert eines seiner Geschütze ab.

Auf der anderen Seite sieht man mehrere Szenen auf dem Land. Im Vordergrund findet ein Feldgottesdienst statt. Ein bärtiger Mann spricht von einer Kanzel, während ihm Soldaten mehr oder weniger andächtig zuhören. Dahinter fällt der Blick auf eine militärische Szene, bei der zwei Gruppen von Soldaten und ein Karree mit hochgestellten Lanzen beteiligt sind. Dahinter liegen die Silhouetten von zwei Städten, die als Wolgast und Stralsund bezeichnet sind, und die Inseln Rügen („Rugia"), Usedom und Wollin. Auch hier sind einige Städte und Berge auf Rügen sehr klein eingezeichnet.

Das Gesamtbild trägt die lateinische Überschrift „Cum duplicantur lateres, venit Moses", die daneben übersetzt ist („Wenn man die zigel duplirt / so kompt Moses vnd liberirt."). Das obere Bild wird außerdem durch Bibelverse aus dem Alten Testament kommentiert: Psalm 12, 6; 2. Makkabäer 15, 16 und Jesaja 46, 1.

Der untere Bildteil besteht aus drei *Kartuschen. Links sieht man einen viereckigen Steinaltar, von dem vier Rauchsäulen aufsteigen. Unter dem Steinblock liegen fünf Skelette, die ihre Oberkörper herausstrecken und die Hände betend nach oben halten. Der dazugehörige Text lautet: „Vnd sie schrien mit grosser stimm / vnd sprachen: Herr / du heiliger vnd warhafftiger / wie lange richtestu / vnd rechest nicht vnser Blut an denen / die auff Erden wonen" (Apocalypse 6, 10).

Auf der rechten Kartusche ist das Innere eines Kerkers dargestellt. Zwei ältere Männer sind mit Armen und Beinen in einen Stock geschlossen. Zwei Folterknechte ziehen einen Mann mit einem Gewicht an den Beinen „auf", ein dritter misshandelt einen, der gefesselt auf dem Boden sitzt, mit einem Holzstab am Kopf. Im Hintergrund kniet eine Person, deren Folterung nicht zu erkennen ist. Der Text zu diesem Bild lautet: „Laß für dich komen das Seufftzen der Gefangenen / Nach deinem grossen Arm / Behalt die Kinder des Todes" (Psalm 79, 11). Diese beiden Kartuschen rahmen ein größeres Bild ein, das von einem traurigen und einem zuversichtlichen *Putto gehalten wird. Auf diesem Bild ist im Vordergrund eine Schlachtszene zu sehen, bei der Reiterei und Fußsoldaten ein Lanzenkarree und ein Stadttor angreifen. Die drei abgebildeten Städte sind als „Maintz", „Bamberg" und „Würtzburg" bezeichnet. Auch hier wird ein Psalmvers zitiert: „Denn mit dir kan ich Kriegsvolck zerschmeissen / vnd mit meinem Gott vber die Mawren springen" (Psalm 18, 30).

Interpretation

Der Nürnberger Kupferstecher Georg Köler (nachgewiesen 1620-1650) stellt die Landung Gustav Adolfs in Deutschland dar und dessen militärischen Erfolge 1630/31. Das *Flugblatt ist in der Verbindung von *Ereignisbild und religiöser *Allegorie ein Beispiel für die politische Propaganda im Dreißigjährigen Krieg. Der schwedische König als zentrale Figur wird als der von Gott gesandte Retter dargestellt und in der Überschrift mit Moses gleichgesetzt. Statt des Helms trägt er bereits den Siegeskranz, und sein Schwert erhält er direkt von Gott. Auch die Bibelzitate aus dem Alten Testament lassen keinen Zweifel an seiner göttlichen Berufung. Der Psalmvers um seinen Kopf enthält nicht nur die Einsetzungsworte beim Abendmahl, sondern auch die Buchstaben „GUSTAV SUED". Das zweite Wort kann als Palindrom auch rückwärts gelesen werden („DEVS"). Die Gestalt des Königs strukturiert auch das Bild. Die (rechte) Meerseite zeigt am Horizont die Länder, aus denen er kommt. Die halbe Sonne dahinter ist vielleicht eine Anspielung auf die Mitternachtssonne und verweist ebenfalls auf den König als „Löwe aus Mitternacht".

Nach der erfolgreichen Landung findet ein Dankgottesdienst statt, der auf der Landseite im Vordergrund steht. Das Gefecht zeigt schwedische Verbände, die kaiserliche Truppen in der Formation des „spanischen Vierecks" angreifen. Die Städte und Inseln am oberen Rand kennzeichnen die ersten Eroberungen des Königs.

Die beiden kleinen Kartuschen im unteren Bildteil erinnern an den Grund für das schwedische Eingreifen. Die Gebeine der unschuldigen Opfer, die Gefangenen und Gefolterten stehen für die unterworfenen Protestanten, die durch das Eingreifen Gustav Adolfs befreit oder wenigstens gerächt werden. Die mittlere Kartusche verzeichnet schwedische Erfolge am Main. Der Künstler hatte von der Ostseeküste nur ungenaue geografische Vorstellungen: Gustav Adolf landete auf Usedom, doch ist diese Insel zusammen mit Rügen und Wollin am Horizont eingezeichnet.

Gustav II. Adolf (1594-1632)

Während seiner 21 Regierungsjahre führte der schwedische König die meiste Zeit Krieg, um Schwedens Großmachtstellung zu sichern und zu erweitern. Das Eingreifen in die Auseinandersetzungen des Dreißigjährigen Kriegs begann mit der Unterstützung der Stadt Stralsund während ihrer Belagerung durch Wallenstein im Jahr 1628. Nach der Niederlage der Protestanten in Mittel- und Norddeutschland und dem Rückzug Dänemarks beschloss Gustav Adolf mit Zustimmung des schwedischen Reichstags, in den Krieg einzutreten. Der Feldzug wurde durch Verhandlungen mit England und Frankreich vorbereitet, das Subsidien zusicherte. Mit einem kleinen, aber kampferprobten und gut ausgerüsteten Heer setzte er 1630 nach Deutschland über. Der Zeitpunkt war gut gewählt. Am 19. Juni kam Kaiser Ferdinand II. nach Regensburg, um den Kurfürstentag zu eröffnen, an dessen Ende die Entlassung Wallensteins stand.

Die protestantische und schwedische Propaganda betonte die religiösen Motive des Königs und stilisierte ihn als Retter des Protestantismus. Aber mindestens ebenso wichtig waren für ihn machtpolitische Interessen. Der Sieg des Kaisers verstärkte den Einfluss der Habsburger in Norden Deutschlands, und Wallenstein als Herzog von Mecklenburg konnte für die schwedischen Besitzungen an der Ostsee gefährlich werden. Gustav Adolfs Ziele waren deshalb territoriale Gewinne und ein Bündnis protestantischer Fürsten unter schwedischer Führung. Die Intervention der Schweden stellte einen Wendepunkt des Kriegs dar und veränderte die militärische und politische Situation in Deutschland. Gleichzeitig verlängerte sie jedoch den Krieg um eineinhalb Jahrzehnte und führte, vor allem nach dem Tod Gustav Adolfs bei Lützen und der Auflösung der Heere, zu unvorstellbaren Grausamkeiten gegenüber der Zivilbevölkerung.

Gustav Adolfs Landung in Deutschland 1630

Die Landung der Schweden bei Peenemünde

Ende Mai 1630 war die schwedische Flotte abfahrtbereit, musste aber mehr als zwei Wochen auf günstigen Wind warten, bevor sie in See stechen konnten. Sie bestand aus 28 Kriegs- und ebenso vielen Transportschiffen und hatte etwa 10 000 Fußsoldaten, 2 600 Reiter und 600 Artilleristen an Bord. Unterwegs erfuhr Gustav Adolf, dass die Schweden bereits die Insel Rügen erobert hatten. Deshalb landete er am 6. Juli auf Usedom bei der heutigen Stadt Peenemünde. Ein Gedenkstein an der Friedhofskapelle erinnert an dieses Ereignis.

Die Landung geschah unter dramatischen Umständen während eines heftigen Gewitters. Der König betrat als einer der Ersten deutschen Boden und stolperte dabei. Daraus entstand sehr schnell die Legende, der König sei auf die Knie gefallen und habe ein Gebet gesprochen, dessen Wortlaut ebenfalls verbreitet wurde. In Wirklichkeit wurde die Landung militärisch sehr überlegt durchgeführt. Die Schweden besetzten zwei bereits vorhandene Schanzen auf der Insel und dem gegenüberliegenden Festland, deren Besatzung geflohen war, und verstärkten die Befestigungen. Von diesem Brückenkopf begann ihr siegreicher Feldzug durch Deutschland.

Hinweise für den Unterricht

Das Flugblatt ist ein Beispiel für die Bildpropaganda während des Dreißigjährigen Kriegs. Es eignet sich, um den Bildaufbau – vor allem die Rolle Gustav Adolfs – erarbeiten zu lassen und an den Details die genaue Betrachtung zu schulen. In einigen Fällen wird der Lehrer Informationen ergänzen und die Texte vorlesen. Die Schüler können erkennen, wie die historischen Ereignisse (Überfahrt, Landung, militärische Erfolge in Nord- und Süddeutschland) religiös überhöht werden, was auch bei der Legendenbildung (Gebet nach der Landung) sichtbar wird. Ein Hinweis auf das Medium (Druckort, Adressaten) sollte nicht fehlen. Weitere Bilder oder Texte können in Gruppenarbeit oder in einem fächerübergreifenden Projekt zusammen mit den Fächern Kunst und Religion bearbeitet werden. Zur Aktualisierung lässt sich die Frage von Krieg und Propaganda diskutieren.

Literatur

Felix Berner, Gustav Adolf. Der Löwe aus Mitternacht, Stuttgart 1982.

Wolfgang Harms (Hg.), Die illustrierten Flugblätter des 16. und 17. Jahrhunderts, Bd. 2 (Wolfenbüttel, Bd. 2), München 1980. Bd. 4 (Hessische Landes- und Hochschulbibliothek Darmstadt), Tübingen 1987.

„Der geharnischte Reiter", *Radierung (11 x 13,5 cm) von Hans Ulrich Franck, 1643, Aufbewahrungsort: Städtische Kunstsammlungen, Augsburg.

Gewalt im Dreißigjährigen Krieg

Beschreibung

Ein Mann liegt auf dem Boden, offenbar wurde er umgeritten und ist dabei auf den Rücken gefallen. Den rechten Arm streckt er aus, den linken hat er schützend über sein Gesicht gelegt. Den rechten Fuß hat er etwas höher als den linken abwehrend erhoben. Das sich aufbäumende Pferd ist über ihm, der geharnischte Reiter blickt auf ihn und hat das Rapier (Stoßdegen) in der rechten Hand bereits zum Schlag erhoben. Der Reiter trägt lange, über die Knie reichende Stiefel und einen Brustharnisch über der Kleidung, der auch die Arme bedeckt. Weiter ist er durch gepanzerte Handschuhe und einen Metallhelm mit Federbusch geschützt. Dicht vor ihm fliehen ein barfüßiger Bauer und dessen Frau. Im Lauf wendet der Bauer sein angstverzerrtes Gesicht dem Reiter zu und legt die Hände bittend zusammen. Seine Frau neben ihm blickt nach vorne, die Arme nach oben geworfen. Ihre Zöpfe haben sich gelöst. Im Hintergrund steigen die Felder hügelig an. Das Dorf auf der Anhöhe brennt. Dicke Rauchschwaden sind zu sehen. Rechts unten steht die Signatur HF mit der Jahreszahl 1643.

Interpretation

Das Bild wirkt wie eine Illustration zum Leiden der Bevölkerung im Dreißigjährigen Krieg (1618-1648), sein Entstehungsdatum legt diese Interpretation auch nahe. Es stammt von Hans Ulrich Frank, der die Leiden des Kriegs aus eigener Anschauung kannte, denn er stammte aus Kaufbeuren (Allgäu), wo er bis 1637 lebte. Insbesondere das Allgäu gehörte zu Gegenden, die sehr unter dem Krieg litten. Augsburg, wo Frank nach 1637 wohnte, war als große Stadt noch begünstigt. 1646 nahm die Stadt 19 000 Fremde auf, dennoch nahm die Bevölkerungszahl während des Kriegs um etwa ein Drittel ab.

Die Radierungen Francks entstanden wohl nicht als Auftragsarbeit, sondern auf eigenes Risiko und wurden von Franck selbst verlegt. Die 25 Blätter, die heute unter dem Namen „Kriegstheater" bekannt sind, waren nicht von Anfang an als Serie gedacht. Eine fortlaufende Abfolge der Szenen ist auch nicht erkennbar, manche Motive wiederholen sich. Sechs Radierungen, zu denen auch die hier vorgestellte Radierung gehört, entstanden 1643. Ein Blatt stammt von 1655, dreizehn sind mit 1656 datiert, worunter sich auch das Titelblatt und das Schlussblatt befinden, die restlichen sind undatiert. Erst mit dem Titel- und Schlussblatt wurden die 25 Blätter zu einer Serie zusammengefasst.

Derzeit sind 324 Blätter der Kriegsserie von Franck in 19 öffentlichen deutschsprachigen Sammlungen bekannt. Lediglich an drei Orten ist die gesamte Serie vorhanden. Daraus kann kann man schließen, dass die Blätter in unterschiedlicher Anzahl gedruckt wurden.

Die Idee, eine Bildfolge zu einem Thema zusammenzustellen, war im 17. Jahrhundert vor allem in der Druckgrafik üblich. In diesem Zusammenhang ist auf Callots „Petites" und „Grandes Misères de la Guerre" zu verweisen (zu Callot s. Reiterbildnis Ludwigs XIII., S. 47). Der Radierstil von Callot und Franck ist jedoch sehr unterschiedlich. Bei Callot sind die Szenen wie auf einer Bühne angelegt, die Menschen sind aus großer Entfernung sehr klein gemalt. Dagegen sind Francks Darstellungen ganz dicht am Geschehen, die Gesichter der Menschen zeigen Angst und Schmerz. Das bindet den Betrachter in das Geschehen ein, verlangt seine Anteilnahme.

Die Bilder Francks lassen sich nicht lokalisieren, auch wenn manchmal eine hügelige oder bewaldete Landschaft an das Allgäu erinnert. Auf dem oben besprochenen Blatt geht es um das Schicksal der Landbevölkerung. Sie war es auch, die am meisten im Krieg zu leiden hatte. Im Übrigen wird von Franck und anderen Künstlern sowie von zahlreichen Tagebuchschreibern und Chroniken nicht der Krieg an sich, sondern die menschliche Sündhaftigkeit thematisiert. Viele Zeitgenossen haben den Krieg mit der Gewalt, aber auch mit den Seuchen und Hungersnöten als Warnung oder als Strafe empfunden.

Hans Ulrich Franck

Hans Ulrich Franck (Frank, Franckh) wurde zwischen 1590 und 1595 in Kaufbeuren als Sohn eines Malers und Stadtbaumeisters geboren. Nach einer Ausbildung beim Vater heiratete er 1616 in Kaufbeuren, wo er auch Organist war. Eines seiner frühesten bekannten Gemälde ist u.a. „Die hll. Cosmas und Damian" in der St. Peter und Paulskirche in Kaufbeuren. 1637 zog er als Witwer mit sieben Kindern nach Augsburg. Diese Stadt litt schwer im Dreißigjährigen Krieg, doch zwischen 1635 und 1645 gab es eine Erholungspause. Das mag für Franck ein Anreiz gewesen zu sein, dorthin zu ziehen. Franck soll in Augsburg in einem Jahr mehr als 200 Porträts geschaffen haben. Die Malergilde versuchte anfangs den neuen Konkurrenten zu behindern, indem sie ihm gegenüber dem Rat der Stadt Billigkeit und „Stümperei" vorwarf.

Franck konnte mit Unterstützung namhafter Ratsherren diese Vorwürfe zurückweisen und erlangte das Augsburger Bürgerrecht als „guet katholischer Meister". Er starb 1675 in Augsburg. Der größte Teil seiner Bilder ging verloren. Außer einigen Ölbildern, mehreren Zeichnungen und ein paar anderen Radierungen hat sich die Radierfolge „Die Schrecken des Dreißigjährigen Kriegs" erhalten.

Schriftzeugnisse über die Leiden der Bevölkerung

Schriftzeugnisse aus dem Dreißigjährigen Krieg berichten über Ereignisse wie die hier im Bild dargestellten. Die Bilder stellen keine Übertreibung oder Einzelfälle dar, sondern werden durch zahlreiche Aufzeichnungen bestätigt. Allerdings zeigt sich ein Unterschied zwischen Stadt und Land. Während die Bauern auf dem Land in vielen Fällen Gewalt als das letzte Mittel ansahen, um sich gegen die Bedrückung zu wehren, versuchte man in den Städten eher über den Rat in Übereinkunft mit den militärischen Vorgesetzten die Missstände zu beseitigen. Freilich konnte man nicht in jedem Fall die Einquartierung vermeiden oder eine drückende Abgabe an die Besatzer abwenden, doch unter Umständen verringern. Aus den Berichten wird deutlich, dass die Stadtbevölkerung unter den Einquartierungen und unter den Übergriffen der Soldaten litt und dass es keinen Unterschied machte, auf welcher Krieg führenden Seite die Soldaten standen.

Zusätzliches Material

Tagebücher des Thomas Mallinger

Mallinger hatte in Freiburg i. Br. studiert und war dort Geistlicher. Die Angaben über nahe lokale

Ereignisse in seinen Tagebüchern (1613-1660) sind verlässlich, auch wenn er nicht immer in der Lage war, das Geschehen im Zusammenhang zu erkennen. Er berichtete in erster Linie, was in seiner Umgebung, in der Stadt Freiburg oder im Umland geschah. Aus seinen Aufzeichnungen lässt sich entnehmen, wie die Menschen die Kriegszeiten erlebten, erlitten und, falls es gut ging, überstanden.

Als der Herzog von Feria eine Reihe von Städten für die kaiserliche Seite wiedereroberte und das noch kaiserliche Breisach, das von den Schweden belagert wurde, vor der Eroberung bewahrte (1633), schrieb Mallinger über die Lage der Landbewohner am 18. November 1633:

Sonsten ist ihr grose Verrichtung gewesen, daß sie das Land baiderseits des Rheins vil mehr verderbt und außgefressen als der Feind, insonderheit im Breisgaw, auf dem gantzen Land alle Dörfer und Güeter von Matten, Gärten, auch wo sie in Quartieren gewesen. Alles verderbt und ubel zuogericht.

Mone, S. 547.

Die Bedrängnis war oft so groß, dass die Bauern und ihre Familien ihres Lebens nicht mehr sicher waren und an eine Feldbestellung nicht zu denken war. In solchen Situationen blieb als Ausweg, hinter den Mauern einer Stadt Schutz zu suchen. Dort mussten die Bauern allerdings unter sehr ärmlichen Verhältnissen hausen und waren nicht willkommen.

Es gab aber auch andere Reaktionen der Bauern: Sie wichen nicht in die Städte aus, sondern schlossen sich zusammen und überfielen kleinere Abteilungen von Reitern oder Fußsoldaten. Mallinger berichtet z.B. von einem groß angelegten Widerstand der Bauern zu Kirchhofen, der aber trotz anfänglicher Erfolge fehlschlug und zum Untergang der Bauern führte.

Im Folgenden wird eine weitere Wandlung im Verhalten der Bauern sichtbar. Gewaltsamer Widerstand gegen ihre Bedrücker hatte jeweils die Lage verschlimmert. Der einzige Ausweg bestand darin, selbst zu Soldaten zu werden. Am 9. Juni 1634 schrieb dazu Mallinger:

9. seind den hiesigen Hauptleüthen etlich fl. (= Gulden) mitgethailt worden, damit widerumb frische Soldaten zuo werben und ihre Companien zuo ergäntzen; und welcher Capitän innerhalb 6 Wochen sein Companey nit werdte complet haben, der solle von dem Regiment gantz und gar cassiert werden. Und weil die Zillerisch Reiter das Land auf und ab reiten und alle Orth aussuochen und blinderen, auch den armen Bauersleüthen, vil mehr Markgräfischen als Oesterreichischen, wo sie nur ein Stücklin aus Kleyen gebachen Brodt bey einem finden, dasselbig nehmen und entziehen, daß die arme Bauernknecht und Söhn aus Mangel ihrer leiblichen Nahrung den Veldbaw miessen underlassen und sich zwungener Weiß in das Kriegswesen begeben […].

Mone, S. 561.

Hinweise für den Unterricht

Das hier vorgestellte Bild Francks ist geeignet, den Blick auf das Leiden der bäuerlichen Landbevölkerung im Dreißigjährigen Krieg zu richten. Ergänzt werden sollte das Bild durch die Tagebucheinträge Mallingers. Es hängt von der Klasse und der vom Lehrer eingeplanten Zeit ab, ob er die beiden Textstellen in der Originalsprache vorlegt. Für die Schüler ist es eine neuartige und reizvolle Erfahrung, sich im Lesen und Verstehen dieser uns heute fremd gewordenen neuhochdeutschen Sprache zu versuchen. Es empfiehlt sich, die Originalquellen laut zu lesen, weil damit die Verständlichkeit erhöht wird. Der Lehrer kann aber auch die unterschiedlichen Verhaltensweisen der Bauern auf die Bedrohung berichten. Im Anschluss sollen die Schüler das Für und Wider der bäuerlichen Reaktionen argumentativ abwägen. Das kann in einem Rollenspiel geschehen. Ferner kann zugleich im Deutschunterricht der Roman „Simplicissimus" von Grimmelshausen behandelt oder „In 300 Jahren vielleicht" von Tilman Röhrig gelesen und besprochen werden.

Literatur

Elisabeth Erdmann, Der Dreißigjährige Krieg im Spiegel der Tagebücher des Thomas Mallinger. Handlungsweisen der Bevölkerung, in: Zeitschrift für die Geschichte des Oberrheins, 143 (1995), S. 515-527.

Thomas Mallingers Tagebücher, in: Joseph Franz Mone, Quellensammlung der badischen Landesgeschichte, Bd. 2 (Karlsruhe 1854), S. 528-615.

Astrid Pellengahr, Die Graphikserie „Kriegstheater" von Hans Ulrich Franck (vor 1595-1675), in: Kaufbeurer Geschichtsblätter 16 (2002), 4, S. 138-145.

Bernd Roeck, Als wollt die Welt schier brechen. Eine Stadt im Zeitalter des Dreißigjährigen Krieges, München 1991.

*Holzschnitt (15 x 27,1 cm) eines *Flugblatts (34,6 x 32,9 cm), 1648.

Der Friedensreiter 1648

Beschreibung

Das Bild wird im Vordergrund von einem übergroßen Postreiter beherrscht, dessen kräftiges Pferd nach rechts galoppiert. Er hat schulterlanges Haar und einen Schnurrbart. Seine Kleidung besteht aus einem Hut mit Pfauenfeder, einem Ärmelrock mit breitem Kragen, einer Kniehose, die auf der Seite durch eine Knopfleiste verziert ist, und Stulpenstiefeln. Als Zeichen seines Berufs trägt er das kaiserliche Wappen, den Doppeladler, auf der Brust. Mit der linken Hand hält er die Zügel, mit der rechten ein Posthorn, in das er gerade bläst. Der nicht sichtbare Sattel liegt auf einer Satteldecke mit Fransen. Dahinter ist ein Postsack geschnallt, während vor ihm auf der rechten Seite eine Satteltasche hängt.

Auf dem Hügel, über den der Mann reitet, steht ein Grabkreuz, das etwas nach hinten gesunken ist. Vor und unter den Vorderhufen des Pferds liegen zerbrochene Waffen und zerstörte militärische Gegenstände: eine Muskete mit Stützgabel, eine Fahne, Hellebarde, Lanze, Trommel, ein Kanonenrohr, Schwert und eine Kesselpauke. Hinter dem Pferd sieht man im Mittelgrund drei Gebäude. Die Wand des hinteren Hauses schmückt eine Sonnenuhr; an dem mittleren Haus hängt eine Fahne mit dem Reichswappen. Davor stehen zwei Männer, von denen einer einen Stock in der Hand hält und den Hut gezogen hat.

Der Hintergrund ist in einen irdischen und einen himmlischen Bereich geteilt. Hinter den Häusern steht ein großer Turm mit einem gotischen Helm, dessen Spitze bis in die Wolken ragt. Aus dem Turm weht eine Fahne mit einem Kranz auf hellem Grund, und darunter steht „Wien". Vor dem Pferd sind zwei Städte erkennbar, die als „Paris" und „Stockholm" bezeichnet werden. Auch von dem Kirchturm der Stadt Stockholm weht eine Fahne. Zwischen beiden Städten liegt das Meer, auf dem ein großes Boot fährt. Das einzige Segel, das an der Rahe befestigt ist, läuft nach unten spitz zu. Am Mast weht eine Fahne mit der Aufschrift „Fried", und am Heck steht ein Mann, der den rechten Arm ausgestreckt hat.

Der himmlische Bereich wird durch ein langes, sich über das ganze Bild erstreckendes Wolkenband abgegrenzt. In der linken Ecke schwebt ein bekrönter Engel, der in eine Fanfare mit der Aufschrift „Fama" bläst. Das Tuch an der Fanfare zeigt ebenfalls das kaiserliche Wappen. In der linken Hand hält der Engel die gleiche Fahne, die am Wiener Kirchturm weht, und zwei Ölzweige. Ihm gegenüber kommt ein junger Mann vom Himmel herunter. Er trägt einen Brustpanzer, ein kurzes Untergewand und einen offenen Umhang. Die Flügel an Helm und Schuhen und der von einem Schlangenpaar umwundene Stab in der Linken weisen ihn als den Götterboten Merkur aus. In der Rechten hält er einen geschlossenen Brief mit der Aufschrift „Pax".

Interpretation

Das Bild des Flugblatts, das auch ein langes Gedicht enthält, verbindet allegorische mit realen Elementen. Es zeigt einen Postreiter, der die Nachricht vom Friedenschluss in Münster und Osnabrück verbreitet. Der Krieg, der jetzt beendet ist, wird durch das Grabkreuz und das zerstörte Kriegsgerät symbolisiert. Auf den Frieden verweisen die Inschriften „Fried" und „Pax". Auch die Gesten des Mannes vor dem Haus und auf dem Boot können als Freude über den Frieden gedeutet werden. Das Bild zeigt zugleich die Hauptstädte der wichtigsten am Krieg und Frieden beteiligten Ländern.

Gleichzeitig ist das Bild ein Zeugnis für das Postwesen und die Verbreitung von Nachrichten. Zwar bringt die personifizierte Fama die Botschaft, aber es sind Menschen nötig, um sie zu übermitteln. Dies geschieht durch den Postreiter, der gerade eine Poststation verlassen hat. Das Schiff trägt die Nachricht über das Meer. Der herbeieilende Merkur ist nicht nur ein himmlischer Friedensbote, sondern er vermittelt auch, dass nach dem Friedensschluss wieder der Handel auflebt.

Der Westfälische Frieden

Seit dem Prager Frieden, den der sächsische Kurfürst mit dem Kaiser 1635 geschlossen hatte, hatte es zahlreiche Verhandlungen zwischen den einzelnen Krieg führenden Mächten gegeben, aus denen sich der Wunsch nach einem allgemeinen Frieden entwickelte. Nach langen Verhandlungen begann der Friedenskongress im Dezember 1644. Er tagte parallel im katholischen Münster (Kaiser, katholische Reichsstände, Frankreich, Spanien) und im protestantischen Osnabrück (Kaiser, protestantische Reichsstände, Schweden). In mühsamen Einzelschritten wurden die konfessionellen, politischen und territorialen

Fragen gelöst. Am 24. Oktober 1648 konnte schließlich der Friedensvertrag in beiden Städten unterzeichnet werden. Während des Friedenskongresses war der Krieg weitergegangen (Vorstoß des französischen Heers in Bayern und der Schweden nach Böhmen) und hatte auch die Verhandlungen beeinflusst. Deshalb war es wichtig, das Ergebnis so schnell wie möglich in ganz Deutschland bekannt zu geben und eine Einstellung der Kämpfe zu erreichen. Dies wurde in einem eigenen Artikel des Friedensvertrags (§ 98) geregelt.

Das Gedicht des Flugblatts

Ich komm von **Münster** her gleich Sporenst[r]eich geritten /
und habe nun das meist deß Weges überschritten /
Ich bringe gute Post und neue Friedenszeit /
der Frieden ist gemacht / gewendet alles Leid.
Man bläst ihn freudig auß mit hellen Feldtrommeten /
mit Kesselpaucken Hall / mit klaren Feld-Clareten [Trompeten].

Mercur fleugt in der Lufft / und auch der **Friede** : Io /
Gantz **Münster** / **Oßnabrugg** vnd alle **Welt** ist froh /
die Glocken thönen starck / die Orgeln lieblich klingen /
HErr Gott wir loben dich / die frohen Leute singen.
die Stücke [Geschütze] donnern und sausen
in der Lufft /
die Fahnen fliegen schön / und alles jauchtzend rufft:
Der Höchste sey gelobt / der Friede ist getroffen /
fortan hat männiglich [ein jeder] ein besser Jahr
zu hoffen /
der Priester und das Buch / der Rahtherr und
das Schwerdt /
der Bauer und der Pflug / der Ochse und das Pferd.

Die Kirchen werden fort in voller Blüte stehen /
Man wird zum **Hauß deß HErrn** in vollen
Sprüngen gehen /
Und hören Gottes Wort: Kunst wird seyn hochgeacht /
die Jugend wird studiern bey Tag und auch bey Nacht/
Man wird deß HErren Ruhm auff Psalter und
auff Seiten /

In Osten und in West / in Sud und Nord außbreiten:
die Saine und **Paris** / die Donau und ihr **Wien** /
der Belht und sein **Stockholm** sind friedlich /
frisch und grün.

Der **Friede** kömt Gott lob mit schnellem Flug geflogen /
mit ihm komt alles Glück und Segen eingezogen /
Er bringet Friedenspost und güldene Friedens Zeit /
der Krieg ist nun gestillt / geendet alles Leid.
Spieß/Bogen/Schild und Schwerdt / und Lantzen
sind zerschmissen /
Gerechtigkeit und Fried sich miteinander küssen /
Wo Mars der Landsknechts Gott /
die Oberherrschaft hat da herrschet Lasterschwarm /
und Tugend hat nicht stadt.
Drum freuet / freuet Euch / ihr hohen **Potentaten** /
und alle die ihr müst den grossen Städten **rahten** /
Fortan wird Land und Sand und Dörffer nehmen zu /
und Herr und Knecht wird sein in angenehmer Rhu.
Es werden Fürsten nicht in Cantzeleyen schwitzen /
der Raht nicht in die Nacht mit schweren Sorgen sitzen /
und dencken / wo doch Raht wol herzunehmen sey /
damit beteubet werd deß Krieges Tyranney.
Man wird stäts seyn bedacht / wie rechte Sach
mög bleiben /
Wie man / was unrecht ist / recht möge hintertreiben /
Man wird nicht so versehn was böses wird verricht /
wie sonst zu Kriegeszeit / doch ohne Lust geschicht.
Es werden Obrigkeit und Vnterthanen wohnen
in Einigkeit und Fried: das gute wird man lohnen /
das böse straffen ab: Kurtz / es wird friede seyn /
im Rahthauß / in der Stadt / wo man geht
auß und ein.
Ihr Obern dancket Gott / der Frieden ist gerichtet /
Ihr Vntern lobet Ihn / das widrig ist geschlichtet /
Es lebt in Fried und Freud der Rahtsherr
und die Stadt /
Biß das was in der Welt und Sie ein Ende hat.

Auch / Ich der **Kaufleut** Gott Mercur komm
hergedrungen /
Und hab mich mit dem **Brieff** durch Lufft und Tufft
[Dunst, Nebel] geschwungen /
Ihr **Kaufleut** seyt wolauff und habt ein guten Muth /
Ihr **Handwercksleute** auch / es wird alls werden gut.
Fort wird man sicherlich zu Wasser können handeln /
und ohne noht zu Land auff Messen ruhig wandeln.
die Wahren werden wol zu reissen abegehn /
die Läden und Gewölb voll lauter Kauffer stehn /

Man wird ja Tag für Tag den Seidenzeug außmessen /
und zu Mittag für Müh nicht einen bissen essen /
Gewürtz und Spezerey [Gewürz, Delikatessen]
verkauffen wol mit Macht /
bey lauter Centnern wegwägen Tag und Nacht.
Der Schuster wird sein Geldt vor [für] Schuh nicht
können zehlen /
Den Schneider wird das Volck umb neue Kleider quelen /
Der Breuer [Bierbrauer] nimbt nicht ab / der **Becker**
der wird reich /
Der Kirschner [Kürschner] füttert stäts / und feyret
keinen Streich.
Es hitzen bey dem Feur die **Schmid** /
die Amboßschläger /
Es tauren [dauern] mich allein die armen
Degenfeger [Waffenschmiede] /
Die haben nichts zu thun: Last Degen / Degen seyn /
macht einen Pflug darfür / und eine Pflugschar drein.

Ihr Bauren spannet an die starcken AckerPferde /
Klatscht mit der Peitschen scharff / die Pflugschar
in die Erde /
Säet / Hirsche [Hirse] / Heidel [Buchweizen] /
Korn / Hanf / Weitzen / Gersten auß /
Kraut / Ruben / Zwiebeln / Kohl / füllt Keller /
Boden / Hauß.

Ihr Gärtner werdet dann zu Marckt können fahren /
und lösen manchen Batz [Batzen, Kreuzer] auß euren
grünen Wahren /
dann kehret ihr mit Lust fein in ein **Küchlein**
[Küche] ein /
und esst ein stücklein Wurst vnd lescht den Durst
mit Wein;
Iuch / Iuch / ihr seyt befreyt von tausend
tausend Nöthen /
und schlaffet biß es tagt mit euren Bauren Greten.
Ihr Wirthe freut euch auch / der Friede trägt
euch ein /
Es wird die Stub und Stall voll Gäst und Pferde seyn /
Voraus [vor allem] die ihr wol ligt / beym weiß und
roten Hanen /
Beim Baum / Bärn / Engel / Stern / Wolf / Lamme /
Thürnen [Türme] / Schwanen /
Beim Bitterhold / beim Creutz / Ganß / Rindfuß /
Rädlein / Tisch /
beim wilden Mann / Kron / Mond / beim
güldnen Ochsen / Fisch /
Beim Ochsenfelder auch: Ihr krieget gute sachen /

Ihr wolt denn selbsten nicht / die Zech Wirthlich
[hier: sparsam] machen /
doch glaub ichs gäntzlich nicht:
Nun es hat keine Noth /
Ein jeder gebe mir ein gutes Botenbrodt.

Doch dieses alles recht mit beten vnd mit dancken /
daß keiner überschreit [überschreitet] der Erbarkeiten
Schrancken /
Es dancke alles Gott / es danck Ihm frü vnd spat
was kreucht / fleugt / lebt und schwebt / und was nur
Odem hat.

Hinweise für den Unterricht

Bei dem Einsatz des Bilds sollte der Lehrer das
Flugblatt als Ganzes zeigen und auf diese
Weise das Medium vorstellen. Dazu kann
auch das Gedicht (eventuell in Auszügen)
gelesen werden. Die Schüler sollen erkennen,
wie wichtig eine schnelle Bekanntmachung
des Friedens in Europa war, damit alle kriege-
rischen Aktionen beendet wurden.
Die Bedeutung des Friedens lässt sich aus den
Symbolen und allegorischen Figuren ablesen,
mit denen das Ereignis auf dem Flugblatt überhöht wird. Das Bild eignet sich auch, um die
Entwicklung des Zeitungs- und Postwesens zu
verdeutlichen (Schülerreferat).

Literatur

*Klaus Bußmann, Heinz Schilling (Hgg.), 1648 –
Krieg und Frieden in Europa. Ausstellungskatalog, Münster, Osnabrück 1998.*

*Heinz Duchardt, Franz-Josef Jakobi (Hgg.), Der
Westfälische Frieden, Wiesbaden 1996.*

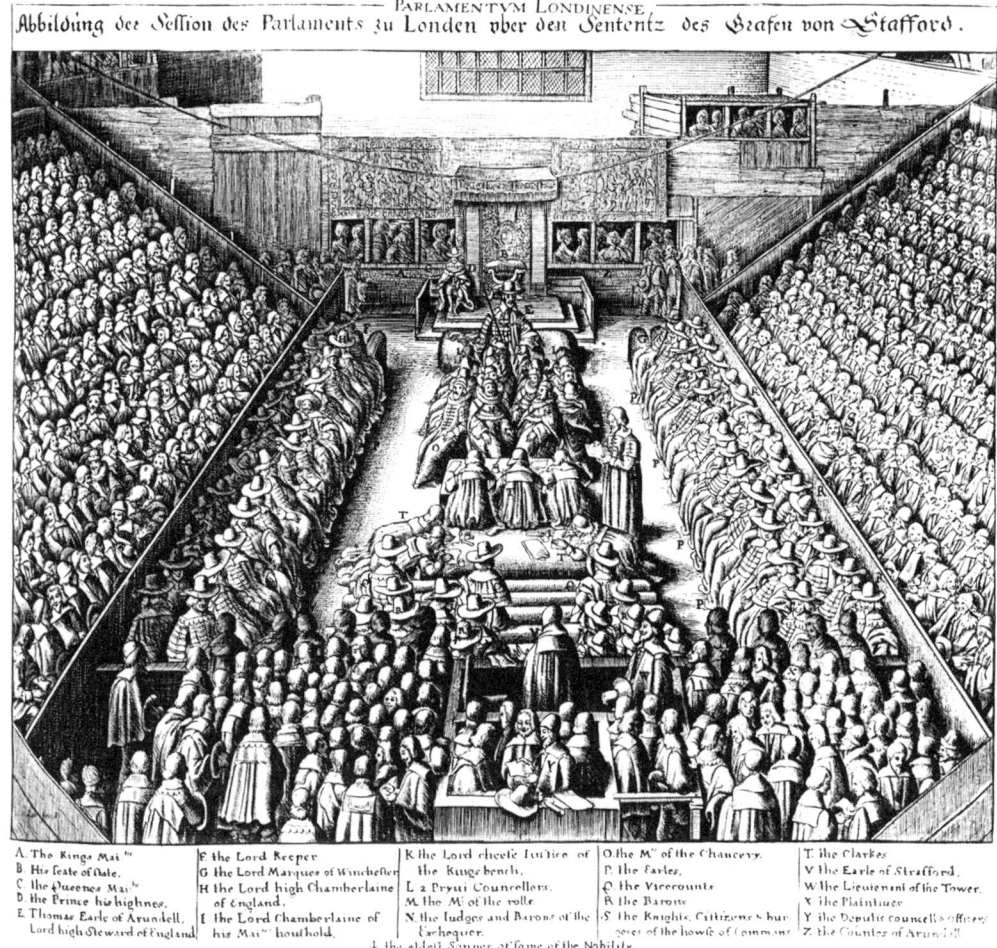

A. The Kings Maty
B. His seate of State.
C. the Queenes Maty
D. the Prince his highnes.
E. Thomas Earle of Arundell.
Lord high Steward of England.

F. the Lord Keeper
G. the Lord Marques of Winchester
H. the Lord high Chamberlaine
of England.
I. the Lord Chamberlaine of
his Maty houshold.

K. the Lord cheefe Iustice of
the Kings bench.
L. 2 Pryui Councellors.
M. the Mr of the rolls.
N. the Iudges and Barons of the
Exchequer.
† the eldest Sonnes of some of the Nobility.

O. the Mr of the Chancery.
P. the Earles.
Q. the Vicrounts
R. the Barons
S. the Knights, Citizens & bur-
geses of the howse of Commons

T. the Clarkes
V. the Earle of Strafford.
W. the Lieutenant of the Tower.
X. the Plaintiues
Y. the Deputis councells officers
Z. the Countes of Arundell

Die Gerichtsverhandlung gegen Thomas Wentworth Earl of Strafford (1640), *Kupferstich (25,5 x 15,5 cm) von Wenzel Hollar, Beilage im Theatrum Europaeum, Bd. 4, Frankfurt a. M. 1692.

Das englische Parlament

Beschreibung

Trotz vieler Details und mehr als 400 Personen lassen sich die einzelnen Bildteile gut beschreiben. Der Blick fällt schräg von oben in einen großen rechteckigen Saal, sodass die Decke nicht sichtbar ist. Auch die Tribünen auf beiden Seiten des Raums sind abgeschnitten. An der Rückwand befindet sich ein Fenster aus qua-

dratischen Scheiben mit Rautenmuster. Davor ist der Raum durch eine hohe Holzwand abgeschlossen, hinter der sich mehrere logenartige Räume befinden. Zwei von ihnen mit insgesamt sechs Fensteröffnungen liegen auf Saalhöhe, ein Raum mit drei kleineren Fenstern bildet eine Art Empore auf der rechten Seite der Wand. In den Öffnungen sieht man Männer und Frauen.

Vor der Mitte der Holzwand steht ein thronartiger Sessel auf einem dreistufigen Podest, das auf drei Seiten von einer Brüstung umgeben ist. Über ihm ragt ein „Himmel" in den Saal, dessen Stoffbezug in Fransen endet. Die bemalte oder mit Stoff bespannte Wand hinter dem Sessel wird von zwei *Pilastern begrenzt. Der Sessel ist leer, links von ihm sitzt ein Mann mit Hut und prunkvollem Mantel.

Der übrige Saal ist so angelegt, dass man vier Gruppen von Personen unterscheiden kann. Die erste Gruppe befindet sich in der Raummitte zwischen dem Thron und einer hohen Brüstung am Eingang des Saals. Vor dem Podest sitzt ein Mann auf einem großen runden Kissen. Auch er trägt einen Hut und hält einen langen Stab in der rechten Hand. Vor ihm sitzen etwa zehn Personen teilweise mit dem Rücken zueinander. Auf sie folgt ein Tisch, an dem drei Schreiber Platz genommen haben. Vor ihnen liegen Papiere, auch ein Tintenfass ist zu sehen. Neben ihnen steht ein Mann, der offensichtlich gerade etwas diktiert oder vorliest. Drei weitere Schreiber knien und benutzen große, übereinander gestapelte Kissen als Unterlage. Zu dieser Gruppe gehören auch elf Männer, die im Unterschied zu den anderen in der Saalmitte ihre Hüte aufbehalten haben.

Hinter der Brüstung ist ein kleiner quadratischer Raum abgetrennt und in drei unterschiedlich große Kammern unterteilt. In den beiden hinteren Kammern stehen etwa zehn Männer, von denen einige Schriftstücke in der Hand halten oder auf die Umrahmung gelegt haben. Hinter ihnen steht ein einzelner Mann im Mantel mit einer kapuzenartigen Kopfbedeckung. Er blickt zu dem Mann mit dem Stab und hat die linke Hand etwas erhoben. Neben ihm steht ein Mann, der ihn ansieht. Hinter der Brüstung stehen noch etwa 80 weitere Männer, die fast alle barhäuptig sind. Unten im Saal sitzen sich in zwei Reihen etwa 50 Männer gegenüber. Auch sie tragen Hüte und etwas prunkvollere Kleidung. Hinter ihnen, durch eine Brüstung abgetrennt, sitzen jeweils zehn Reihen von Männern auf Tribünen. Sie sind barhäuptig und etwas einfacher gekleidet.

Die Bildüberschrift lautet: „Parlamentvm Londinense. Abbildung der Session des Parlaments zu Londen vber den Sententz des Grafen von Stafford". In einer Unterschrift werden 24 Buchstaben und ein Zeichen erklärt, die im Bild einzelnen Personen oder Personengruppen zugeordnet sind.

Interpretation

Der Kupferstich von Wenzel Hollar ist ein Ereignisbild, das einen bestimmten geschichtlichen Augenblick – hier den Prozess gegen Thomas Wentworth Earl of Strafford – festhält. Gleichzeitig ist er ein Dokument zur Geschichte des englischen Parlaments im 17. Jahrhundert. Das Bild zeigt das Innere von Westminster Hall. Der Inhalt lässt sich mithilfe der Buchstaben und Erklärungen bestimmen. Auf dem Podest steht der Thron des Königs, der aber nicht hier, sondern links davon in der mittleren Box Platz genommen hat, zusammen mit der Königin in der Box daneben. Neben dem Thron sitzt der zehnjährige Prinz of Wales, der spätere König Karl II. In den übrigen Boxen sitzen weitere prominente Zuschauer, darunter die Frau des Earl of Arundel (mittlere Box auf der rechten Seite).

Vor dem Podest thront der Earl of Arundel als Sprecher des Oberhauses. Er sitzt auf einem „Wollsack", der mit Wolle aus England, Schottland und Nordirland ausgestopft ist, um die Zusammengehörigkeit Großbritanniens und den Ursprung seines Reichtums zu symbolisieren. Vor ihm sitzen ebenfalls auf Wollsäcken Richter und königliche Räte in zwei Reihen. Es folgen sechs Sekretäre, von denen drei an einem Tisch sitzen, während die anderen knien und auf einem Wollsack schreiben. Der Mann, der neben ihnen steht, scheint ihnen gerade ein Schriftstück vorzulesen. Auf den beiden Längsseiten sitzen die Vertreter des Oberhauses („Earls"), die zum Zeichen ihrer Würde Roben und Hüte tragen. Auch die

Männer auf den Bänken hinter den Sekretären sind Mitglieder des Oberhauses, aber als Viscounts von geringerem Rang als die Earls. Die Mitglieder des Unterhauses („Commons") sitzen auf den beiden Tribünen. Sie tragen bürgerliche Kleidung und sind barhäuptig.

Barhäuptig ist auch der Earl of Strafford, der mit dem Rücken zum Betrachter hinter der Brüstung steht und offensichtlich gerade spricht. Der Mann rechts von ihm ist der oberste Offizier des Tower, der den Blick auf ihn gerichtet hat. Die Männer hinter Strafford sind seine Sekretäre und händigen ihm die jeweils notwendigen Dokumente aus.

Hollar hat mit dem Stich nicht nur seinem Gönner Arundel ein Denkmal gesetzt, indem er ihn und seine Frau verewigt hat. Er dokumentiert auch ein wichtiges Ereignis aus der Geschichte des englischen Parlaments. Der Prozess gegen den Earl of Strafford als dem wichtigsten Berater Karls I. zielte gegen den König und dessen absolutistische Politik. Das Parlament setzte sich mit allen Mitteln, auch mit einem rechtswidrigen Sondergesetz, gegen die Beschränkung seiner Macht zur Wehr. Schließlich zeigt das Bild auch eine Innenansicht von Westminster Hall um 1640 und gibt einen Eindruck von der Arbeit des Parlaments.

Wenzel Hollar

Wenzel Hollar (van Prabenberg) wurde 1607 in Prag geboren, verließ 1627 seine Heimatstadt und wurde nach Aufenthalten in Stuttgart und Straßburg Mitarbeiter von Matthäus Merian in Frankfurt a. M. Später lebte er in Köln, wo er Thomas Howard Earl of Arundel kennenlernte. Er begleitete ihn an den Kaiserhof nach Wien und folgte ihm anschließend nach London, wo er in dessen Haus wohnte und arbeitete. Hollar schuf zahlreiche Buchillustrationen, Stadtansichten, *Porträts und Landkarten. Trotz seines Fleißes – von ihm

stammen über 2700 Zeichnungen und Radierungen – starb er 1677 verarmt in London. Seine Werke zeichnen sich vor allem durch realistische Erfassung und zeichnerische Genauigkeit aus.

Die Entwicklung des Parlaments in England

Die „Magna Charta Libertatum" (1215) gilt als Geburtsstunde des Parlaments Von 1290 gehörten ihm neben Adel und Geistlichkeit auch die „Gemeinen" (Commons) an, die Grafschaften, Städte und Märkte vertraten. Im 14. Jahrhundert trennte sich das Parlament in zwei Kammern (House of Lords und House of Commons).

Unter den Stuartkönigen Jakob I. und Karl I. kam es zu einem jahrzehntelangen Konflikt zwischen Krone und Parlament. Jakob I. versuchte den Machtanspruch des Parlaments mit dem Hinweis auf den göttlichen Ursprung der Monarchie einzuschränken. Das Parlament dagegen setzte unter seinem Nachfolger Karl I. die „Petition of Rights" (1628) durch, in der der Schutz vor willkürlicher Justiz und das Recht auf die Mitsprache bei der Besteuerung erneut garantiert wurden. Von 1629 versuchte Karl I. ohne Parlament zu regieren, doch der Krieg gegen die Schotten zwang ihn, es im April 1640 erneut einzuberufen. Dieses erhob im November 1640 Anklage gegen den Earl of Strafford und verurteilte ihn zum Tode. In dem 1642 ausbrechenden Bürgerkrieg siegte schließlich das Parlamentsheer unter Oliver Cromwell. Dieser ließ Karl I. anklagen und setzte seine Verurteilung durch. Anschließend regierte er England als Militärdiktator. Nach seinem Tod kehrten mit Karl II. und Jakob II. die Stuarts zurück. Erneute politische und religiöse Kontroversen führten 1688 zur „Glorious Revolution". Jakob II. wurde vertrieben und sein Schwiegersohn Wilhelm von Oranien trat die Nachfolge an, nachdem er in der „Declaration of Rights" (1689) die Rechte des Parlaments bestätigt hatte.

Das Parlamentsgebäude

Die Ursprünge des Westminster Palace gehen auf eine Abtei zurück, die Eduard der Bekenner im 11. Jahrhundert im Westen der City gründete und neben der er einen Palast errichtete. Hier versammelten sich die Gerichtshöfe und seit dem 13. Jahrhundert die Vertreter des Parlaments. Als das Gebäude 1512 durch einen Brand beschädigt wurde, zog der König nach Whitehall Palace um, während Gerichte und Parlament im Westminster Palace blieben. Nach einem Großbrand 1834 wurde der Westminster Palace von Charles Barry im neugotischen Stil wieder errichtet.

Der Prozess gegen Thomas Earl of Strafford

Thomas Wentworth stammte aus einer Familie des niederen Adels. Als Mitglied des Parlaments unterstützte er ab 1629 die Politik Karls I. und wurde Mitglied des Geheimen Rats und Statthalter von Irland. Seit 1639 war er der wichtigste Ratgeber des Königs, der ihn zum Earl erhob. Am 11. November 1640 klagte ihn das Unterhaus wegen Hochverrat an. Am 22. März 1641 begann die Verhandlung vor dem Oberhaus, doch war die Anklage juristisch so fragwürdig, dass sie scheiterte. Da beschloss das Parlament ein Sondergesetz, durch das eine Person wegen eines todeswürdigen Verbrechens auch ohne Verfahren verurteilt werden konnte. Der König musste das Todesurteil gegen seinen Ratgeber unterschreiben, der am 12. Mai 1641 hingerichtet wurde.

Hinweise für den Unterricht

Auch wenn der aktuelle Anlass für das Bild nicht im Mittelpunkt der Besprechung steht, sollte er genannt und in seiner Bedeutung kurz erklärt werden. Wichtiger sind die Informationen, die der Schüler zur Geschichte des englischen Parlaments gewinnen kann: das Innere von Westminster Hall, der Platz des Königs, die Trennung von Ober- und Unterhaus (auch durch Kleidung und Sitzordnung) und die Formen und Rituale, nach denen Sitzungen abliefen und die zum Teil heute noch existieren. Mit Texten wie der „Petition of Rights" und „Declaration of Rights" kann darüber hinaus deutlich gemacht werden, dass das 17. Jahrhundert entscheidend für die Rolle des Parlaments in der englischen Politik war, das hier einen wichtigen Schritt zum modernen Parlamentarismus vollzog.

Literatur

Kenneth Mackenzie, The English Parliament, Harmondsworth 1963.

Cicely V. Wedgewood, Thomas Wentworth, First Earl of Strafford, 1593-1641. A revaluation, London 1961.

Reiterbildnis Ludwigs XIII., *Kupferstich und *Ätzradierung (43,2 x 58,1 cm) von Michel Lasne und Jacques Callot, 1634, Aufbewahrungsort: Bibliothèque Nationale, Département des Estampes, Paris.

Reiterbildnis Ludwigs XIII.

Beschreibung

Auf einer Anhöhe ist ein Reiter in Rüstung auf einem Pferd zu sehen, das sich aufbäumt. Die Hinterbeine des Pferds sind stark eingeknickt, die Vorderbeine verlaufen parallel zueinander und sind ab den Kniegelenken zum Körper hin angezogen. Der Hals steht senkrecht nach oben, der Kopf ist dem Betrachter leicht zugewandt, das Maul etwas geöffnet, und die Ohren sind gespitzt; Schweif und Mähne sind leicht gewellt. Das Pferdegeschirr besteht aus Saumzeug und Sattel, der sich aus einer Decke, einem Sitz mit kurzer Lehne und Steigbügeln zusammensetzt. Der Sattel ist bestickt, die

Decke noch mit Fransen verziert. Von der Decke verlaufen zwei verzierte Bänder, die in Quasten enden, über den Pferderücken nach unten. Der Reiter sitzt aufrecht im Sattel und wendet sich dem Betrachter zu. Er hat schulterlanges, gewelltes Haar und einen Schnurrbart, dessen Spitzen nach oben weisen, sowie einen kleinen, spitz zulaufenden Kinnbart. Er trägt hohe Schaftstiefel mit Sporen, die Fußspitzen stecken in den Steigbügeln. Der Körper ist bis über die Knie durch einen Metallpanzer geschützt, weiter trägt der Reiter Armschienen und gepanzerte Handschuhe. Über dem Brustharnisch liegt am Hals ein breiter Spitzenkragen; um den Oberkörper ist eine mit Spitzen verzierte Schärpe geschlungen, deren lose Enden sich im Wind bauschen. Auf der linken Seite trägt der Reiter einen Degen, auf der rechten ist der Knauf einer Waffe zu sehen. Der linke Arm ist angewinkelt, die Hand hält die Zügel. Der rechte Arm ist leicht nach oben gestreckt, die Hand hält einen Stab, der nach vorne weist.

Am Himmel sind dunklere Kumuli-Wolken zu sehen, doch von oben kommen Sonnenstrahlen, welche die Putti und den Reiter beleuchten. Ganz oben in der Mitte steht in Großbuchstaben „superbum evehit" (er erhebt den Erhabenen). Ein *Putto hält über den Kopf des Reiters eine Krone; die anderen Putti halten Lorbeerkränze und Palmwedel in den Händen, die sie ebenfalls in Richtung des Reiters halten. Eine Frau mit entblößter Brust und flatterndem Gewand, die in eine Doppeltuba bläst, fliegt den Putti und dem Reiter voraus. Auf den von den beiden Instrumenten herabhängenden Tüchern ist jeweils „per aether[a]" (durch die Lüfte) zu lesen.

Der Hintergrund hinter dem Reiter zeigt eine Landschaft, die eine Ebene bildet; dahinter ragen teils vulkanähnliche Berge hoch, auf deren Kuppen Befestigungen und Fahnen zu erkennen sind. In der Ebene sind vor allem

Reiter, aber auch Fußvolk zu erkennen, allerdings sind die Figuren im Vergleich zu dem Reiter im Vordergrund winzig gezeichnet. Hinten am linken Rand ist eine Siedlung mit zwei Türmen zu erkennen; am rechten Bildrand erhebt sich ein steiler Felsen, auf dem einige Bäume wachsen. Der Stil, in dem die Landschaft gezeichnet ist, hebt sich von der Darstellung des Reiters und der Wolken ab.

Am unteren Bildrand steht auf Lateinisch die Widmung (Übersetzung): „Ludwig XIII., dem Gerechten, Frommen, Glücklichen, Erhabenen, Unbesiegten und Großen, dem Sieger über Italien, Alemannien, Lothringen, dem allerchristlichsten Herrscher Frankreichs und Navarras, in seinem 33. Lebensjahr und seinem 23. Regierungsjahr."

Und darunter (Übersetzung): „Auf Befehl des allerchristlichsten Königs hat Michael Lasne [Asinius], königlicher Graveur, [dieses Bild] gestochen und dem König dargeboten im Jahre 1634. Von diesem Bild wurden Exemplare zum Verkauf von Asinius geschaffen und ausgestochen [...]."

Interpretation

Wie bereits aus der Widmung hervorgeht, handelt es sich bei dem Reiter um den 33-jährigen Ludwig XIII. von Frankreich. Er ist als Feldherr dargestellt. Die Art, wie sich sein Pferd auf der Hinterhand aufrichtet, wird Levade genannt und zur „Hohen Schule" gerechnet. Wie lange sie gehalten werden kann, hängt von der Stärke und Geschicklichkeit des Pferds ab – man geht von fünf Sekunden und mehr aus. Im 17. Jahrhundert war die Levade die bevorzugte Stellung für offizielle Herrscherbilder oder -monumente wie das Reiterbild Philipps IV. von Velázquez (1634/35). Die Bewegung des Tiers wirkt zurückgenommen. Damit sollte gezeigt werden, dass der Reiter die Bewegungen des Pferds perfekt unter Kontrolle hat. Keinesfalls durfte der Eindruck entstehen, das Pferd sei aus eigenem Willen gestiegen und habe den Reiter überrascht. Zweck dieser Darstellungsweise ist es, eine Parallele zwischen Pferd und Reiter auf der einen und Herrscher und Untertanen auf der anderen Seite herzustellen. Die Aufschrift „superbum evehit", die Sonnenstrahlen und die Bekrönung mit Krone und Lorbeerkränzen sollen verdeutlichen, dass der dargestellte Herrscher seine Legitimität von Gott erhält. Denn Kirche und Religion waren durchaus wichtige Elemente bei der Begründung des Absolutismus, auch wenn sie keinesfalls die einzigen waren. Die Frau, die den Putti und auch dem Reiter vorausfliegt, ist die *Personifikation der Fama: Sie verkündet den Ruhm des Herrschers.

Die Landschaft hinter dem Reiter unterscheidet sich stilistisch von der Darstellung des Königs und des Himmels. Es ist eine Radierung von Callot, der mit Lasne befreundet war. Sie zeigt die Schlacht von Veillane (auch Avigliano genannt) von 1630: Der Herzog von Savoyen, der sich Anfang März 1629 Ludwig XIII. unterworfen hatte, wechselte bald die Seiten und begünstigte wieder die Habsburger. Im Winter 1629/30 marschierte Ludwig erneut gegen ihn und siegte mit seinem Heer am 10. Juli 1630 bei Veillane.

Michel Lasne und Jacques Callot

Der Kupferstecher Michel Lasne (vor 1590-1667) wurde in Caen als Sohn eines Goldschmieds geboren. Über seinen oder seine Lehrer lassen sich lediglich Vermutungen anstellen. Er hielt sich 1617/18 in Antwerpen auf, wo er unter Rubens arbeitete und vielleicht dann auch bei van Dyck. Spätestens 1620/21 kehrte er wieder nach Frankreich zurück. Nach seiner Heirat ließ er sich in Paris nieder. Lasne war mit Callot, aber auch mit

anderen Künstlern befreundet, von denen seine Kunst profitierte. 1633 durfte er sich „graveur du Roi" nennen und erhielt für sich und seine Familie eine Wohnung im Louvre. 1638 wurde dieses Privileg bestätigt.

Von Ludwig XIII. und dessen Gemahlin Anna von Österreich sowie von Richelieu sehr geschätzt hinterließ er insgesamt mindestens 759 Drucke, darunter 325 *Porträts, die er meist nach eigenen Skizzen anfertigte. Außerdem widmete er sich religiösen und allegorischen Themen, aber auch solchen des täglichen Lebens. Häufig stach er seine eigenen Zeichnungen, aber er stach auch nach anderen berühmten Künstlern.

Jacques Callot (1592-1635) wurde in Nancy/Lothringen geboren. Er ging 1607 bei einem Goldschmied und Graveur in Nancy in die Lehre und arbeitete 1608-1611 in Rom als Gehilfe des Kupferstechers Philippe Tomassin. Von dort aus ging er nach Florenz, wo er 1614 eine Werkstatt in den Uffizien erhielt. Neben Stichen fertigte Callot auch *Radierungen an und experimentierte mit neuen Techniken, insbesondere mit der Ätzradierung. Von 1621 an lebte Callot wieder in Nancy und unternahm Reisen nach Paris und in die Niederlande. 1623 heiratete er die Tochter eines geadelten reichen Grundbesitzers, was ihm ermöglichte, ein Haus in Nancy zu erwerben. 1624 erhielt er den Titel „chalcographe" des Herzogs von Lothringen. 1628 wurde Callot von Ludwig XIII. beauftragt, Zeichnungen der Belagerung von Rochelle anzufertigen, nach denen er dann in Paris stach. Dadurch vergrößerte sich sein Ansehen in Frankreich. 1633 wurden seine „Misères et les Malheurs de la Guerre", genannt „Les Grandes Misères de la Guerre", von dem Verleger Henriet in Paris veröffentlicht. Im selben Jahr besetzten die Franzosen Nancy. Callot unterzeichnete Ende 1634 den von den lothringischen Notabeln geforderten Treueid für Ludwig XIII.

Ludwig XIII. (1601-1643)

Ludwig XIII. war der Sohn Heinrichs IV. und dessen zweiter Frau Maria von Medici. Nach der Ermordung seines Vaters (1610) stand er als König zuerst unter der Vormundschaft seiner Mutter. Seit 1624 war Kardinal Richelieu sein Erster Minister. Richelieus Politik zielte darauf ab, die Macht des Adels zurückzudrängen und der Krone Frankreichs absolute Geltung zu verschaffen. Das machte den Adel, aber auch die Mitglieder der Königsfamilie misstrauisch: Es kam zu zahlreichen Intrigen innerhalb des Königshauses und zu Aufstandsversuchen des Adels. Ludwig XIII., der Richelieu gegenüber anfangs eher ablehnend gewesen war, vertraute ihm im Laufe der Zeit immer mehr. Nach Richelieus Tod (1642) wurde Kardinal Mazarin sein Nachfolger. Nach dem Tod Richelieus und Ludwigs XIII. sahen die Gegner der absolutistischen Zentralisierung die Möglichkeit, ihre frühere Macht zurückzugewinnen (Aufstand der „Fronde", 1648-1653), was aber nicht mehr gelang.

Hinweise für den Unterricht

Staatstheorien sind in der Regel für Schüler der Mittelstufe sehr abstrakt. Das Bild bietet sich jedoch an, um zu zeigen, wie der absolute Herrscher gesehen werden wollte. Insbesondere lässt sich die Vorstellung vom Gottesgnadentum verdeutlichen. Der Lehrer kann zum Vergleich auch andere Reiterdarstellungen von Herrschern vorlegen wie die Reiterstatuette von Karl dem Großen (vgl. Fenster zur Vergangenheit, Bd. 1, S. 129 ff.) Die Schüler können dann eigenständig die unterschiedliche Darstellungsweise herausarbeiten.

Literatur

Hartmut Lehmann, Das Zeitalter des Absolutismus. Gottesgnadentum und Kriegsnot, u.a. Stuttgart, Berlin 1980.

Walter Liedtke, The Royal Horse and Rider. Painting, Sculpture and Horsemanship 1500-1800, New York 1989 (The Metropolitan Museum of Art).

Cicesly Veronica Wedgwood, Wege der Mächtigen. Wilhelm von Oranien. Richelieu. Cromwell, München 1970.

Roger-Armand Weigert, Maxime Préaud, Inventaire du Fonds Francais. Graveurs du XVIIe Siècle, Bd. 7, Paris 1976 (Bibliothèque Nationale. Département des Estampes).

Ludwig XIV., Öl auf Leinwand (277 x 194 cm) von Hyacinthe Rigaud, 1701, Aufbewahrungsort: Musée du Louvre, Paris.

Der Sonnenkönig Ludwig XIV.

Beschreibung

Der König steht auf einem Podest, eine Stufe über dem Betrachter und eine unter dem Thron. Das Podest ist mit einem Brokatstoff bedeckt. Haltung, Geste und Blick des Königs wirken theatralisch. Das linke Bein ist vorgesetzt. Die Spitze des hochhackigen Schuhs deutet nach vorne, das Standbein ist in unnatürlichem Winkel dahintergestellt. Der elegant gedrehte Körper bietet sich von der Seite und halb von vorn dar. Der mit goldenen Lilien bestickte blaue Mantel, der innen mit Hermelin besetzt ist, ist kunstvoll über der linken Schulter umgeschlagen und fällt in weiter Bahn nach hinten bis auf den Boden. Im Gegensatz zur Fülle des Mantels stehen die Pumphose, die mit Seidenstrümpfen bekleideten Beine, die goldenen Kniebänder und die diamantbesetzten Schuhe, die ein rotes Band in Verbindung mit den roten Absätzen zum Blickfang macht.

Der König trägt eine hohe schwarze Perücke. Scheinbar unbewegt und mit Achtung gebietender Distanz blickt er auf den Betrachter. Die Nase springt kräftig hervor, tiefe Falten, die von der Nase nach unten verlaufen, sowie der geschlossene Mund deuten auf das Alter, aber auch auf eine gewisse Skepsis hin. Um den Hals liegt ein Spitzenjabot. Die Locken auf Jabot und Mantel sind in Strähnen verteilt. An einer goldenen Kette trägt der König einen Orden. Auf der linken Seite hängt ein mit Edelsteinen geschmücktes Schwert, der linke Arm ist zurückgenommen und in die Hüfte gestützt, der rechte Arm ist ausgestreckt. Mit der Hand stützt er sich auf einen goldenen, verzierten Stab, der auf dem Kissen, auf dem auch eine Krone liegt, aufsetzt. Auf dem Kissen liegt auch ein Stab, der in einer Hand endet. Der Baldachin mit seiner roten Drapierung, die auf den Seiten zipfelartig herunterfällt, sowie die Anordnung des Thronsessels und des Podests erzeugen die Illusion, dass sich der Raum nach links in die Tiefe öffnet. Auf einem Postament, von dem zwei Seiten zu sehen sind, erhebt sich eine Säule, die sich jedoch bei näherer Betrachtung als Doppelsäule herausstellt. Auf der gut sichtbaren Seite des Postaments ist Justitia, die Verkörperung der Gerechtigkeit zu sehen, auf der in die Tiefe fluchtenden Postamentsseite ist eine weitere Frauengestalt zu erkennen.

Interpretation

Gelehrte des 17. Jahrhunderts deuteten das Blau und Gold des Krönungsmantels als Himmel und Sterne. Die Lilien waren Symbol für die Ausnahmestellung der französischen Könige und ihre göttliche Berufung. Das Weiß des Hermelinfells der Innenseite wurde als Ausdruck der Güte des Herrschers gedeutet, während die schwarzen Hermelinschwänze Hinweis auf die glücklich überwundenen Schicksalsschläge der französischen Monarchie waren. Ludwig XIV. trägt hier nicht den gesamten Krönungsornat, sondern unter dem Krönungsmantel die traditionellen Beinkleider des Chevalier de l'Ordre du Saint-Esprit. Dem entspricht auch der Orden, der an der goldenen Kette hängt. Auffällig ist die Perücke, die im Zeitalter des Barocks häufig getragen wurde. Bei Ludwig XIV. kommt noch hinzu, dass er nach einer Krankheit 1659 Haare verloren hatte und seitdem Perücken trug. Im *Porträt dient die Perücke zur Ausdrucksteigerung. Ludwigs Gesicht ist nicht alterslos, sondern es trägt durchaus die Züge eines Mannes von 63 Jahren. Die Beinstellung, häufig als „Tanzmeisterschritt" bezeichnet, führt vermutlich das Ideal eines in ritterlichen Übungen und im Tanz geschulten Königs vor. Das Schwert, das durch die Drapierung des Mantels teils sichtbar ist, wurde mit dem Schwert Karls des Großen im Rolandslied identifiziert und Ludwig damit als Nachfolger Karls des Großen verstanden.

Ludwig stützt sich mit der Rechten auf das Lilienszepter und schließt damit die auf dem Postament sichtbare Justitia ein. Das Szepter ist Symbol der von Gott eingesetzten königlichen Autorität. Bei dem Stab, der in eine Hand ausläuft, handelt es sich um die sog. Main de Justice, die die ausübende Kraft dieser Autorität verkörpert. Die andere Frauenfigur auf der fluchtenden Postamentsseite ist wohl die *Personifikation einer weiteren Tugend. Die Doppelsäule verweist auf die Allianz zwischen

Spanien und Frankreich durch die Herrschaft der Bourbonen. Der Baldachin mit der roten Drapierung und den Kordeln, die in Quasten enden, erweckt den Eindruck, dass der Vorhang hochgerafft und ein für die Untertanen zuvor nicht sichtbarer Bereich geöffnet wurde, nämlich der Thronbereich mit dem Herrscher. Dazu ist der König bereits eine Stufe herabgestiegen und scheint sich so dem Betrachter genähert zu haben.

Historischer Hintergrund

1692 vernichtete der Seesieg der vereinigten Engländer und Holländer bei La Hogue die französische Kriegsflotte. Trotz seiner Erfolge zu Land musste sich Ludwig XIV. zum Frieden von Ryswick (1697) bereitfinden. Seinem Expansionsdrang waren damit Grenzen gesetzt, und als Seemacht trat Frankreich deutlich hinter England zurück. Mit dem Tod des kinderlosen Habsburgers König Karl II. von Spanien (1665-1700) wurde die Frage der spanischen Erbfolge akut. Die Vorstellung einer erneuten habsburgischen Umklammerung beunruhigte Ludwig so sehr, dass er alle bisherigen Abmachungen beiseite schob und sich auf das letzte Testament Karls II. berief, welches Philipp von Anjou, den Enkel Ludwigs und seiner spanischen Gemahlin Maria Theresia, als Gesamterben bestimmt hatte. Für einen Augenblick sah es so aus, als könne auf diese Weise Spanien und Frankreich unter der Herrschaft der Bourbonen vereinigt werden. Allerdings zeigte sich im Spanischen Erbfolgekrieg (1701-1714), dass Ludwig die Kräfte seines Landes erschöpft hatte. England setzte sich mit seiner Gleichgewichtspolitik auf dem Kontinent durch. Philipp von Anjou konnte zwar Spanien und die Kolonien behalten, musste aber auf die übrigen Besitzungen sowie auf eine Vereinigung mit Frankreich verzichten. Als Ludwig den Auftrag an den Maler erteilte, konnte er noch davon ausgehen, dass sein

Enkel einst Herrscher über Spanien und Frankreich werden und damit ein christliches Universalreich schaffen würde. Das Bild war als Geschenk Ludwigs an seinen Enkel geplant. Es sollte ihm, dem künftigen spanischen König, sowie dem spanischen Hof das Ideal eines Herrschers vor Augen führen, der sich in seiner göttlichen Majestät den Untertanen offenbart. Das stand im Gegensatz zu dem zurückgezogenen spanisch-habsburgischen Herrscherverhalten. Am spanischen Hof erhoffte man sich durch die Thronbesteigung eines Bourbonen eine Reform des starren Zeremoniells.

Das Bild gefiel nach seiner Fertigstellung Ludwig so gut, dass er den Maler beauftragte, Kopien davon herzustellen. So erhielt sein Enkel eine Kopie des Gemäldes, weitere Kopien gingen als Geschenke an andere europäische Fürstenhöfe.

Hyancinthe Rigaud (1659-1743)

Der in Perpignan geborene Hyacinthe Rigaud trat bereits mit 14 Jahren in ein Maleratelier in Montpellier ein. Nach einem vierjährigen Aufenthalt in Lyon (1677-1681) ging er nach Paris, wo er 1682 den Rompreis erhielt. Auf Anraten Charles Le Bruns verzichtete er auf die Reise nach Rom und widmete sich der Porträtmalerei, in der er es bald zu Erfolgen brachte. Mehr und mehr porträtierte er Angehörige der höfischen und fürstlichen Gesellschaft wie den Enkel Ludwigs XIV., Philipp von Anjou. Ehe dieser im Dezember 1700 als künftiger Herrscher nach Spanien aufbrach, bat er um ein Porträt seines Großvaters. Rigaud stellte es im Januar 1702 fertig, signierte es aber mit 1701. Der Künstler verfügte über eine Werkstatt, in der er eine Reihe von Malern beschäftigte. Zweifellos aus seiner Hand stammt der Kopf Ludwigs, der nach seiner Fertigstellung in das Bild eingefügt wurde.

Wer konnte das Bild sehen?

Ein solches Staatsporträt konnte seine Wirkung nur entfalten, wenn es auch gesehen wurde. Es hatte seinen Platz im Thronsaal von Versailles, der als prächtigster Raum in Versailles gilt. Er wird auch Salle d'Apollon genannt, denn die Deckenmitte ist mit Apollo auf seinem Wagen, einer *Allegorie auf den Sonnenkönig, bemalt, und in den Ecken finden sich Darstellungen der vier Weltteile. An der Längswand, dem Fenster gegenüber, stand der Thronsessel unter dem Baldachin. Rigauds Bildnis hing zur Linken. Da der Besucher in der Regel von rechts eintrat, fiel sein Blick zuerst auf das Porträt des Königs, das stellvertretender Ersatz für seine Gegenwart war.

Rückseite einer Medaille mit der Devise Ludwigs XIV. (Durchmesser 35 mm), Bronze, vergoldet, Öse zum Aufhängen, Graveur Jean Varin, 1664, Aufbewahrungsort: Cabinet des Médailles, Paris. Ein Strahlenkranz umgibt das Gesicht der Sonne, die den Erdball erleuchtet. Darunter die Jahreszahl 1664. Die Devise „Nec pluribus impar" kann unterschiedlich übersetzt werden: „unerreichbar für viele", „noch mehr Aufgaben gewachsen" oder „mehreren ebenbürtig". Medaillen waren ein Propagandamittel und dienten als Geschenke für ausländische Würdenträger.

Hinweise für den Unterricht

In der Mittelstufe bietet sich an, die Schüler zu bitten, die Gegenstände in Rigauds Bild zu benennen, die ihrer Meinung nach etwas mit der Herrschaft des Königs zu tun haben, und Fragen dazu schriftlich zu formulieren. Mithilfe der Informationen sollen die Schüler die Fragen – ebenfalls schriftlich – beantworten. Die Schüler können das Bild großformatig auf Packpapier skizzieren und danach die Fragen und Antworten mit den jeweiligen Orten im Bild verbinden, um die Aussage des Bilds zu erschließen.

Von der Ikonografie her lässt sich die Medaille auch für Schüler der Mittelstufe leicht entschlüsseln. Die unterschiedlichen Übersetzungsmöglichkeiten des Wahlspruchs Ludwigs XIV. können in der Oberstufe in Zusammenhang mit den Äußerungen Ludwigs dazu besprochen werden (vgl. Geschichte in Quellen, Bd. 3, bearb. v. Fritz Diekmann, München ²1976, Nr. 194, S. 429 f.).

Literatur

Kirsten Ahrens, Hyacinthe Rigauds Staatsporträt Ludwigs XIV. Typologische und ikonologische Untersuchung zur politischen Aussage des Bildnisses von 1701, Worms 1990.

Peter Burke, Ludwig XIV. Die Inszenierung des Sonnenkönigs, Berlin, ²2005.

Robert Oresko, The Histoire Métallique of Louis XIV and the Diplomatic Gift, in: Médailles et Antiques I. Trésors Monétaires. Supplément 2, Paris 1989, S. 49-55.

Stephan Perrault, Hyacinthe Rigaud 1659-1743. Le peintre des rois, Montpellier 2004.

„*Prospect Hoch Fürstlich-Baaden-Durlachisches Residenz Schloss und Stadt Karlsruhe", *Kupferstich (61 x 35 cm) von Johann Matthias Steidlin nach einer Zeichnung von Christian Thran, 1739, Aufbewahrungsort: Stadtarchiv, Karlsruhe.

Karlsruhe – eine *Planstadt des 18. Jahrhunderts

Beschreibung

Der Stich zeigt die Stadt von Süden und schräg von oben (*Kavaliersperspektive). Grundmuster ist ein großer Kreis, von dessen Mitte 32 gerade Wege oder Straßen strahlenförmig nach allen Richtungen ausgehen. Der Kreis ist in zwei Sektoren gegliedert. Der größere Teil im Norden besteht aus Wald und setzt sich auch außerhalb des Rings fort. Zusätzlich zu den strahlenförmig verlaufenden Wegen gibt es noch weitere Wege. Sie bilden drei Seiten eines Vierecks um die Mitte des Kreises und zwei weitere, symmetrisch angelegte Vierecke, die von den nach Osten und Westen verlaufenden Wegen halbiert werden. Die Ecken dieser Vierecke sind zu kleinen runden Plätzen erweitert. In ihrem Inneren ist jeweils ein runder und ein viereckiger Platz mit Brunnen ausgespart. Die Mitte des Kreises bildet ein freier Platz, auf dem ebenfalls zwei Brunnen stehen. Um sie gruppieren sich kleinere Gebäude mit eingezäunten rechteckigen Gärten auf der Rückseite. Der etwas kleinere Sektor wird durch eine große Schlossanlage bestimmt, die sich nach Süden öffnet. Vor einem hohen Turm, der genau die Mitte des Kreises bildet, erstreckt sich ein dreistöckiges Gebäude. Zusammen rahmen sie einen dreieckigen Schlossplatz ein. An die Seitenflügel schließen sich auf beiden Seiten drei lange, etwa gleich große Gebäude an, die zweistöckig sind und etwas zurückgesetzt stehen. Vor ihnen verläuft ein breiter Weg mit zwei Baumreihen.

Der Platz zwischen diesen Gebäuden, der den Schlossplatz fortsetzt, ist durch eine große Parkanlage ausgefüllt. Sie besteht aus einem rechteckigen Garten in der Mitte, der von zwei Alleen geviertelt wird, und kleineren Gärten mit unterschiedlicher Größe und Form. In allen Fällen sind geometrische Muster (Kreis, Dreieck, Viereck) erkennbar. Dieser Park wird nach Süden von einer Straße begrenzt, an der dreistöckige Häuser stehen. Durch Höfe und Gärten auf der dem Schloss abgewandten Seite, die teilweise von niedrigeren Häusern umbaut sind, bilden sie geschlossene Anlagen, die an einer zweiten Zirkelstraße enden.

Der Übergang vom Wald zum Schloss geschieht nicht abrupt. Im Westen erstreckt sich eine größere Anlage aus Gärten und Baumreihen, während ein freier Platz im Osten offensichtlich noch nicht bebaut ist. Wie der Wald im Norden, so reicht die Bebauung im Süden über den Kreis hinaus. Sie beginnt mit weiteren Häuserblocks, die nur zweistöckig sind. Sie schließen größere Gärten, baumbestandene Anlagen und einstöckige Häuser ein. An ihrer Südseite verläuft tangential eine breite Straße, die im Schnittpunkt mit der von der Schlossmitte nach Süden verlaufenden Straße zu einem Platz erweitert ist. Auf ihm steht eine Kirche, die mit zwei angebauten Flügeln den Platz nach Süden hin abschließt. Eine zweite, kleinere Kirche ist in der nächsten, östlich gelegenen Straße erbaut worden.

Interpretation

Das Bild zeigt die Anlage von Schloss und Stadt Karlsruhe in einem vorher unbesiedelten Waldgebiet, „der vollendetste Ausdruck des Zeitalters des patriarchalischen Absolutismus" (Valdenaire, S. 6). Als Muster für sein Werk hat der Landesfürst das Symbol der Sonne gewählt, was auf Versailles als Vorbild verweist. Die für ihn bestimmten Gebäude stehen im Zentrum, das Schloss öffnet sich nach Süden und streckt gleichsam seine Arme der wirklichen Sonne entgegen. Der Turm steht im Mittelpunkt, er erlaubt den Überblick über Wald und Stadt und ist gleichzeitig von allen Seiten aus weithin sichtbar. Die weiteren Bauten des Hofs in der Verlängerung der Seitenflügel des Schlosses (Orangerie, Marstall, Reithäuser, Gewächshäuser) und seine Gartenanlagen mit Blumenhäusern, Volieren und Wasserspielen runden diese Mitte ab. Die Vielfalt der geometrischen Formen ist nicht nur eine Spielerei. Sie betont die Beherrschung der Natur mithilfe der Mathematik und spiegelt so die Prinzipien der Schöpfung, denn Gott erscheint bereits im Alten Testament als Architekt: „Alles hast du nach Maß, Zahl und Gewicht festgesetzt" (Weisheit Salomons 11, 21). Der Wald im Norden zeigt die ursprüngliche Bedeutung des Schlosses als Jagd- und Lustschloss. Durch die Anlage der Wege und kleineren Plätze wird deutlich, dass auch hier der menschliche Wille die Natur beherrscht. Der Wald hatte auch den Zweck, dass er im Fall einer Bedrohung der Stadt dem Fürsten einen Fluchtweg bot.

Die genau geplante Stadtanlage im Süden ist ebenfalls Zeichen des fürstlichen Willens und gleichzeitig Abbild einer ständischen Gesellschaft. Die höheren Häuser, die unmittelbar an die Schlossanlagen anschließen, waren dem Adel vorbehalten. Für die Bürger hatte man die zweistöckigen Häuser errichtet, die sich um die Mühlburger Allee (heute Kaiserstraße) gruppierten. Die Stadtgründung hatte in erster Linie praktische Zwecke. Hier sollten die Beamten und Handwerker wohnen, die in der Residenz gebraucht wurden. Von den geplanten Manufakturen erhoffte sich der Fürst die wirtschaftliche Konsolidierung seines durch Kriege zerstörten Landes.

Christian Thran und Johann Matthias Steidlin

Ein Gegenstück zu dem Kupferstich ist die Ansicht Karlsruhes von Norden, die bereits 1738 ausgeführt wurde. Beide Werke stammen von denselben Künstlern. Der Däne Christian Thran war seit 1731 Hof- und Lustgärtner des Markgrafen. Von ihm stammen die Vorzeichnungen zu den beiden Ansichten. Von dem Kupferstecher Johann Matthias Steidlin sind keine genauen Lebensdaten bekannt. 1738-1740 arbeitete er als Hofkupferstecher in Karlsruhe. Beide Kupferstiche enthalten nicht nur die Stadtansicht, sondern sind eingerahmt durch eine Überschrift mit *Vignette (Markgraf Karl Wilhelm auf der Ansicht von 1738, sein Nachfolger Karl Friedrich 1739) und eine Erklärung in Deutsch und Französisch.

Die Entwicklung der Stadt Karlsruhe

Anstelle des Schlosses Durlach, das 1689 zerstört worden war, plante Markgraf Karl III. Wilhelm (1709-1738) eine Verlegung seiner Residenz und einen Neubau in dem benachbarten Hardtwald. Im Januar 1715 begann man mit den Rodungsarbeiten für das Schloss „Carols-Ruhe", und am 15. Juni legte der Markgraf den Grundstein für den Turm. Drei Monate später erfolgte der Aufruf zur Niederlassung für die neu gegründete Stadt, wofür umfangreiche Privilegien gewährt wurden. 1720 zählte Karlsruhe bereits etwa 2000 Einwohner, die aus ganz Deutschland, aber auch aus Italien, der Schweiz und Frankreich kamen.

Die Stadtanlage wurde vom Markgrafen selbst geplant. Für die Ausführung war der Karlsruher Ingenieur Jakob Friedrich von Batzendorf verantwortlich. Für die Häuser der Stadt hatte man genaue Bauvorschriften erlassen, um ein einheitliches Stadtbild zu erreichen. Gleichzeitig legte man Wert auf eine einfache und sparsame Bauweise. Die Mansardenhäuser wurden im Fachwerk ausgeführt, glatt verputzt und nach holländischem Vorbild rot gestrichen. Aber trotz der Einheitlichkeit wirkte die Stadt nicht eintönig. Die unterschiedliche Gebäudehöhe und die Höfe und Gärten sorgten für Auflockerung und Abwechslung. Auf dem Marktplatz im Schnittpunkt der Ost-West- und Nord-Süd-Achse errichtete Batzendorf die Konkordienkirche, einen kreuzförmigen Zentralbau, an den Schule und Pfarrhaus angebaut waren. An der Westecke des Platzes entstand das Rathaus, an der Nordostecke ein Gymnasium. Die kleinere Kirche war für die Katholiken bestimmt.

In der langen Regierungszeit Karl Friedrichs (geb. 1728, reg. 1738-1811), dem Enkel und Nachfolger des Stadtgründers, wurde die Stadt weiter ausgebaut. Noch tief greifender waren die Veränderungen unter dem in Karlsruhe geborenen Architekten Friedrich Weinbrenner (1766-1826): Er setzte u.a. neue Hausmodelle durch, deren Anzahl an Stockwerken von ihrer Lage abhing. Je zentraler sie gebaut wurden, desto höher sollten sie sein. Der Marktplatz erhielt ein völlig neues Aussehen. Kirche, Rathaus und Gymnasium wurden abgerissen, über der Gruft des Stadtgründers

---

errichtete man eine große Pyramide als Denkmal. 1771 war Karlsruhe nach der Wiedervereinigung der Markgrafschaften Baden-Durlach und Baden-Baden die Hauptstadt von ganz Baden geworden. Die Einwohnerzahl wuchs in kurzer Zeit von 3000 (1780) auf 15 000 (1815).

Weitere Veränderungen erfuhr die Stadt als Folge der Rheinbegradigung (1817), des Eisenbahnbaus (1841-43) und der Industrialisierung. Karlsruhe konnte die Zerstörungen während des Zweiten Weltkrieges und den Verlust seiner Funktion als Landeshauptstadt erfolgreich überwinden. Durch Bundesbehörden, Hochschulen und vielseitige Industrie ist Karlsruhe heute eine Großstadt mit 270 000 Einwohnern.

Zusätzliches Material

Der Markgraf ließ auf beiden Seiten des Schlossportals folgende Inschrift (im Original lateinisch) anbringen:

Anno 1715 war ich ein Wald, der wilden Tiere Aufenthalt. Ein Liebhaber der Ruhe wollte hier in der Stille die Zeit vertreiben, in Betrachtung der Kreatur die Eitelkeit verachtend, den Schöpfer recht verehren. Allein das Volk kam auch herbei, baute, was du hier siehst. Also keine Ruhe, so lange die Sonne glänzet, als in Gott allein zu finden, welche du, wenn du willst, mitten in der Stadt genießen kannst.

Deutsche Übersetzung bei Fecht, S. 48.

Hinweise für den Unterricht

Das Bild bietet eine Fülle von Details, sodass eine strukturierte Beschreibung notwendig ist. Sie sollte in der Gesamtaussage münden, dass Schloss und Stadt ein Denkmal absolutistischer Herrschaft in einem kleinen Fürstentum sind und dass sich praktische Bedeutung und symbolische Sinngebung ergänzen. Eine Ausweitung ist in mehrfacher Hinsicht möglich. In Zusammenarbeit mit dem Fach Kunst kann Karlsruhe in die Reihe der erdachten und verwirklichten Planstädte seit der Antike gestellt werden (z.B. Alexandria, Dürers *Idealstadt, Brasilia) oder mit anderen absolutistischen Städtegründungen (z.B. Versailles, Mannheim) verglichen werden (Schülerreferate). Der Vergleich mit Washington D.C. (s. S. 63 ff.) zeigt, dass gleiche Vorbilder hier zur Planung einer demokratischen Hauptstadt führten. Die Entwicklung von Karlsruhe im 19. und 20. Jahrhundert und die heutige Bedeutung der Stadt kann an einem aktuellen Stadtplan in Zusammenarbeit mit dem Fach Erdkunde erarbeitet werden.

Literatur

Karl-Gustav Fecht, Geschichte der Haupt- und Residenzstadt Karlsruhe, Karlsruhe 1887.

Arthur Valdenaire, Karlsruhe, die klassisch gebaute Stadt, Augsburg 1929 (Deutsche Kunstführer, Bd. 25).

Die Erklärung der Unabhängigkeit, Öl auf Leinwand (53,7 x 79,1 cm) von John Trumbull, 1786-1820, Aufbewahrungsort: Yale University Art Gallery, Trumbull Collection, New Haven Ct.

Die Unabhängigkeitserklärung

Beschreibung

Der Betrachter blickt in einen mittelgroßen Saal, in den das Licht von seinem Rücken her einfällt. Die flache Decke ist von den Wänden durch einen breiten *Sims aus dorischen *Triglyphen abgesetzt. An der Rückwand, in die zwei schmale Türen eingelassen sind, hängen mehrere Fahnen, eine Trommel und zwei Trompeten. Die zwei Fenster an jeder der beiden Seitenwände sind mit dicken Vorhängen verschlossen.

In dem Raum befinden sich mehr als 40 Menschen. Auf der linken Seite sitzen Männer in zwei Reihen, ihnen gegenüber ist nur eine Sitzreihe zu erkennen, und zwischen ihnen bleibt ein breiter Gang frei. Einige haben einen kleinen Tisch vor sich. Hinter den Sitzreihen stehen mehrere Männer, die offensichtlich dadurch eine bessere Sicht haben. Alle Anwesenden tragen Kniebundhosen, Weste und Frack, viele von ihnen auch Perücken. Ein Mann neben der linken Tür hat seinen Hut aufbehalten.

Das entscheidende Ereignis spielt sich im Vordergrund auf der rechten Bildhälfte ab. Auf einem zweistufigen Podium sitzt ein schwarz gekleideter Mann fast mit dem Rücken zum Betrachter auf einem Polsterstuhl mit Armlehnen. Er hat die Beine übereinander geschlagen und die linke Hand auf das Knie gelegt. Eine Stufe unter ihm steht ein rechteckiger Tisch, dessen dunkle Decke mit hellem Rand tief herunterhängt. Auf diesem Tisch liegen mehrere Schriftstücke ohne erkennbare Ordnung und ein dickes Buch. Ein ebenfalls schwarz gekleideter Mann, der vom Betrachter aus hinter dem Mann im Lehnstuhl steht, hat die rechte Hand auf dieses Buch gestützt. Zwischen den Papieren erkennt man ein Tintenfass mit Federkiel.

An die andere Seite des Tisches sind fünf Männer getreten. Drei von ihnen – auf der linken Seite – haben sich so nebeneinander gestellt, dass sie sich teilweise verdecken, während auf der anderen Seite ein alter, untersetzter Mann in dunkler Kleidung allein steht. Der Mann dazwischen hebt sich von den anderen deutlich ab: Er ist größer und trägt unter seinem Frack eine rote Weste. In beiden Händen hält er ein Schriftstück, das er gerade auf den Tisch legt.

Interpretation

Das Gemälde hält eines der berühmtesten Ereignisse aus der Geschichte der USA fest. Von den verschiedenen Schritten, die zur Unabhängigkeit führten, wählte Trumbull das Geschehen vom 28. Juni 1776 aus. Der Kongress hatte am 10. Juni einen Ausschuss beauftragt, eine Unabhängigkeitserklärung zu entwerfen. Diesem Ausschuss gehörten John Adams, Roger Sherman, Robert R. Livingston, Thomas Jefferson und Benjamin Franklin an. Das Bild zeigt, wie die Mitglieder des Ausschusses dem Kongress das Ergebnis ihrer Beratungen übergeben. Sie stehen vor dem Tisch, und Thomas Jefferson, der die Unabhängigkeitserklärung im Wesentlichen formuliert hat, überreicht sie John Hancock, dem Kongressvorsitzenden. Hinter Hancock steht Charles Thomson, der Sekretär des Kongresses.

Die anderen Männer sind die 41 Vertreter aus den 13 Kolonien. Sie wurden genau porträtiert, sodass sie identifiziert werden können. Dabei hatte Trumbull auf ausdrücklichen Wunsch von Jefferson und Adams auch jene Abgeordneten berücksichtigt, die gegen die Unabhängigkeit waren und die Erklärung später nicht unterschrieben hatten.

Das Bild zeigt den Sitzungssaal im „State House" in Philadelphia, das später „Independence Hall" genannt wurde. Die Rückwand ist durch erbeutete britische Fahnen geschmückt. Die politischen Vertreter der neu gegründeten Nation erscheinen als wohlhabende Bürger und ernste, verantwortungsbewusste Politiker. John Hancock strahlt eine Würde aus, die an einen Monarchen erinnert. Unter den Ausschussmitgliedern sind Benjamin Franklin und John Adams (zweiter Präsident der USA 1797-1801) besonders herausgestellt.

Sie werden aber noch von Thomas Jefferson übertroffen, der nicht nur eine herausragende politische Rolle gespielt hat, sondern auch mit Trumbull befreundet war und den Anstoß zu dem Bild gegeben hatte. Das erklärt auch, warum Trumbull den Augenblick gewählt hat, in dem der Ausschuss sein Ergebnis präsentiert.

Die Unabhängigkeit der USA

Wirtschaftliche und politische Gegensätze zwischen Großbritannien und seinen nordamerikanischen Kolonien verschärften sich durch die englische Politik nach dem Siebenjährigen Krieg. Dies führte zum Widerstand der Siedler, die mit politischen und schließlich auch mit militärischen Mitteln ihre Unabhängigkeit verteidigten.

Im September 1774 waren erstmals Vertreter aus zwölf Kolonien zu einem Kontinentalkongress nach Philadelphia zusammengekommen. Am 10. Mai 1775 trat ein zweiter Kontinentalkongress zusammen und bildete von da an eine revolutionäre Regierung.

Die militärischen Auseinandersetzungen, aber auch die politische Publizistik zielten immer stärker auf die Trennung der Kolonien vom Mutterland. Am 15. Mai stellte Richard H. Lee, ein Vertreter Virginias, den offiziellen Antrag dazu. Der vorläufig letzte politische Schritt war die Unterzeichnung der Unabhängigkeitserklärung am 4. Juli, die in den nächsten sieben Jahren noch militärisch durchgesetzt werden musste.

John Trumbull (1756-1843)

John Trumbull stammte aus einer wohlhabenden Familie in Lebanon (Connecticut). Nach einem Studium in Harvard nahm er am Unabhängigkeitskrieg teil und beendete seine Militärzeit im Rang eines Colonels. Dann schlug er eine Laufbahn als Künstler ein. Zwischen 1780 und 1815 lebte er mehr als 20 Jahre in Europa, vorzugsweise in London, wo er bei dem amerikanischen Historienmaler Benjamin West (1738-1820) arbeitete.

Der Höhepunkt in seinem zeitweise wenig erfolgreichen Schaffen war das Jahr 1817, als der Kongress ihn beauftragte, die *Rotunde des Kapitols mit vier großformatigen Bildern aus der Geschichte der USA auszuschmücken: die Erklärung der Unabhängigkeit, der Rücktritt George Washingtons als Oberbefehlshaber (1783) und die Kapitulation der englischen Armeen unter den Generälen Burgoyne und Cornwallis bei Saratoga (1777) und Yorktown (1781). In seinen letzten Lebensjahren war Trumbull Präsident der „American Academy of the Fine Arts" in New York und arbeitete vor allem als Porträtmaler. Er entwarf ein Kunstmuseum für die Yale University in New Haven Ct., dem er später viele seiner Bilder schenkte und in dem er auch beerdigt wurde.

Die Entstehung des Bilds

Trumbull war kein Augenzeuge der Vorgänge in Philadelphia. Den Anstoß zu dem Werk gab Thomas Jefferson, den Trumbull 1786 in Paris traf. Jefferson fertigte bei dieser Gelegenheit aus der Erinnerung eine Skizze des Raums im State House in Philadelphia, in dem die ent-

scheidenden Sitzungen stattgefunden hatten. Das Gemälde entstand in den nächsten Monaten in London, doch ließ der Maler die Gesichter der Personen frei und ergänzte sie, nachdem er auf mehreren Reisen die meisten Vertreter des Kontinentalkongresses besucht und porträtiert hatte. Von bereits verstorbenen Teilnehmern besorgte er sich Porträts, in wenigen Fällen stützte er sich auf Beschreibungen. Die Arbeit wurde erst 1820 abgeschlossen.

Schon vorher hatte Trumbull den Auftrag bekommen, dieses Bild in einer vergrößerten Fassung (3,65 x 5,50 m) für das Kapitol zu malen. Dieses Format erlaubte die lebensgroße

Erste Spalte der von Jefferson handgeschriebenen und korrigierten Erklärung der Unabhängigkeit, Juni 1776, Aufbewahrungsort: Nationalarchiv, Washington.

Darstellung der beteiligten Personen. Es unterscheidet sich in einigen Details von der ersten Fassung und enthält nur 47 Personen. Warum Thomas Nelson dort fehlt, ist nicht bekannt. Nach der Fertigstellung wurde das Bild in mehreren Städten öffentlich gezeigt, wo es über 20 000 zahlende Besucher sahen. 1819 beauftragte Trumbull den Maler und Kupferstecher Asher B. Durand, von der ersten Fassung einen *Kupferstich herzustellen. Durand fügte auch einen „Schlüssel" der abgebildeten Personen bei, in dem er allerdings drei Männer falsch identifizierte.

Trumbull erhielt für sein Bild nicht nur Zustimmung. Zeitgenossen kritisierten eine Reihe von historischen Ungenauigkeiten oder Fehlern. So hatte der Sitzungssaal in Wirklichkeit nur eine Mitteltür, und die Fahnen an der Wand fehlten. Dies berücksichtigte Trumbull in einer dritten Fassung, die er 1832 malte.

Hinweise für den Unterricht

Für die Arbeit mit John Trumbulls *Ereignisbild gibt es verschiedene Möglichkeiten. Da mehrere Fassungen existieren, bietet sich ein Vergleich an: entweder zwischen der ersten und letzten Fassung, um inhaltliche Unterschiede herauszustellen, oder zwischen dem Ölbild und dem Wandbild im Kapitol, wobei auch die Rezeptionsgeschichte berücksichtigt werden kann. Daneben ist ein Vergleich zwischen dem historischen Ereignis und seiner künstlerischen Gestaltung möglich. Dazu kann der Lehrer – eventuell fächerübergreifend mit dem Englischunterricht – schriftliche Quellen heranziehen, die erkennen lassen, dass Trumbull das Geschehen aus der Rückschau festgehalten und idealisiert hat.

Schließlich ist die Geschichte des Bilds aufschlussreich, das durch seine öffentliche Verbreitung (Kupferstich, Kapitol, Abbildung auf der Zwei-Dollar-Note) zu einer nationalen Ikone wurde. Zur Rezeptionsgeschichte der Unabhängigkeit ist auch ein Hinweis auf das 1982 errichtete „Signers of the Constitution-Memorial" in Washington möglich, das die 56 Abgeordneten in identischen Granitstatuen zeigt.

Literatur

Helen A. Cooper, John Trumbull. The Hand and Spirit of a Painter, New Haven 1982.

Irma B. Jaffe, Trumbull: The Declaration of Independence, London und New York 1976.

Theodore Sizer, The Works of Colonel John Trumbull, New Haven 1950.

Theodore Sizer (Hg.), The Autobiography of Colonel John Trumbull, Patriot-Artist, 1756-1848, New Haven 1953.

Die Unabhängigkeitserklärung

The City of Washington in the Territory of Columbia (53 x 74 cm), Plan von Andrew Ellicott, ge-stochen von James Thackara und John Vallance, Philadelphia 1792, Aufbewahrungsort: Library of Congress, Geography and Map Division, Washington.

Washington – eine *Planstadt des 18. Jahrhunderts

Beschreibung

Die Abbildung zeigt die geplante Stadt Washington, die an drei Seiten durch zwei Flüsse (Potomac und Eastern Branch) und einen Bach (Rock Creek) begrenzt ist, während im Nordosten eine eindeutige Grenze fehlt. Westlich des Rock Creek liegt am Nordufer des Potomac Georgetown. Von dort aus überquert eine Brücke den Potomac, der hier wesentlich schmäler ist als weiter flussabwärts.

Zwei Grundstrukturen der Planung sind zu erkennen. Etwa 40 Straßen, die in Ost-West-Richtung verlaufen, und etwa 50 in Nord-Süd-Richtung bilden ein engmaschiges Netz und schließen Quadrate oder Rechtecke unter-schiedlicher Größe ein. Fünf dieser Straßen sind deutlich breiter. Drei dieser Straßen enden am Kapitol und haben Namen (North, South und East Capitol Street). Die vierte Straße (Nr. 15) führt zum Haus des Präsidenten, die fünfte (k) stellt die Verbindung zu Georgetown her. Alle Straßen in Ost-West-Richtung sind mit Buchstaben bezeichnet, die Straßen in Nord-Süd-Richtung sind nummeriert. Ausgangspunkt für die jeweilige Zählung ist das Kapitol. Auch die Rechtecke sind durchnummeriert. Ihre Zählung beginnt im Westen am Rock Creek und setzt sich in den folgenden Streifen jeweils von Norden nach Süden fort. Dieses rechtwinklige Gitter wird von 13 Diagonalen zerschnitten, die unterschiedlich lang sind und in verschiedene Richtungen verlaufen. Sie heißen Avenues und tragen die Namen der Gründerstaaten. Wo sie sich kreuzen, sind große runde oder rechteckige Plätze vorgesehen.

Der Plan lässt zwei Zentren erkennen, auf denen wichtige Gebäude stehen und in denen besonders viele Straßen zusammentreffen. Beim Kapitol schneiden sich vier Avenues, und hier enden auch drei breitere Straßen. Nach Westen setzt sich der Platz in einem Park fort, der bis zum Potomac führt. Ähnlich hervorgehoben ist der Platz für das Haus des Präsidenten, den zwei Avenues durchschneiden und wo zwei weitere enden. Außerdem ist die Straße, die von Norden auf den Platz stößt, deutlich breiter als die anderen Straßen. Nach Süden mündet der Platz ebenfalls in einen Park.

Im Plan ist auch ein Kanal vorgesehen, der vom Potomac abzweigt und zum Kapitol führt. Dort biegt er nach Süden um, bildet ein größeres Wasserbecken und mündet schließlich in zwei Armen in den Eastern Branch. Drei von Norden kommende Bäche (Reedy Creek, Tiber Creek und ein Bach ohne Namen) sind ebenfalls in die Planung einbezogen. Sie sollen zum Haus des Präsidenten bzw. zum Kapitol geleitet werden. Beim östlichsten der drei Bäche heißt es übersetzt: „Das Wasser dieses Bachs kann auf den hoch gelegenen Platz des Kapitols geleitet werden, und nach der Bewässerung dieses Teil der Stadt kann er für andere nützliche Zwecke dienen".

An den Ufern der beiden Flüsse auf der Stadtseite sind Hafenanlagen mit kurzen Piers vorgesehen. Als weitere markante Bauwerke lassen sich Befestigungsanlagen mit Bastionen an der Mündung des Eastern Branch in den Potomac und östlich vom Haus des Präsidenten erkennen. Über den Eastern Branch führen eine Brücke in der Verlängerung der Kentucky Avenue und ein Steg, der die East Capitol Street fortsetzt. Dazwischen ist – am Ende der Georgia und der Massachussetts Avenue – ein größeres Gelände frei gelassen.

Interpretation

Die Karte des Landvermessers Andrew Ellicott zeigt den Plan für die künftige Bundeshauptstadt, die bis auf geringfügige Veränderungen mit der ursprünglichen Planung L'Enfants übereinstimmt. Ellicotts erster Plan erschien im Frühjahr 1792, der vorliegende offizielle Stadtplan wurde im November 1792 gedruckt. Vorbild für den Grundriss der Stadt waren absolutistische Planstädte in Europa. L'Enfant kannte Stadt und Park von Versailles, die als wichtigstes Vorbild für Washington dienten. Aber auch die Grundrisse anderer Planstädte wie Karlsruhe (s. S. 55 ff.), Amsterdam oder Mailand wurden berücksichtigt.

Während der Bundesdistrikt auch über die Flüsse Potomac und Eastern Branch (heute Anacostia) reichte, beschränkte sich die Planung für die Hauptstadt auf das Gebiet im Norden der beiden Flüsse. Im Westen bildete der tief eingeschnittene Rock Creek die Grenze zu dem bereits bestehenden Georgetown, dessen Straßen in der neuen Stadt fortgeführt werden sollten. Die Nähe zum Meer ist in der Breite der Flüsse sichtbar. Von Washington bis zur Mündung des Potomac in die Chesapeake Bay sind es zwar noch über 100 Kilometer, doch lag der gesamte Unterlauf im Einflussbereich der Gezeiten und war für Hochseeschiffe befahrbar.

Auch heute noch bestimmt der Plan weitgehend den Grundriss der amerikanischen Bundeshauptstadt. Nach dem Vorbild absolutistischer Planung, die das Schloss des Herrschers in den Mittelpunkt setzte, entstand hier der Grundriss für einen demokratischen Bundesstaat. Nach den 13 Gründerstaaten der Union ist jeweils eine der Avenues benannt.

Das Prinzip der Gewaltenteilung, wie es in der Verfassung der USA erstmals festgelegt wurde, zeigt sich in den beiden Zentren, die deutlich voneinander getrennt sind. Für die Legislative, die der Kongress ausübt, ist das Kapitol bestimmt, das auf dem höchsten Punkt der Stadt (25 m ü.M.) steht. Für die Exekutive ist der Präsident zuständig, der seinen Amtssitz im „President's House" (später „Weißes Haus") hat. Die Judikative („Supreme Court", erbaut 1929-35), der man bei der Planung offensichtlich noch nicht so viel Gewicht beimaß, befindet sich heute hinter dem Kapitol neben der „Library of Congress" (erbaut 1888-97). Die politische Aussage des Stadtplans wurde später noch ergänzt durch die Benennung der beiden Straßen entlang der Mall. Sie heißen Constitution und Independence Avenue.

Die Gründung der Stadt Washington

Die Frage, wo die Hauptstadt der neu gegründeten USA entstehen sollte, blieb lange Zeit unentschieden. Der Kongress hatte in verschiedenen Städten getagt, während die Regierung in New York oder Philadelphia residierte. 1783 wurde ein Kongresskomitee beauftragt, einen Ort auszuwählen. Die Hauptstadt sollte zentral liegen und einen Zugang zum Atlantik haben. Mehr als ein Dutzend Vorschläge wurden geprüft. Schließlich kamen zwei Orte in die engere Auswahl: Georgetown (Virginia) am Potomac und Wrights Ferry (heute Columbia, Pennsylvania). Im „Resident Act" (1790) wurde dem Präsidenten die Entscheidung überlassen. George Washington wählte im Jahre 1791 die südlichere Alternative, das an Georgetown angrenzende Gebiet zwischen den Flüssen Potomac und Anacostia, wobei die Nähe zu seiner Farm und Mount Vernon eine Rolle gespielt haben mag. Hier sollte an der Grenze der Bundesstaaten Virginia und Maryland ein Quadrat von zehn Meilen Seitenlänge als Bundesdistrikt (District of Columbia) für die Hauptstadt herausgeschnitten werden, für die seit 1794 der Name „Washington City" gebräuchlich wurde.

Der Franzose Pierre L'Enfant (1754-1825), der am amerikanischen Unabhängigkeitskrieg als Ingenieur teilgenommen hatte, erhielt 1791 von George Washington den Auftrag zur Planung der Hauptstadt. Obwohl L'Enfant sehr bald einen vollständigen Plan erarbeitet hatte, gab er im Laufe der nächsten Monate nur Teile davon preis, die er in Skizzen veröffentlichte. Dies führte zu Konflikten mit dem Kongress und zu seiner Entlassung im Februar 1792. In Washington erinnert die L'Enfant Promenade und der L'Enfant Square an ihn. Sein Nachfolger wurde der aus Pennsylvania stammende Quäker Andrew Ellicott (1754-1820), der vorher für L'Enfant als Vermesser gearbeitet hatte. Schon nach wenigen Wochen ließ Ellicott einen Plan drucken, aber auch er trat nach Konflikten mit dem Kongress schon bald von seinem Posten zurück.

Die Entwicklung Washingtons im 19. und 20. Jahrhundert

1800 wurde Washington – mit inzwischen ca. 3000 Einwohnern – Regierungssitz und zwei Jahre später Stadt. Im zweiten Unabhängigkeitskrieg 1812/13 besetzten die Engländer Washington und zerstörten die Regierungsgebäude. Nach dem Wiederaufbau erfolgte die Stadtentwicklung anfangs sehr langsam. Erst nach dem Sezessionskrieg, in dem Washington an der Grenze zwischen Union und Konföderation lag, beschleunigte sich das Wachstum der Stadt, nicht zuletzt durch den Zuzug von 40 000 ehemaligen Sklaven aus dem Süden. Dazu trug auch die Lage Washingtons bei. Sie hatte über den Potomac Zugang zum Meer und besaß zusammen mit Georgetown eine wichtige Verkehrsfunktion: Von hier aus mussten die flussaufwärts gelegenen Great Falls auf dem Landweg und später durch den Potowmack Canal (1785-1819) überwunden werden. 1846 stimmten Alexandria und Arlington für die Wiedereingliederung nach Virginia, wodurch sich der Bundesdistrikt auf 69 Quadratmeilen verkleinerte. 1878 wurde Georgetown eingemeindet, und 1895 erfolgte die Eingemeindung der anderen Ortschaften, wodurch Stadt und Bundesdistrikt identisch wurden.

Washington hat heute etwa 600 000 Einwohner, in der Mehrheit Afroamerikaner (60 %). Die Stadt ist jedoch längst über ihre früheren Grenzen hinaus gewachsen und zum Mittelpunkt einer „Metropolitan Area" mit etwa vier Millionen Einwohnern geworden.

Hinweise für den Unterricht

Der Stadtplan von Washington kann zusammen mit der Planung von Karlsruhe, aber auch unabhängig davon behandelt werden. Als Vorlage ist eine gute Kopie erforderlich, da viele Einträge sehr klein sind. Wichtige Aspekte bei der Auswertung können sein: die Vorgaben der Natur (Potomac, Eastern Branch, Rock Creek) und die Leitlinien der Planung (zentrale Plätze, Gebäude, Straßen). Daran lassen sich – unter Verwendung der weiteren Materialien – zahlreiche weitere Fragestellungen anknüpfen: absolutistische und demokratische Stadtplanung, Geschichte der Stadt, Weiterentwicklung und Bedeutung der Stadt bis heute. Eine fächerübergreifende Zusammenarbeit mit Englisch und Erdkunde bietet sich bei diesem Thema an.

Literatur

Bon Arnebeck, Through a Fiery Trial. Building Washington 1790-1800, Lanham, New York, London 1991.

John W. Reps, The Making of Urban America, Princeton N.J. 1965, S. 240-262.

Ders., Monumental Washington. The Planning and Development of the Capital Center, Princeton N.J. 1969.

Washington – eine Planstadt des 18. Jahrhunderts

Im Bild enthaltener Text:

Plus on a de moyens, plus on en veut auoir
Ce pauure apporte tout, bled, fruit, argent, salade
Ce gros Milord assis, prest a tout receuoir
Ne luy veut pas donner la douceur diuine euilla
de.

a la mouche
qui volle
il ne faut
point danse

Il faut
paier ou
agreer.

A tous
Seigneurs
tous
honneurs

Maigre
comme vn
leurier
datache

Le Noble est l'araignée et
45 le Paisan la mouche.

Plus a le Diable,
plus il en veut auoir
I. lagniet ex

„Der Edelmann ist die Spinne und der Bauer die Fliege", Anonymer *Kupferstich (20,6 x 17,2 cm),
um 1640, Aufbewahrungsort: Bibliothèque Nationale de France, Kupferstichkabinett, Sammlung
Hennin, Nr. 3802.

Spinne und Fliege – Edelmann und Bauer

Beschreibung

Ein elegant gekleideter Herr mit Schnurrbart, schulterlangem gelockten Haupthaar und federgeschmücktem Hut sitzt sehr aufrecht, die Beine zierlich gestellt, auf einem Armlehnstuhl, der auf einem Podest steht. Er trägt einen mit Pelz verzierten Rock. Die weit geschnittenen Ärmel sind mit einer Borte verziert. Um den Hals ist ein Spitzentuch geschlagen. Auffällig ist der Stoffbausch, der unterhalb der Knie die Hosen bindet. Die eleganten Schuhe sind mit einer großen Schleife verziert. Die Linke stützt der vornehme Mann auf einen Stock, neben dem ein Jagdhund sitzt. Vor ihm, unterhalb des Podests, steht ein geöffneter Getreidesack. Dicht daneben tritt ein Mann mit abgehärmtem Gesicht, in einfacher Kleidung, leicht gebückt herein. Er hat eher kurzes, struppiges

Haupthaar und trägt einen ungepflegten Bart. Seinen breitkrempigen Hut hat er unter den Arm geklemmt, in der Rechten hält er einen prall gefüllten Geldbeutel, in der Linken einen runden Henkelkorb mit Früchten. Das Podest, auf dem der elegante Herr sitzt, ist von einem Rundbogen überwölbt, der jedoch nicht ganz abgebildet ist. Das Fenster auf der linken Seite ist ungefähr zur Hälfte von einem Spinnennetz bedeckt, in dem eine überdimensionierte Spinne sich einer Fliege nähert, die sich im Netz gefangen hat. Hinter dem einfach gekleideten Mann gibt eine Bogenöffnung den Blick frei auf eine leicht gewellte Landschaft.

Verschiedene Aufschriften erläutern das Bild. Links unten auf dem Boden des Podests ist zu lesen: „Le Noble est l'airaignée et le Paisan la mouche" (Der Vornehme ist die Spinne, der Bauer die Fliege).

Rechts oben steht: „Plus on a de moyens, plus on en veut avoir. / Ce pauvre apporte tout, bled, fruit, argent, salade. / Ce gros Milord assis prest a tout recevoir, / Ne luy veut pas donner la douceur d'une cuillade" (Je mehr man hat, desto mehr will man haben. Dieser Arme trägt alles herbei: Weizen, Frucht, Geld, Salat. Dieser reiche, sitzende Herr ist bereit, alles in Empfang zu nehmen, aber er ist nicht bereit, ihm den Profit einer Ernte zu lassen.)

Vor dem Mund des Bauern steht, als wären es seine Worte: „A tous Seigneurs, tous honneurs" (Allen Herren, alle Ehren). Und darunter: „Maigre comme un levrier dattache" (Mager wie ein angeketteter Windhund).

Auf dem Getreidesack steht geschrieben: „Plus a le Diable, plus il en veut avoir" (Je mehr der Teufel hat, desto mehr will er haben). Darunter: „I Lagniet exc" (Jacques Lagniet excudit).

Auf dem Wandpfeiler, der in die Wölbung des Bogens übergeht, sitzt eine große Fliege. Darunter steht: „A la mouche qui volle, il ne faut point daisle" (Die Fliege, die fliegt, braucht keine Flügel). Und weiter unten: „Il faut paier ou agreer" (Man muss zahlen oder die Schuld anerkennen).

Interpretation

Der Stich eines unbekannten Künstlers stammt aus der Zeit um 1640, er wurde aber 1657 von dem Pariser Verleger Jacques Lagniet in seiner Sprichwortsammlung „Recueil des plus illustres proverbes" neu veröffentlicht. Das Bild veranschaulicht die Situation der Bauern vor 1789. Obgleich es mehr als 100 Jahre vor der Französischen Revolution angefertigt und publiziert wurde, ist es gerechtfertigt, es dafür heranzuziehen.

Der Bauer wird im Kupferstich „paisan" (= paysan) genannt. Gerd van den Heuvel hat den unterschiedlichen Sprachgebrauch von „paysan" und „laboureur" seit dem 17. Jahrhundert untersucht. Danach wurde in den Fachwörterbüchern, aber auch in den Fachlexika seit dem 17. Jahrhundert der Begriff „laboureur" als wertneutrale Funktionsbezeichnung des selbstständigen Kleinbauern verwendet, der mit Pflug und Zugtieren ausgestattet ist. Das Wort „paysan" dagegen drückte bis in die erste Hälfte des 19. Jahrhunderts eine abwertende soziale Klassifizierung aus. Weder Aufklärung noch Revolution konnten dieses verächtliche Bild nachhaltig verbessern, das zudem durch das literarische Stereotyp des einerseits dummen, andererseits „bauernschlauen" Landwirts verstärkt wurde.

Auch in der bildlichen Darstellung war die Auseinandersetzung mit den Realitäten des bäuerlichen Lebens die Ausnahme. Dazu gehört der oben beschriebene allegorische Stich, der einerseits die menschliche Raffgier, andererseits die drückenden Abgaben der Bauern verbildlicht. So wie die Fliege im Spinnennetz, so ist der Bauer in dem Abhängigkeitsverhältnis zum Grundherrn gefangen.

Charakteristisch für einen allegorischen Stich dieser Zeit und auch noch für die revolutionäre Bildpublizistik sind die schriftlichen Erläuterungen innerhalb des Bilds. Selbst ohne diese Erläuterungen würde das Bild für sich sprechen, doch unterstreichen sie, zum

Spinne und Fliege – Edelmann und Bauer

Teil in Versform, recht drastisch die Absicht der Darstellung.

Während der ersten Hälfte des 17. Jahrhunderts verlangsamte sich das Bevölkerungswachstum in Frankreich, was mit der Verschlechterung des Lebensniveaus zusammenhing. Zugleich stiegen die Abgaben, Pachten und Steuern. Insbesondere die Steuerabschöpfung, durch Kriege verursacht, war unter Richelieu enorm hoch. Erschwerend kam hinzu, dass das landwirtschaftliche Bruttosozialprodukt seit Franz I. (reg. 1514-1547) bis zur Fronde (1648-1653), dem Aufstand des Adels, nicht mehr wuchs. Insofern ist es durchaus angemessen, den Stich aus der Mitte des 17. Jahrhunderts als Zeugnis für die Lage der Bauern im Ancien Régime heranzuziehen.

Der Verleger Jacques Lagniet

Lange ging man davon aus, dass der Verleger Jacques Lagniet (um 1600-1675) auch Kupferstecher war, doch inzwischen steht fest, dass er lediglich Verleger war. Seit 1647 lässt er sich als „marchand imager", später als „marchand de taille douce" (Kupferstichhändler) in Paris nachweisen. Er hat bekannte Romane gekürzt (heute „digest" genannt) und illustriert verkauft, außerdem verlegte er auch Landkarten. Die drei Sammelbände der berühmtesten Sprichwörter, in denen auch der hier besprochene Stich enthalten ist, begründeten seinen Ruhm. Diese Stiche sind einerseits eine unschätzbare Quelle für das Alltagsleben, andererseits gelten sie als Verbindungsglied zu den satirischen Stichen des 18. Jahrhunderts.

Zusätzliches Material

Cahiers de doléance
Auf Aufforderung König Ludwigs XVI. sollten vor Einberufung der Generalstände 1789 von allen drei Ständen Beschwerdehefte („Cahiers de doléance") verfasst werden. Sicherlich konnten viele Landbewohner nicht lesen und schreiben. Man weiß aber, dass Schriftkundige die ca. 60 000 Beschwerden formuliert und niedergeschrieben haben. Dennoch dürfte das, was geäußert wurde, von den Betroffenen stammen.

Die Lage der Bauern war nicht überall gleich, doch sind die beiden folgenden Auszüge charakteristisch.

Aus den Beschwerden der Gemeinden Douelle und Cessac im französischen Südwesten, 1789:

Unter den augenblicklichen Umständen ist es uns sehr schmerzlich, daß wir gezwungen sind, Ihnen das traurige Bild unserer Armut zu zeigen. Dennoch Sire [Anrede für den König] bei all unserem Elend treibt uns die Liebe zu Eurer Majestät dazu, das Wenige, das uns bleibt, mit Ihnen zu teilen, wenn Sie dies fordern.

Auflistung der königlichen Steuern:

Taille [direkte Steuer] und Zugehöriges	3953 Livres
Ländliche Zwanzigstel	1388 Livres
Kopfsteuer	1880 Livres
Renten und Zehnten ca.	ca. 4000 Livres
Saatgut aller Art	1500 Livres
Zusammen:	12 721 Livres
Produktion an Wein und Getreide aller Art ohne Abzug der Anbaukosten	30 000 Livres

Es folgt daraus nach allen Abzügen, daß für jede Person in der genannten Gemeinde nicht einmal die Summe von 30 Livres übrigbleibt, um das Allernotwendigste für die 600 Einwohner, Erwachsene wie Kinder, zu bestreiten.

Collection de documents 18, S. 96 f. (übers. von Wolfgang Lautemann und Joachim Cornelissen, in: Geschichte in Quellen, Bd. 4: Amerikanische und Französische Revolution, bearb. v. Wolfgang Lautemann, München 1981, S. 148)

Die Gemeinden Bears und Bouziès im Südwesten Frankreichs forderten:

Die genannte Gemeinde stellt vor, daß es keinen unglücklicheren Menschen gibt als den Bauern und Tagelöhner. Um diese Grundwahrheiten zu beweisen, genügt es, zu betrachten, daß nach Abführung der königlichen Steuern und nach Bezahlung der Feudallasten sowie nach Abrechnung seiner Arbeit und des Saatgutes dem Bauern und Eigentümer nicht einmal ein Zehntel des Ertrags von seinem Boden bleibt, so daß er, um die genannten Lasten und Steuern bezahlen zu können, gezwungen ist, von ein wenig Hirsebrot oder Buchweizen sich zu nähren, was ihm oft genug auch noch fehlt. Er hat nichts als eine Suppe von Wasser und Salz, eine Nahrung, welche die Hunde besser gestellter Menschen verweigern würden; und doch ist dieser Arbeiter, der ständig schwerer Arbeit und der Härte aller Jahreszeiten ausgesetzt ist, nichtsdestoweniger ein Untertan des Staates, der nicht härter behandelt werden sollte als andere Menschen auch. Diese Klagen und Beschwerden sollen also der Ständeversammlung vorgelegt werden, damit Abhilfe gegen die Überlastung geschaffen werde, der der Bauer bislang ausgesetzt ist [...].

Collection de documents 18, S. 20 f. (übers. v. Wolfgang Lautemann, in: ebd., S. 148).

Hinweise für den Unterricht

Da die Schüler in der Regel die Schrift auf dem Stich nicht lesen können, ist es sinnvoll, ihnen zuerst nur den Titel „Die Spinne und die Fliege" mitzuteilen und sie dann entdecken zu lassen, weshalb diese Überschrift gerechtfertigt ist. Dann erst sollten sie mit dem Wortlaut der Schrift vertraut gemacht werden. Für Klassen, die Französisch als Fach haben, empfiehlt sich unbedingt der Hinweis auf die Unterschiede

zur heutigen Schreibweise. Die Schüler sollten auch Überlegungen anstellen, weshalb den Kupferstichen schriftliche Erläuterungen beigefügt wurden.

Anhand des Textes aus den Beschwerdeheften können die Schüler überlegen, welche Forderungen der Bauern von 1789 sich mit der Aussage des Stichs aus der Mitte des 17. Jahrhunderts decken.

Literatur

Gerd van den Heuvel, Laboureur/Paysan, in: Handbuch politisch-sozialer Grundbegriffe in Frankreich 1680-1820, hg. v. Rolf Reichardt und Hans-Jürgen Lüsebrink, Heft 19-20, München 2000, S. 55-88.

Emmanuel Le Roy Ladurie, Die Bauern des Languedoc, Stuttgart 1983.

Roger-Armand Weigert, En Marge des Proverbes de Lagniet, in: Gazette des Beaux-Arts, VIième période, Bd. 70 (1967), S. 177-184.

Der Schwur im Ballhaus („Le serment du Jeu de paume"),*lavierte Federzeichnung mit brauner Tinte (66 x 105 cm) von Jacques-Louis David, unten rechts signiert und datiert: „J. L. David faciebat anno 1791", Aufbewahrungsort: Musée National du Château, Versailles (Leihgabe des Musée du Louvre, Paris).

Der Ballhausschwur am 20. Juni 1789

Beschreibung

In einem schmucklosen Saal, dessen Fenster sehr hoch liegen, drängen sich unzählige Menschen. Viele strecken ihre Arme und Hände zur Bildmitte hin, manche auch ihre Hüte. Im Mittelpunkt steht auf einem Tisch ein hochgewachsener Mann, der in der Linken ein Papier hält, die Rechte hat er erhoben. Sein Kopf, der zum Betrachter blickt, bildet die Mitte des Bilds. Rechts unter ihm steht eine Gruppe von drei Männern, von denen der (vom Betrachter aus) Linksstehende in eine weiße Mönchskutte gekleidet ist. Der Mittlere

trägt eine Soutane, der Rechte Kniehosen und einen Gehrock.

Am Tisch sitzt ein Mann, der seinen Hut nachdenklich in der Hand hält. Obwohl auf den ersten Blick der Eindruck entsteht, alle Beteiligten seien zur Bildmitte hin gewandt, entsteht doch kein einheitliches Bild, sondern es werden individuelle Haltungen gezeigt. So wirft auf der linken Seite eine Person, die auf einem Stuhl steht und nicht zur Mitte hinblickt, beide Arme nach oben. Neben dem Mönch in weißer Kutte sitzt ein Mann mit überschlagenen Beinen, der wohl das Geschehen aufschreibt. Neben ihm umarmen sich zwei Männer, und ein alter gebrechlicher Mann, der seine Rechte wie segnend ausstreckt, wird von zwei Männern hereingetragen. Durch die Galerie dahinter drängen zahlreiche Menschen in den Raum. Einige stehen auf dem Sockel und halten sich an der Decke oder an einem Pfeiler der Galerie fest. Am Rand steht ein Korb, daneben liegt eine Art Tennisschläger und etwas entfernt davon kleine Bälle. Auf der rechten Bildseite außen sieht man einen sitzenden, gebeugten Mann, der die Arme vor sich verschränkt. Ein anderer will auf ihn einreden, doch ein weiterer hindert ihn daran.

Der Begeisterung der Versammelten entsprechen die hereinwehenden Vorhänge in der linken oberen Bildhälfte. Links blicken Neugierige, auch eine Frau mit Kind, auf die Versammlung. Wie stark der Wind mit dem Regen ist, deutet ein umgestülpter Regenschirm an. Durch das anschließende Fenster ist ein Kirchenbau auszumachen, über dem es blitzt. Der Lichteinfall kommt vor allem von dieser Fensterreihe und beleuchtet die Bildmitte. Auf der anderen Seite befinden sich ebenfalls Fenster, eines mündet auf einen kleinen Balkon, der in den Raum hineinragt. Hinter seinem Gitter drängen sich weitere Zuschauer.

Was ist dargestellt?

Die Generalstände, d.h. die Vertreter von Geistlichkeit, Adel und dem Dritten Stand, traten im Mai 1789 – zum ersten Mal seit 1614 – wieder zusammen. In der Frage der Abstimmung (nach Ständen oder nach Köpfen) konnte in Versailles keine Einigung erzielt werden. Am 17. Juni 1789 erklärte sich der Dritte Stand, der ca. 98 % der Bevölkerung umfasste, zur Nationalversammlung. Am 20. Juni fanden die Delegierten der Nationalversammlung ihren Sitzungssaal geschlossen. Daher zogen sie zum nahe gelegenen Ballspielhaus („Jeu de Paume" ist ein dem Tennis ähnliches Ballspiel), beharrten auf ihrem Versammlungsrecht und leisteten den Schwur, sich nicht zu trennen, bis eine Verfassung geschaffen sei.

Interpretation

Obgleich es sich nur um eine Zeichnung handelt, fällt die Farbigkeit der Kleidung auf. Schwarz war die offizielle Kleidung des dritten Standes, doch David will zeigen, dass zum Zeitpunkt des Ballhausschwurs die Ständeordnung bereits überwunden war.

Die Person im Mittelpunkt auf dem Tisch ist Bailly, der Präsident der Versammlung. Er wendet sich dem Betrachter zu, nicht der Versammlung. Dadurch wird der Zuschauer einbezogen, das Geschehen scheint sich auf einer Theaterbühne abzuspielen. Der am Tisch sitzende Mann wird als Abbé Sieyès gedeutet, berühmt durch seine Schrift „Was ist der dritte Stand?". Obwohl er mit seiner Gestik nicht in die allgemeine Begeisterung einstimmt, scheint er doch eine wichtige Rolle zu spielen. Bei der Gruppe der drei Männer im Vordergrund handelt es sich um Dom Gerle, einen Kartäuserpater, Abbé Grégoire, einen Weltgeistlichen, und den protestantischen Pfarrer Rabaut Sainte-Étienne. Ihre Umarmung macht sinnfällig, dass die Unterschiede zwischen den Ständen und Konfessionen aufgehoben sein sollen. Links neben Dom Gerle sitzt der Herausgeber der Zeitung „Le Point de Jour", er hat den Schreibblock auf den Knien und hört Bailly aufmerksam zu. Die Haltung der zwei Männer, die sich daneben feierlich umarmen, ein Abgeordneter aus Colmar und ein Geistlicher aus Nemours, bringt zum Ausdruck, dass die Individuen jetzt frei und gleich und nicht mehr an die Standesgrenzen gebunden sind.

Von links wird Maupetit de la Mayenne, ein gebrechlicher Greis, hereingetragen. Er kann den rechten Arm nicht mehr heben, aber er streckt seine Rechte aus. So entsteht der Eindruck, er segne das Geschehen. Ein junger Träger ist barfuß mit kurzen Hosen und einer phrygischen Mütze, dem Symbol der Freiheit, abgebildet. Die Bälle, der Ballkorb und der Schläger verweisen auf den Zweck der Halle.

Zugleich können sie als Hinweis gedeutet werden, dass das „Spiel" des Adels beendet ist. Rechts im Vordergrund sind bekannte Persönlichkeiten der Revolution zu sehen. Mirabeau streckt den rechten Arm nach oben, den linken nach vorne. In der linken Hand hält er seinen Hut, seine Augen blicken nach oben, während Barnave dicht neben ihm in ähnlicher Haltung zu Bailly blickt. Dadurch dass er auf einem Stuhl steht, ist Dubois-Crancé hervorgehoben; er wird später den Antrag stellen, David solle den „Ballhausschwur" malen. Vor ihm steht Robespierre, der beide Hände bewegt auf seine Brust presst. Neben Mirabeau hat ein älterer Mann die Hände gefaltet. Es handelt sich um den Abgeordneten von Rennes, der als „père Gérard" bezeichnet wurde und seine bretonische Bauerntracht beibehielt. Damit wird gezeigt, dass auch das ländliche Frankreich beim Eid beteiligt ist. Die gekrümmte, sitzende Gestalt außen rechts, die die Arme vor der Brust verschränkt, ist Martin d'Auch, der als einziger den Eid verweigert hat. Der Mann, der einen anderen hindert, auf ihn einzureden, verkörpert eine liberale Haltung.

Neben den Abgeordneten spielt auch das Volk eine Rolle, wenn auch als Zuschauer bzw. als Träger des gebrechlichen Abgeordneten. Unter den Zuschauern, die durch die Fenster schauen, sind auf beiden Seiten nicht nur Erwachsene, sondern auch Kinder zu sehen, was auf die Zukunft verweist. Das Gewitter und der Blitz über der Kirche, die im übrigen von der Halle aus nicht zu sehen ist, deuten den Umsturz der bestehenden Verhältnisse an.

Jacques-Louis David

Der 1748 in Paris geborene Jacques-Louis David wurde 1766 Schüler von Joseph-Marie Vien an der „Académie de peinture und sculpture". 1775 ging er in Begleitung seines Lehrers nach Rom, wo er eine künstlerische Krise durchlebte. 1780 kehrte er nach Paris zurück, nachdem er seinen Stil, den Neoklassizismus, gefunden hatte. 1783 wurde er in die Akademie aufgenommen und erhielt eine Wohnung im Louvre. Obgleich er im Auftrag des Königs malte, wurden insbesondere seine Gemälde der „Eid der Horatier" und „Brutus" während der Französischen Revolution rasch als Vorläufer derselben vereinnahmt.

Von Anfang an stand David der Revolution nicht ablehnend gegenüber. Vor allem seit er 1792 in den Nationalkonvent gewählt wurde, spielte er im politischen Leben bis zum Sturz Robespierres 1794 eine nicht unbedeutende Rolle. Später wandte er sich begeistert Napoleon Bonaparte zu und erhielt 1804 den Titel „Premier peintre de l'Empereur". 1816 war auch er von der Verbannung der „Königsmörder" betroffen und begab sich nach Brüssel ins Exil, wo er 1825 starb.

Wann wurde das Bild gemalt?

Die Skizzenbücher Davids bezeugen, dass er sich seit Frühjahr 1790 mit dem Bild beschäftigte. Am 28. Oktober 1790 trug Dubois-Crancé im Jakobinerklub eine Eingabe vor. Danach sollte das Ballhaus für immer erhalten und David beauftragt werden, den Schwur vom 20. Juni 1789 zu malen. Das Honorar für den Maler sollte durch die Subskription von 3000 *Kupferstich-Abzügen aufgebracht werden. Bereits im Frühjahr 1791 war die *Sepia-Zeichnung, nach der gestochen werden sollte, vollendet, allerdings blieb die Subskription ein Fehlschlag. So wurde beschlossen, das Gemälde in der Größe von 9 x 6 m auf Staatskosten malen zu lassen. David begann mit der Arbeit, die er allerdings nie vollendete. Das lag zum einen an seinen politischen und künstlerischen Verpflichtungen, zum andern waren die Schwierigkeiten inhaltlicher Art: Mirabeau war am 2. April 1791 gestorben, gerade noch bevor seine Annäherung an den König bekannt wurde. Seine Asche wurde 1793 aus dem Pantheon entfernt. Bailly, der im Juli 1789 Bürgermeister von Paris geworden war, musste 1791 zurücktreten und wurde 1793 enthauptet, kurz nach Barnave, dessen Korrespondenz mit dem König entdeckt worden war. Rabaut Saint-Etienne wurde ebenfalls guillotiniert und schließlich auch Robespierre.

Im Exil überließ David 1820 die Rechte für die Anfertigung eines Kupferstichs Isoard du Matouret. Es gibt mindestens vier Kupferstichfassungen. Außerdem existieren mehrere farbige Fassungen, die nicht von David stammen. In Frankreich war es verboten, sie zu verkaufen. Mit dem geheimen Handel der Kupferstiche in der Restaurationszeit begann die Wirkungsgeschichte des Bilds.

Hinweise für den Unterricht

Die Schüler können bereits in der Sekundarstufe I bei der Bildbetrachtung herausfinden, dass es sich um eine wohlüberlegte Inszenierung handelt. Es kann auch ein Streitgespräch zwischen Befürwortern und Gegnern der Revolution über das Bild geführt werden. Dabei sollten die Gegner herausstellen, das Bild stelle eine Verfälschung der Vorgänge dar, während die Befürworter das Gegenteil vertreten. Außerdem sollen die Schüler erklären, weshalb es im Lauf der Zeit immer schwieriger wurde, das Gemälde zu vollenden. Weiter kann an einzelne Schüler oder an Gruppen die Aufgabe gestellt werden, sich mithilfe der Fachliteratur oder des Internets über einzelne Abgeordnete und ihr Schicksal näher zu informieren.

Literatur

Philippe Bordes, Le Serment du Jeu de Paume de Jacques-Louis David, Paris 1983.

François Furet, La Révolution de Turgot à Jules Ferry 1770-1880, Paris 1988.

Antoine Schnapper, Jacques-Louis David und seine Zeit, Würzburg 1981.

Die Menschenrechte, Öl auf Holz (69 x 54 cm) von Jean-Jacques-François Le Barbier (?), 1789/90, Aufbewahrungsort: Musée Carnavalet, Paris.

Die Menschenrechte 1789

Beschreibung

Text- und Bildelemente sind so angeordnet, dass sie ein Denkmal bilden. Über einer Platte mit der Aufschrift „AUX REPRESENTANTS DU PEUPLE FRANCOIS" (An die Vertreter des französischen Volks) steht ein fast quadratischer *Sockel, in den zwei große schwarze

Tafeln eingelassen sind. Der Text, mit dem sie in goldenen Buchstaben vollständig beschrieben sind, ist in eine „PRÉAMBULE" und 17 Artikel gegliedert. Außer dem ersten sind die Artikel mit römischen Ziffern nummeriert. Die Tafeln werden durch eine Lanze getrennt, um deren Schaft ein Rutenbündel gewickelt ist. Auf der Lanzenspitze steckt eine rote Mütze. Dahinter sieht man eine kleine Schlange, die in ihren eigenen Schwanz beißt. Auf dem Sockel liegt ein kleinerer rechteckiger

Stein mit der Inschrift: „DÉCLARATION DES DROITS DE L'HOMME ET DU CITOYEN / Décretées par L'Assemblée Nationale dans les séances du 20, 21 / 23, 24 et 26. août 1789 acceptés par le Roi" (Erklärung der Menschen- und Bürgerrechte. Erlassen von der Nationalversammlung in den Sitzungen des 20., 21., 23., 24. und 26. August 1789, angenommen vom König).

Zwei Figuren flankieren diesen Stein. Sie sind durch zwei lange Girlanden aus Eichenblättern so miteinander verbunden, dass sie auch den oberen Teil der Tafeln umrahmen. Die Frau auf der linken Seite trägt ein rotes Kleid, an dessen Ausschnitt und Ärmeln ein weißes Unterkleid oder Futter sichtbar ist, und darüber einen weiten blauen Umhang, auf den goldene Lilien gestickt sind. An ihrem rechten Fuß ist eine Sandale erkennbar. Ein schmaler Reif hält ihre nach hinten gekämmte Haare zusammen, auf dem Hinterkopf sitzt eine kleine Krone. Sie stützt ihren rechten Ellenbogen auf den rechteckigen Stein und schaut nach rechts. In beiden Händen hält sie die Enden einer zerbrochenen Fessel, die mit einer langen Kette verbunden sind. Ihr gegenüber sitzt ein Engel, der den Betrachter anblickt. Er trägt ein weißes Kleid, darüber einen weiten Umhang und auf dem Kopf ein Diadem. Den rechten Arm hat er auf den Stein gestützt, in der Hand hält er ein Szepter, während er mit dem Zeigefinger der linken Hand nach unten auf die beiden Tafeln zeigt. Die Spitze des Szepters ist auf ein Dreieck am Himmel gerichtet, dessen Mitte aus einem Auge besteht. Von diesem Dreieck gehen viele Lichtstrahlen aus, während sich dunkle Wolken auf beiden Seiten zurückziehen.

Interpretation

Das Bild ist ein grafisch schmuckvoll gestaltetes programmatisches Werk. Es vereinigt eine Reihe von verschiedenen Symbolen, die auf die

Bedeutung der Menschenrechte hinweisen. Das Dreieck und das Auge im Strahlenkranz sind Symbole einer säkularisierten Gottesdarstellung. Das Dreieck war ein Zeichen der Vollkommenheit und der Dreieinigkeit, die Verbindung mit dem Auge als Lichtsymbol findet man auch auf Bildern der Freimaurer. Die göttliche Weisheit ist Ursprung der hier festgehaltenen Rechte. Dieser religiöse Bezug wird auch durch die Form der Tafeln verstärkt, die an die Gesetzestafeln der Zehn Gebote erinnern. Der Engel auf der rechten Seite verbindet die göttliche Quelle, auf die er mit dem Szepter zeigt, mit dem Text, auf den seine linke Hand deutet.

Die zweite Gruppe von Symbolen gehört zum Begriff der Freiheit, die die Voraussetzung für die Entstehung und Formulierung der Menschenrechte war. Die Frau auf der linken Seite ist die Personifikation der Freiheit, sie hält zerbrochene Ketten in den Händen. Die Farben ihres Gewands geben die Trikolore wieder, die Lilien auf ihrem Mantel sind ein Relikt der bourbonischen Monarchie, die 1789 noch ein wichtiger Bestandteil des Staats war. Interessant ist, dass zwar als Freiheitssymbol eine Frau abgebildet ist, die Frauen aber keine bzw. nur wenig Rechte hatten. Ein Freiheitssymbol ist auch die phrygische Mütze zwischen den beiden Textsäulen.

Aus der Antike stammt das Bündel der Stäbe, das Abzeichen der Liktoren. Aber die Stäbe sind nicht um ein Beil, sondern um eine Lanze gebunden. Damit wird es zu einem Zeichen von Einigkeit bzw. Brüderlichkeit („fraternité") und Stärke. Die Ouroborosschlange, die sich in ihren eigenen Schwanz beißt, ist seit der Antike ein Symbol für Dauer und Beständigkeit. Auch die Eichenblätter der Girlanden verweisen auf Stärke und Ruhm, die Girlanden sind zusätzlich Zeichen für ein Fest.

Viele der Symbole stammen aus dem religiösen Bereich. Durch ihren politischen Gebrauch werden sie säkularisiert. Aber gleichzeitig erfahren die Menschenrechte dabei eine

Sakralisierung und Legitimierung: Sie sind ein „neuer Bund", den die Menschen mithilfe der göttlichen Vernunft selbst stifteten.

Die Menschenrechte im Bild

Die älteste grafische Gestaltung der Menschenrechte stammt wahrscheinlich von dem französischen Maler Jean-Jacques-François Le Barbier dem Älteren (1738-1826), der sich von Darstellungen der mosaischen Gesetzestafeln anregen ließ. Populär wurde das Bild vor allem durch die Radierung von Louis Laurent (Paris 1789/90), die weite Verbreitung fand und mehrfach variiert wurde.

Auch im weiteren Verlauf der Französischen Revolution blieb das Motiv lebendig. Ein Beispiel dafür ist der anonyme *Holzschnitt „Décalogue Républicain". Auf der etwas einfacheren Fassung stehen unter den Symbolen von Jakobinermütze und Winkelmaß 17 republikanische Gebote. Auch das *Schmuckblatt, das Adolf Schrödter 1849 für die Grundrechte des deutschen Volks entwarf, ist wohl noch von dem französischen Original beeinflusst: Die beiden Tafeln mit einem sehr viel längeren Text werden durch einen Baumstamm getrennt, auf dem über einem besiegten Drachen und zerbrochenen Ketten drei Frauen stehen. Ihre Symbole weisen sie aus als Germania, die die Personifizierung der Gerechtigkeit (mit Waage und Schwert) und der Freiheit (mit phrygischer Mütze) an den Händen hält.

Die Entstehung der Menschenrechte in Frankreich

Die Staatsverschuldung zwang Ludwig XVI. nach fast 200 Jahren wieder die Generalstände einzuberufen. Nach einem heftigen Wahlkampf traten sie am 5. Mai 1789 in Versailles zusammen. Der Dritte Stand, dessen Mitgliederzahl auf 600 verdoppelt worden war, forderte die Abstimmung nach Köpfen, um die beiden anderen Stände überstimmen zu können. Am 17. Juni erklärte sich der Dritte Stand zur Nationalversammlung und verpflichtete sich am 20. Juni im Ballhausschwur, nicht auseinanderzugehen, bevor Frankreich eine Verfassung hätte. Am 27. Juni erkannte der König die Nationalversammlung an.

Unruhen in Paris (Sturm auf die Bastille) und Aufstände auf dem Land zwangen die Nationalversammlung zu raschen Entscheidungen. In der Nacht vom 4. auf 5. August wurden die Vorrechte und Privilegien von Adel und Kirche abgeschafft und am 26. August die „Menschen- und Bürgerrechte" erklärt, die vom König im Oktober anerkannt wurde. Mit der Verfassung von 1791 ging diese erste Phase der Revolution zu Ende. Die Menschenrechte wurden in Kirchen verlesen und durch Plakate und *Flugblätter in ganz Frankreich verbreitet.

Die Geschichte der Menschenrechte

Die Idee der Menschenrechte geht auf antike und mittelalterliche Vorstellungen zurück, die in der Aufklärung weiterentwickelt wurden. Danach besitzt der Mensch durch göttlichen Willen oder durch die Natur von Geburt an Rechte, die ihm nicht durch menschliche Gesetze verliehen wurden und deshalb auch nicht genommen werden können. Das vom Menschen gesetzte Recht ist deshalb dem Naturrecht untergeordnet und kann aus ihm heraus begründet und von ihm kontrolliert werden. Den Anfang bildeten die politischen Freiheitsrechte (z. B. Freiheit der Person, Recht auf Gleichheit und Eigentum, Glaubens- und Gewissensfreiheit), die allerdings nur für freie männliche Bürger galten.

Politisch wirksam wurden diese Rechte erstmals während der Unabhängigkeit der USA in der Verfassung des Staats Virginia („Virgina Bill of Rights", 1776). Das zweite wichtige Dokument in der Geschichte der Menschenrechte war die „Declaration des droits de l'homme et du citoyen" der Französischen Nationalversammlung.

Im Lauf des 19. und 20. Jahrhunderts ergänzte man die politischen Freiheitsrechte durch soziale Rechte als „Menschenrechte der 2. Generation" (z.B. Recht auf Arbeit und soziale Sicherheit). In der aktuellen Diskussion wird der Begriff erneut ausgeweitet und auf Solidaritätsrechte wie intakte Umwelt, Frieden, Entwicklung und Schutz vor Diskriminierung angewandt („Menschenrechte der 3. Generation"). Seit dem Zweiten Weltkrieg gibt es zahlreiche völkerrechtliche Vereinbarungen zu den Menschenrechten. Dazu gehört z. B. die „Allgemeine Erklärung der Menschenrechte" durch die Vereinten Nationen 1948 und die Wiener Weltkonferenz für Menschenrechte 1993. Auch wenn es auf internationaler Ebene keine Exekutive und Gerichtsbarkeit für Menschenrechte gibt, so sind sie doch in vielen Ländern Bestandteil der Verfassung.

Hinweise für den Unterricht

Die einzelnen Symbole auf dem Schmuckblatt sind für die Schüler unterschiedlich schwer zu erschließen. Leicht erkennbar sind die zerbrochenen Ketten, die Denkmalgestaltung und vielleicht auch die phrygische Mütze. Bei den anderen Symbolen (u.a. Lichtauge, Trikolore, Liktorenbündel) ist die Hilfe des Lehrers notwendig. Der Schüler soll daraus eine Gesamtdeutung erarbeiten, in der die herausragende Bewertung der Menschenrechte sichtbar wird. Erweiterungen des Themas sind die Ursprünge und Vorgeschichte der Menschenrechte (eventuell als Referat) oder der Vergleich mit anderen bildlichen Gestaltungen. Varianten finden sich bei Kaufmann und im Katalog „La Révolution Française et l'Europe". Auch die Berücksichtigung eines modernen Denkmals wie die „Straße der Menschenrechte", die der israelische Künstler Dani Karavan in Nürnberg geschaffen hat, bietet sich an.

Literatur

Klaus Herding, Rolf Reichardt, Die Bildpublizistik der Französischen Revolution, Frankfurt a. M. 1989.

Günter Kaufmann, Gesetzestafeln als Bildschmuck neuer Ordnungen. Die Säkularisierung und Profanierung eines historischen Bildmotivs, in: GWU 47 (1996), S. 301-319.

La Révolution Française et l'Europe 1789-1799, 22. Ausstellung des Conseil de l'Europe, Paris 1989, Bd. 3, S. 646-683.

Manfred Restle, Erklärung der Menschenrechte in Wort und Bild, in: Praxis Geschichte 1/1989, S. 25-29.

Die Schlacht von Valmy, Öl auf Leinwand (174,6 x 287 cm) von Horace Vernet, 1826, Aufbewahrungsort: National Gallery, London.

Die Kanonade von Valmy 1792

Beschreibung

Das detailreiche Bild zeigt ein militärisches Ereignis in einer weiten Landschaft. Der Vordergrund bildet ein fast dreieckiges Feld, das etwas wellig und kaum bewachsen ist. Hier spielen sich mehrere Einzelszenen ab: Genau in der Mitte ist ein Reiter zu Boden gegangen, weil sein Pferd getroffen wurde, vielleicht von der Kanonenkugel, die am unteren Bildrand zu sehen ist. Eine weitere schlägt wenige Meter vor dem Reiter ein. Der Gestürzte trägt einen Zweispitz und über seinem Rock eine Schärpe. Offensichtlich ist er unverletzt, denn er hält mit der rechten Hand den Zügel fest und schaut zu einer geschlossenen Gruppe von sieben Reitern, die rechts von ihm steht. Auch diese Männer tragen eine

Uniformjacke, einen Zweispitz oder eine hohe Mütze. Daneben galoppiert ein barhäuptiger Mann nach rechts, der ein reiterloses Pferd am Zügel führt.

Auf der linken Seite sind acht Reiter eher locker gruppiert. Unmittelbar neben dem gestürzten Reiter bäumt sich das Pferd eines Mannes auf. Zwei Männer, der eine mit Helm, der andere mit einer hohen Mütze, betrachten den Vorfall, während fünf andere – einer im Brustpanzer ist gerade beim Aufsitzen – davon keine Notiz nehmen. Dahinter steht ein einzelner Reiter, der seinen Hut gezogen hat, und bespricht sich mit drei Fußsoldaten, von denen ihm einer mit ausgestrecktem Arm ein Zeichen gibt. Außer diesen Szenen enthält das Feld noch weitere Details: Ganz im Vordergrund liegen zwei tote Pferde, ein Brustpanzer neben zwei Blutlachen und ein gefallener Soldat.

Die linke Seite bilden zwei markante Gebäude. Eines davon ist ein vertieft stehendes Haus mit mehreren Anbauten. Die Mauer, die das Anwesen begrenzt, ist nur zu einem kleinen Teil sichtbar. In ihrem Schutz werden Verwundete versorgt. Hinter dem Haus steht eine Windmühle, deren obere Flügel nur teilweise sichtbar sind. Das Mühlenhaus ist auf einem Bockgerüst drehbar befestigt. Auf der Rückseite der Mühle befindet sich ein schräg nach unten verlaufender Balken, an dem eine hölzerne Stiege mit Geländer angebracht ist. Zwischen den Stämmen des Bockgerüsts sitzen oder liegen vier Soldaten, während sich zwei davor aufgestellt haben.

Das übrige Bild zeigt ein Schlachtgeschehen mit Soldaten in unterschiedlichen Formationen. Auf der linken Seite marschiert eine Kolonne von Soldaten in blauen Uniformen von der Windmühle aus einen kleinen Hang hinunter. Sie sind mit Helmen und Tornistern ausgerüstet und haben ihre Gewehre geschultert. Genauso ausgerüstet auf der anderen Seite ist eine Reihe von Soldaten, die nach rechts marschieren und gut sichtbar eine große Trikolore mit sich führen.

Im Mittelgrund steht eine lange Schlachtreihe von Soldaten in weißen Uniformen, die zwei Fahnen mit sich führen: Sie beginnt links hinter der Windmühle und reicht fast bis zum rechten Bildrand. In ihr klafft eine Lücke, hinter der ein großes Feuer sichtbar ist. Links davon bäumen sich zwei Pferde auf, während die Soldaten nach beiden Seiten wegdrängen. Ein weiteres Ereignis, wahrscheinlich der Einschlag eines Geschosses, findet fast am rechten Ende dieser Reihe statt. Auch hier ist eine Lücke entstanden. Hinter der Schlachtreihe sieht man mehrere Details: u.a. die Trümmer eines Wagens, tote Pferde, einen Kastenwagen mit Soldaten, der mit großem Tempo nach rechts fährt.

Vor der Schlachtreihe bewegen sich einzelne Reiter. Noch weiter vorne stehen Kanonen, die jeweils von mehreren Männern bedient werden. Am linken Rand wird die Reihe durch zwei weitere Formationen von Soldaten fortgesetzt, am rechten Rand ist ein größeres Feuer mit einer Rauchwolke zu erkennen. In der oberen Bildhälfte fällt der Blick über die Wiesen und Felder einer flachwelligen Landschaft bis zum Horizont. Hier stehen rechts und links ebenfalls zwei Reihen von rauchenden Kanonen. Dazwischen sind Soldaten in mehreren geschlossenen Rechtecken angetreten.

Interpretation

Vernet zeigt in seinem Bild einen Ausschnitt aus der „Kanonade von Valmy", die am 20. September 1792 zwischen Frankreich und Preußen, Österreichern und Emigranten stattfand. Seine Darstellung verbindet einen Überblick über das militärische Geschehen und mehrere Einzelereignisse. Der Ort des Geschehens wird durch die Windmühle gekennzeichnet, die einige Hundert Meter südlich des Dorfs Valmy liegt und zum Wahrzeichen des Schlachtfelds wurde. Der französische General François Christophe Kellermann hatte die Mühle jedoch abbrechen lassen, um der feindlichen Artillerie das Zielen zu erschweren. In dem dazugehörigen Gehöft des Müllers wurden die Verwundeten versorgt.

Die Landschaft lässt die geografischen Verhältnisse erkennen. Die französischen Soldaten stehen am westlichen Abhang der Argonnen, von dem der Blick weit nach Westen fällt. Die Truppen des Generals haben sich in breiter Linie hinter der Artillerie aufgestellt und erhalten durch zwei vorrückende Einheiten Unterstützung. Der militärische Gegner ist kaum zu sehen. Lediglich seine Artillerie fällt auf, die rechts und links auf einer gegenüberliegenden Anhöhe aufgestellt ist. Dazwischen sind Soldaten aufmarschiert. Damit entspricht das Bild dem historischen Geschehen, bei dem es lediglich zu einem längeren Artillerieduell kam.

Die Kanonade von Valmy 1792

Innerhalb des Gesamtbilds sind zwei wichtige Einzelszenen erkennbar. Die größere Lücke in der Schlachtreihe ist durch einen explodierenden Munitionswagen verursacht. Im Bildmittelpunkt steht der Kommandeur Kellermann. Vernet wählte den Augenblick, in dem das Pferd des Generals von einer Kugel getroffen wurde. Die Personen, die ihn umgeben, sind porträtierte Offiziere, darunter die neben Kellermann berühmtesten Teilnehmer der Kanonade: Louis Philippe Joseph Herzog von Orléans und sein Sohn Louis Philippe, der spätere „Bürgerkönig" (rechte Gruppe, vierter und fünfter von links). Damit setzte Vernet auch dem Auftraggeber des Bilds ein Denkmal. Der Reiter mit dem herrenlosen Pferd ist der Jäger Baptiste Renard, der dem General ein neues Pferd bringt. Vernet wählte nicht den patriotischen Höhepunkt des Kampfs, als Kellermann die französischen Soldaten mit dem Ruf „Vive la Nation!" anfeuerte, sondern einen dramatischen und gefährlichen Zwischenfall. Er beschränkte sich nicht auf eine heroische Verklärung, sondern zeigte auch deutlich die Opfer der Schlacht.

Horace Vernet (1789-1863)

Horace Vernet (eigentlich Émile Jean Horace) stammte aus einer angesehenen Pariser Malerfamilie. 1827-1835 war er Direktor der Académie de France in Rom. Nach seiner Rückkehr gestaltete er im Auftrag des französischen Königs Schloss Versailles zu einem Museum um. Unter Napoleon III. hatte er den Rang eines Hofmalers. Er war ein sehr produktiver Künstler, der seit 1810 mehr als 500 Bilder – *Porträts, *Genrebilder, Schlachten – schuf. Besonders populär wurden seine Szenen aus den Koalitionskriegen, was ihm den Titel „Maler des französischen Soldaten" einbrachte. Seine künstlerischen Qualitäten, die schon von Zeitgenossen kritisiert wurden, waren eher durchschnittlich, sodass die meisten seiner

Bilder in Vergessenheit gerieten. Das Bild „Die Schlacht von Valmy" gehört zu einer Serie von großformatigen Gemälden, die der Herzog von Orléans für eine Schlachtengalerie im Palais Royal in Auftrag gab. Vernet malte diese Bilder zwischen 1821 und 1826. Bei einem Brand im Palais Royal 1848 wurden sie beschädigt, aber unter Aufsicht Vernets restauriert und anschließend verkauft. Sie kamen in englischen Privatbesitz, von wo aus sie in die National Gallery in London gelangten. Jean Baptiste Mauzaisse kopierte das Bild 1835 für Versailles, wobei er ein wesentlich größeres Format wählte (296 x 578 cm). Das Bild war seit 1831 auch als *Lithografie verbreitet.

Valmy – von der Schlacht zum Mythos

Der Vormarsch der Alliierten im Ersten Koalitionskrieg gegen das revolutionäre Frankreich war anfangs erfolgreich. Dumouriez, der die französischen Truppen befehligte, wollte die Angreifer in den Argonnen abwehren. Doch konnten die Preußen das Mittelgebirge bei Vouziers überqueren. Dumouriez zog sich nach Süden zurück und errichtete bei St. Menehould ein Lager. Das preußische Heer folgte ihm und besetzte die westlich gelegenen Anhöhen, sodass sich die Fronten verkehrt hatten.

Am 20. September 1792 standen sich das preußische und das französische Heer in etwa zwei Kilometer Entfernung gegenüber. Das Gefecht begann mit einem mehrstündigen Artillerieduell. Der Herzog von Braunschweig glaubte, dass der französische Widerstand gebrochen sei und ließ gegen 11 Uhr mit drei Kolonnen angreifen, brach aber den Angriff wenig später ab, ohne dass es zu einer Schlacht kam. Damit war ein zehnstündiges unentschiedenes Artilleriegefecht zu einem Wendepunkt des Kriegs geworden.

Die Feuerprobe, die das französische Heer bestanden hatte, wurde als Triumph gefeiert. Die neu gegründete Republik veranstaltete ein Fest in Paris und verglich seine Offiziere mit den griechischen Helden vor Troja. Valmy wurde zu einem Wallfahrtsort der Republik, den 1831 auch König Louis Philippe besuchte. Die regelmäßigen Feiern zur Erinnerung an die Schlacht erreichten 1989 zum 200. Jahrestag der Revolution ihren Höhepunkt.

Hinweise für den Unterricht

Für die Arbeit mit dem detailreichen Bild sollte eine sehr gute Vorlage vorhanden sein. Es ist sinnvoll, die Schüler schon vor der Erschließung über die politischen und militärischen Ereignisse zu informieren. Außerdem wird der Lehrer die Betrachtung stark führen müssen. Für eine Vertiefung gibt es verschiedene Möglichkeiten: Das Gemälde kann als Beispiel für ein *Schlachtenbild dienen und mit anderen Darstellungen von Schlachten verglichen werden, wobei Vernet die beiden Möglichkeiten (Gesamtbild und Einzelszene) verbindet. Auch die Entstehung des Bilds und sein weiteres Schicksal sind aufschlussreich.

In der Oberstufe ermöglichen zusätzliche Materialien einen fächerübergreifenden Unterricht mit Deutsch (Goethe, Campagne in Frankreich, in: Werke, Hamburger Ausgabe, hg. v. Erich Trunz, Bd. 10, S. 221 ff.). oder Französisch (Michelet). Hier sollte auch auf die Entwicklung des „Mythos Valmy" und seine aktuelle Bedeutung eingegangen werden.

Literatur

Louis Bergès, Valmy, Le mythe de la République, Toulouse 2001 (umfangreiche Bibliografie).

Jules Michelet, Geschichte der Französischen Revolution, bearbeitet und hg. v. Friedrich M. Kircheisen nach der Übersetzung von Richard Kühn, Bd. 5, Wien, Hamburg, Zürich 1929.

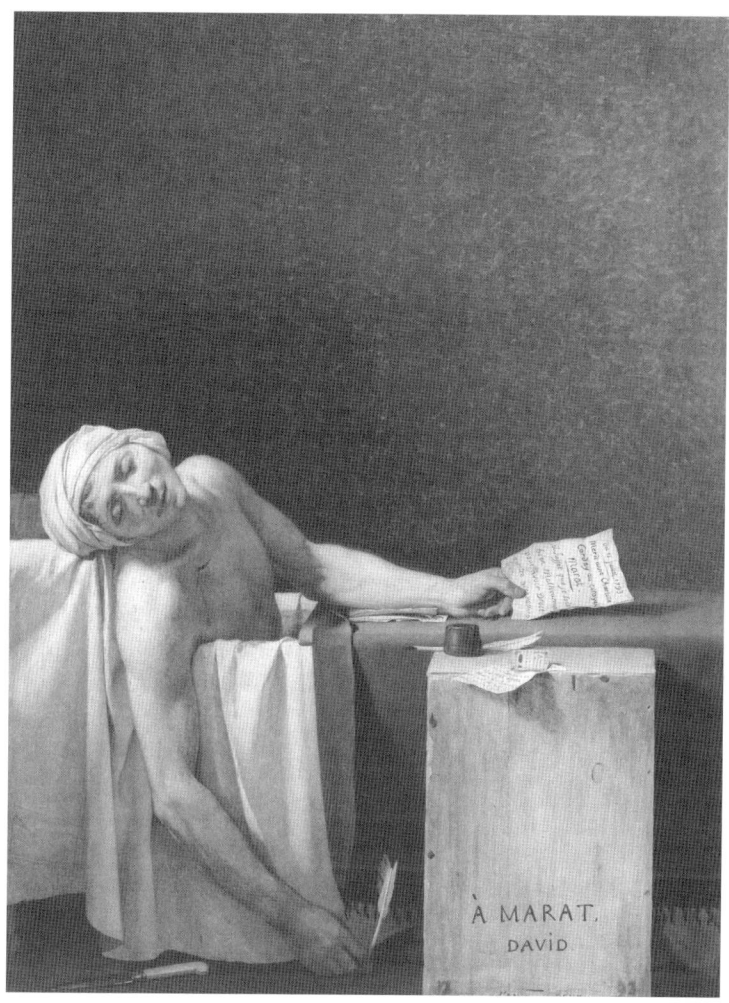

Der Tod des Marat („Marat à son dernier soupir"), Öl auf Leinwand (165 x 128 cm) von Jacques-Louis David, 1793, Aufbewahrungsort: Musées Royaux des Beaux-Arts, Brüssel.

Der Tod des Marat von Jacques-Louis David

Beschreibung

Der Bildbetrachter blickt von unten zu dem Sterbenden auf. Die streng bildparallel angeordnete Sitzbadewanne ist so ausgeschnitten, dass sie wie ein Sarkophag aussieht, aus dem der blutende Körper aufragt. Sie ist mit einem weißen Leintuch ausgeschlagen, auf dem ein Flicken sichtbar ist und das in wenigen großen Falten auf den Boden fällt. Auf den erhöhten Wannenrand des Kopfendes ist das Haupt des Sterbenden gestützt und mit einem weißen Tuch umhüllt. Unter dem rechten Schlüsselbein klafft eine Wunde. Der linke Unterarm liegt über Papieren auf dem Schreibbrett über der Wanne, das mit einem grünen Tuch bedeckt ist. In der Hand hält der Sterbende ein Schreiben, auf dem übersetzt zu lesen ist:

„13. Juli 1793. Marie Anne Charlotte Corday an den Bürger Marat. Es genügt, dass ich unglücklich bin, um ein Anrecht auf Euer Wohlwollen („bienveillance") zu haben."

An dem Schreiben klebt Blut. Der rechte Arm hängt über dem Wannenrand, die Schreibfeder entgleitet der Hand. Links davon liegt das Mordwerkzeug, ein Küchenmesser. Auf der Holzkiste – rechts am Ende der Badewanne – steht ein Tintenfass, neben ihm liegen Feder, beschriebenes Papier und ein bedruckter Schein, eine Assignate. Auf der Kiste steht: „À Marat. / David" und „L'an deux", das Datum des Revolutionskalenders. Die ursprüngliche Jahreszahl 1793 wurde übermalt. Auf dem Papier steht übersetzt die Anweisung: „Ihr werdet diese Assignate an die Mutter von fünf Kindern geben, deren Gatte für die Verteidigung des Vaterlands gefallen ist." Vom Zimmer, dem eigentlichen Schauplatz, ist so gut wie nichts zu sehen. Hinter der Wanne sieht man eine nackte, schmucklose Wand. Rechts oben, außerhalb des Bilds hat man sich ein Fenster zu denken. Von schräg oben fällt das Licht ein, erhellt Teile der Wand, die Kiste und vor allem Gestalt und Gesicht des Sterbenden.

Jean-Paul Marat (1743-1793)

Marat versuchte seit 1789 mit verschiedenen Zeitungen, darunter dem „l'Ami du Peuple", das revolutionäre Geschehen in Gang zu halten. Im Juni 1793 wurde der Konvent von den Sektionen und der Kommune unter Druck gesetzt, die girondistischen Deputierten als Verräter anzuklagen. Daran war Marat maßgeblich beteiligt. Als es in Paris im Juli unerträglich heiß wurde, verbrachte Marat den größten Teil des Tages in einem Hinterzimmer seiner Wohnung schreibend in der Badewanne, um die Qualen einer Hautkrankheit und der Hitze wenigstens zu lindern.

Charlotte Corday (1768-1793)

Charlotte Corday d'Armont aus verarmten normannischen Adel war bei den liberalen Benediktinerinnen in Caen erzogen worden und hatte Voltaire und Rousseau, aber auch Plutarch und Tacitus gelesen. Sie war mit Girondisten bekannt, die nach Caen geflüchtet waren. Von dort brach sie auf mit der festen Absicht, Marat zu ermorden, weil sie den jakobinischen Radikalismus verabscheute und in Marat den Hauptagitator sah. Nachdem sie am Morgen des 13. Juli 1793 nicht vorgelassen wurde, hinterließ sie schriftlich ihre Bitte, von Marat empfangen zu werden. Als sie abends wieder kam, hatte sie ein zweites, emotionaleres Schreiben dabei. Sie wurde vorgelassen, Marat empfing sie in der Wanne sitzend, nach kurzer Zeit hörte man seinen Hilferuf. Charlotte Corday ließ sich widerstandslos verhaften. Vier Tage später wurde sie nach dem Prozess vor dem Revolutionstribunal guillotiniert.

Der Auftrag an den Künstler

Am Tag nach der Ermordung Marats wurde dem Nationalkonvent die Annahme der jakobinisch-republikanischen Verfassung durch verschiedene Landesteile zur Kenntnis gebracht. Dann gab der Präsident die Ermordung bekannt. Der Vorsitzende der „Section du Contrat Social" forderte den Maler und damaligen Vorsitzenden des Jakobinerklubs Jacques-Louis David offiziell auf, ein Bild dieses Vorgangs zu malen, da er bereits den ermordeten Abgeordneten Le Peletier gemalt habe.

Interpretation

So ungeschönt die Situation dargestellt zu sein scheint, so wird doch angefangen vom Lichteinfall und von der Gestaltung des Hintergrunds deutlich, dass es sich um eine überlegte Inszenierung handelt. Das dargestellte Licht ist weder das Abendlicht noch kann es so in den Raum eingefallen sein. Kunsthistoriker sprechen von der aufgehenden Sonne eines strahlenden Morgens, was im Einklang mit der revolutionären Lichtsymbolik stehe. Laut Augenzeugen des Schauplatzes hatte das Zimmer, in dem die Wanne stand, eine barockisierende Tapete mit Kandelabern, und es gab außerdem Wandschmuck. David kannte den Raum, da er am Vortag der Ermordung Marat besucht hatte.

Marats Hautkrankheit wird nicht sichtbar gemacht. Die Auskleidung einer Badewanne mit einem Leintuch ist nicht realistisch, der Flicken ist ein Zeichen von Armut. Das Schreiben, das Marat in der Hand hält, ist dem Wortlaut nach das zweite, das nach der Tat bei Charlotte Corday gefunden wurde. Außerdem ist der letzte Satz, der allein, abgesehen von der Anrede, auf dem Gemälde sichtbar ist, verändert – „bienveillance" statt „protection". „Bienveillance" bezeichnet eine revolutionäre Variante der christlichen Nächstenliebe. Die Verfügung an die kinderreiche Witwe ist eine Erfindung Davids. Allerdings nimmt sie Bezug auf Marats Forderung vom 4. Juni, Hilfsmaßnahmen für die Soldatenfamilien zu beschließen. Das Verhältnis des auf die Schulter geneigten Haupts zum herabgesunkenen rechten Arm erinnert zum einen an antike Vorbilder, zum andern an christliche Pietà- und Grablegungsbilder.

Daraus und im Zusammenhang mit der Widmung auf der Holzkiste wird deutlich, dass David seinen Freund Marat zum Märtyrer der Revolution und Volksfreund stilisierte, der selbst geplagt von Krankheit sein letztes Geld noch einer armen Kriegerwitwe zukommen ließ. Diese Tendenz findet sich auch in der Rede des Künstlers, als er das fertige Bild am 14. November 1793 dem Nationalkonvent übergab. Darauf wurde beschlossen, Marat ins Pantheon aufzunehmen. Außerdem sollten Davids Bilder von Le Peletier und Marat im Sitzungsort der Volksvertreter angebracht und 1000 Stiche der beiden Bilder auf Staatskosten an die Volksvertreter und Departements verteilt werden. Auch hier wird der propagandistische Charakter des Gemäldes sichtbar. Die Stilisierung Marats zum Märtyrer muss im Zusammenhang mit der Verehrung der Vernunft gesehen werden. Am 10. November hatte der Nationalkonvent geschlossen am „Fest der Vernunft" in Notre-Dame teilgenommen. Parallel zur Entchristianisierungsbewegung entstand der Kult der Märtyrer der Freiheit.

Rezeption

Das Gemälde hing nach der Fertigstellung im Sitzungssaal des Nationalkonvents, nahe an den Schreibertischen des Präsidiums. Es wurde 1795 dem Künstler zurückgegeben, der es schließlich mit ins Exil nach Brüssel nahm. Seine Neffe vermachte es 1893 dem Königlichen Museum in Brüssel – als Dank, dass sein Onkel dort Aufnahme gefunden hatte.

Das Bild des sterbenden Marat in der Badewanne wurde eine *Ikone, die bis heute nichts an Wirksamkeit eingebüßt hat. Betrachter ohne Informationen halten es zumeist für eine realistische Darstellung.

In der bildenden Kunst hat in neuester Zeit Peter Brookes das Motiv des sterbenden Marat wiederverwendet (s. S. 86), doch ist überdies auf die Auseinandersetzung Edvard Munchs mit Marat (1907) bzw. mit Marat und Charlotte Corday (1933/35) sowie auf Brigitte Maria Mayer (1993) zu verweisen.

Auch im Bereich der Literatur wurde die Ermordung des Marat wieder aufgegriffen. So sei nur an das Drama von Peter Weiß erinnert („Die Verfolgung und Ermordung Jean Paul Marats dargestellt durch die Schauspielgruppe des Hospizes zu Charenton unter Anleitung des Herrn de Sade").

Zusätzliches Material

Karikatur von Peter Brookes.

Marx als Marat

Die Karikatur des englischen Zeichners Peter Brookes zeigt Marx in der Pose Marats. Zuerst in der Times erschienen, wurde sie am 30. Dezember 1989 von der FAZ gedruckt und kommentiert:

Wie lebendig ist er, der oft schon Totgesagte? Peter Brookes zeigt ihn wie sanft entschlafen, in der Pose von Davids Marat. Dieses Bild zelebrierte die Selbstvergottung des revolutionären Menschen, und es war das erste Kunstwerk, das auf Zuruf des Volkes geschaffen sein wollte. Marx war der weltverändernde Interpret des von Marat/David propagierten Menschenbildes. Zweihundert Jahre nach dem Schlüsselereignis der Moderne scheint die Interpretation, die Marx dem Geschehen gegeben hat, die Herrschaft über die Menschen zu verlieren. Eine Gewissheit des ausgehenden Jahrzehnts oder seine jüngste Illusion?

Hinweise für den Unterricht

Schüler der Sekundarstufe I können ein Rollenspiel entwerfen, in dem sich Bürger und Bürgerinnen von Paris über die Ermordung Marats und die Motive der Charlotte Corday austauschen. Ferner sollen sie anhand des Gemäldes herausfinden, wie David seinen Freund zum Märtyrer der Revolution stilisiert hat.

Die Karikatur von Peter Brooks bietet sich an, um auf die Wirkung des Gemäldes von Marat zu verweisen, zugleich könnte bei der Behandlung der „Wende" die Karikatur im Gegensatz zum Vorbild vertieft behandelt werden. Eine Verbindung zum Kunstunterricht und die Behandlung der Thematik bei Künstlern wie Munch empfiehlt sich besonders in der Sekundarstufe II. Wird im Deutschunterricht das Drama von Peter Weiß gelesen, ist zu empfehlen, das Bild sowohl im Geschichtsunterricht wie im Kunstunterricht zu behandeln.

Literatur

Thomas W. Gaethgens, Davids Marat (1793) oder die Dialektik des Opfers, in: Alexander Demandt (Hg.), Das Attentat in der Geschichte, Frankfurt a. M. 1996, S. 222-255.

Klaus Herding, Davids „Marat" als „dernier appel à l'unité révolutionnaire", in: Idea. Jahrbuch der Hamburger Kunsthalle II (1983), S. 89-112.

Willibald Sauerländer, Davids „Marat à son dernier soupir" oder Malerei und Terreur, in: Idea. Jahrbuch der Hamburger Kunsthalle II (1983), S. 49-88.

Jörg Traeger, Der Tod des Marat. Revolution des Menschenbildes, München 1986.

Weihe des Kaisers Napoleon I. und Krönung der Kaiserin Josephine in der Kathedrale Notre-Dame in Paris am 2. Dezember 1804, Öl auf Leinwand (621 x 979 cm) von Jacques-Louis David, 1805-1807, Aufbewahrungsort: Musée du Louvre, Paris.

Die Weihe des Kaisers Napoleon I.

Beschreibung

In einem hohen Kirchenraum führen drei Stufen zum Altarraum hinauf. Auf der obersten Stufe steht der Kaiser mit langem Gewand und prächtigem Mantel bekleidet. Er trägt auf dem Haupt einen goldenen Lorbeerkranz und hält eine Krone mit beiden Händen hoch. Auf der untersten Stufe kniet Josephine, den Kopf gesenkt, die Hände betend erhoben. Sie trägt ein langes Gewand, einen roten Mantel, der mit reicher Goldborte und goldenen Bienen dem des Kaisers gleich ist. Am Rand und innen

sind die Mäntel aus weißem Hermelin mit schwarzen Schwänzen besetzt. Zwei Damen tragen den langen Mantel, hinter ihnen sind zwei Gebetsstühle zu sehen und ein kleiner Junge.

Im Hintergrund zwischen Kaiser und Kaiserin sitzt ein prachtvoll gewandeter Geistlicher mit Bischofsmütze, der ein Kruzifix an einem langen Stab hält. Hinter dem Kaiser sitzt etwas gebeugt ein Geistlicher, der mit der Rechten ein Segenszeichen macht. Hinter ihm erhebt sich der *Altar. Rechts im Vordergrund stehen zwei Herren in dunklen, mit Gold bestickten Samtmänteln. Der eine trägt einen langen Stab, der oben verziert ist, der andere einen Stab, der in einer Hand endet. Daneben steht ein Herr mit einem roten Mantel, auf dem ein großer Orden befestigt ist, er trägt ein Kissen in

Händen. Ganz außen stehen zwei Chorknaben, der eine davon blickt interessiert auf einen reich verzierten Degen des weltlichen Würdenträgers vor ihm. Neben diesem sind noch zwei weltliche Herren zu sehen, daneben stehen neben und hinter dem Altar geistliche Herren und Messdiener.

Während sich im Chorraum viele Geistliche befinden, drängen sich vor der Tribüne zwischen den Pfeilern des Rundbogens weltliche Würdenträger, deren Hüte zum Teil mit einem Federbusch geschmückt sind. Dann kommt eine Reihe von Damen, hinter ihnen wieder Herren, und im Vordergrund sind zwei prächtig gekleidete Herren zu sehen.

Die Tribüne ist in drei Ränge gegliedert. Auf dem ersten über der Kaiserin thront majestätisch in der Mitte zwischen zwei Damen eine etwas ältere Frau, hervorgehoben auch durch ihren Sessel. Auf dem Rang darüber fällt auf, dass in der zweiten Reihe ein Herr einen Zeichenblock vor sich hat. Ungewöhnlich für eine Kirche ist, dass der gesamte Fußboden mit grünem Samtteppich ausgeschlagen ist und dass die Wände mit Stoff behängt sind. Außerdem gibt es dunkle mit Gold bestickte Samtvorhänge in den Emporen.

Interpretation

Napoleon hat sich bei den Krönungsfeierlichkeiten in Notre-Dame in Paris am 2. Dezember 1804 in Anwesenheit des Papstes Pius VII. selbst gekrönt, indem er dem Papst die Krone aus der Hand nahm und sie sich selbst aufsetzte.

Jacques-Louis David (vgl. S. 73), seit 1804 *Hofmaler, war Augenzeuge der Feierlichkeiten. Er hat sich auf der Tribüne hinter der Kaiserin (in der zweiten Reihe des zweiten Rangs) mit Skizzenblock selbst verewigt. Dennoch war er wie jeder Historienmaler in der schwierigen Lage, einen bedeutsamen und charakteristischen Augenblick aus den Feierlichkeiten auszuwählen. Weiter musste er darauf achten, möglichst viele der anwesenden Persönlichkeiten ins Bild zu bringen und schließlich noch die Wünsche des Kaisers berücksichtigen. David beabsichtigte zunächst, Napoleon im Augenblick seiner Krönung zu malen. Das zeigt auch eine Zeichnung, die in diesem Zusammenhang entstanden war. Allerdings änderte David diesen Plan. Er malte vielmehr den Augenblick, in dem der Kaiser seine Krone Josephine aufs Haupt setzte. Von daher wird auch der lange Originaltitel des Gemäldes verständlich. Die Änderung soll auf François Gérard, den Schüler Davids, zurückgehen, der zu bedenken gab, die geplante Ausführung habe etwas Übertriebenes, Dramatisches, das Napoleon nicht gefallen werde.

Weitere Änderungen wurden von Napoleon veranlasst. So wünschte er, dass seine Mutter Laetitia, die im Bild über der Kaiserin auf der ersten Empore sitzt, gemalt werde, obwohl sie an der Krönung nicht teilgenommen hatte. Sie hielt sich in Rom bei ihrem Sohn Lucien auf. Außerdem konnte sie die Familie der Kaiserin nicht leiden, und es gab zwischen ihr und Napoleon Spannungen. Doch wenn schon ein erbliches Kaisertum angestrebt wurde, so durfte die verwitwete Mutter nicht fehlen. Das Plebiszit von 1804 hatte nicht die Etablierung des Kaisertums zur Disposition gestellt, sondern das Volk konnte lediglich darüber abstimmen, ob das Kaisertum erblich sein sollte. Es ging also um die Schaffung der Dynastie der Bonaparte.

Noch eine andere Änderung geht auf Napoleon zurück: In der ursprünglichen, aus mehreren Zeichnungen bekannten Fassung hat der hinter Napoleon sitzende Papst seine Hände flach auf die Knie gelegt. Napoleon soll gesagt haben: „Ich habe ihn nicht von so weither kommen lassen, damit er nichts tut" (Schnapper S. 226). David änderte daraufhin seinen Entwurf, sodass der Papst nun seine Rechte segnend erhebt.

David kam aber auch den Wünschen der Schwestern Napoleons entgegen. Sie mussten den langen und schweren Mantel Josephines tragen, was sie als entwürdigend empfanden. Auf dem Bild tragen nun zwei Hofdamen den Mantel. Josephine sieht auf dem Bild engelsgleich aus. Selbstverständlich wurde bemerkt, dass der Maler die 41-Jährige etwas verjüngt hatte.

David suchte auch nach einer besseren Verbindung der Gestalten, aber das ließ sich nur durch gewisse kleinere Veränderungen gegenüber der Aufstellung bei der Zeremonie bewirken. Allerdings bemühte er sich um große Genauigkeit, was die Ähnlichkeit der Personen und die Detailtreue bei den Gewändern betraf.

Der Blickwinkel auf das Geschehen, den David schließlich wählte, ist der eines Betrachters, der in der ersten Reihe (auf dem Bild unsichtbar) sitzt. Diese Wirkung wird noch verstärkt, indem rechts vorne einige Würdenträger mehr oder weniger von hinten dargestellt werden. Diesen Eindruck hatte Napoleon auch, als er am 4. Januar 1808 das fertige Gemälde im Atelier besichtigte: „Das ist ja keine Malerei, man bewegt sich in diesem Bild" (Schnapper, S. 231).

Welche Gruppen sind dargestellt?

Links außen beginnt die Gruppe der Familie: Zuerst sind die anwesenden Brüder des Kaisers, die Prinzen Louis und Joseph, zu sehen. Die Brüder Lucien und Jérôme waren in Ungnade gefallen und nahmen nicht an der Feier teil. Daran schließen sich drei Schwestern des Kaisers, die Prinzessinnen Caroline, Pauline und Elisa an. Daneben steht Hortense de Beauharnais, die Frau des Prinzen Louis, die ihren Sohn Napoleon-Charles an der Hand hält. Die Frau neben ihr ist die Prinzessin Marie-Julie, die Frau Josephs. Der sitzende Herr ist der der 95-jährige Erzbischof von Paris. Dann folgen der Oberzeremonienmeister

sowie einige Marschälle, die die sog. Ehrenzeichen der Kaiserin tragen. Direkt darüber sitzt die Kaiserinmutter mit ihrem Gefolge. Um den Altar und um den etwas niedergedrückten Papst ist die Gruppe von Priestern und Geistlichen versammelt. Der zufrieden blickende Geistliche rechts, der vor drei weltlichen Würdenträgern zu sehen ist, ist Kardinal Fesch, der Onkel Napoleons. Auf der Tribüne hinter den Geistlichen ist das gesamte diplomatische Korps versammelt. Bei den drei Würdenträgern handelt es sich um Marschall Bernadotte, den späteren König Schwedens, um General und Oberstallmeister Caulaincourt und Eugène de Beauharnais, den Stiefsohn Napoleons, der bald darauf zum Vizekönig Italiens ernannt werden sollte.

Im Halbprofil ist Talleyrand zu sehen, der zum Oberkammerherrn ernannt worden war, daneben halten drei Würdenträger den Reichsapfel, die Schwurhand und das Szepter Karls des Großen. Napoleon versuchte, möglichst in vielen Dingen bis auf Karl den Großen zurückzugehen. Allerdings handelte es sich bei den Reichsinsignien, die bei der Kaiserkrönung mitgeführt wurden, ausnahmslos um Nachbildungen.

Da die bourbonische Lilie nicht als Schmuckelement Verwendung finden sollte, griff man auf goldene Bienen zurück, wie sie im Grab des Merowingers Childerich I. in Tournai gefunden wurden. Durch Embleme und Insignien sollten somit Verbindungen der Familie Bonaparte bis zu den Merowingern und Franken deutlich werden. Auch die Anlehnung an Caesar und die antiken Kaiser fehlte nicht, wie der Lorbeerkranz auf Napoleons Kopf zeigt.

Verhältnis zwischen Kaiser und Papst

Nach langwierigen Verhandlungen schloss Napoleon 1801 ein Konkordat mit der katholischen Kirche. Der Staat gewährte der Kirche die ungestörte Ausübung ihrer Rechte. Staat und Kirche wirkten bei der Ernennung der Bischöfe zusammen. Die Kirche musste jedoch auf eine Rückgabe der Kirchengüter verzichten, der Klerus wurde vom Staat besoldet und zu Treueid und Kirchengebet für die Republik verpflichtet.

Für Napoleon bedeutete es eine wichtige Legitimation in den Augen nicht nur der Franzosen, sondern Europas, wenn der Papst ihn in Paris salben würde. Der Selbstkrönung Napoleons stimmte der Papst nach langen Verhandlungen zu, war danach aber enttäuscht, dass er von Napoleon nicht wie erwartet gewisse Zugeständnisse erhielt. 1809 annektierte Napoleon den Kirchenstaat, Pius VII. wurde verhaftet, als er gegen Napoleons Vorgehen protestierte, und konnte erst 1814 wieder nach Rom zurückkehren.

Hinweise für den Unterricht

Das Bild sollte im Zusammenhang mit der Herrschaft Napoleons und der Kaiserkrönung besprochen werden. Sinnvoll ist es, den Maler auf dem Bild zu zeigen und die Schüler zu fragen, weshalb er ihrer Meinung nach einen anderen Blickwinkel gewählt hat. Weiter sollten sie erfahren, dass David ursprünglich plante, den Augenblick der Selbstkrönung Napoleons zu malen, aber dann seinen Plan änderte. Ferner sollten auch die Veränderungen besprochen werden, die der Maler auf Veranlassung Napoleons vornahm. Einzelne Schüler oder auch Gruppen könnten Material sammeln, um die Rolle der Familie Napoleons, die unterschiedlichen Embleme und das Verhältnis zur Kirche näher zu untersuchen und dies dann der Klasse vorzustellen.

Literatur

Antoine Schnapper, Jacques-Louis David und seine Zeit, Würzburg 1981.

Richard Schult, „ ... das Schiff der Revolution in den von ihm bestimmten Hafen zu bringen." Jacques-Louis David und die Krönung Napoleons, in: GWU 43, 1992, S. 728-742.

Johannes Willms, Napoleon. Eine Biographie, München 2005.

Der 3. Mai 1808 in Madrid: Die Erschießung der Aufständischen, Öl auf Leinwand (266 x 345 cm) von Francisco de Goya, 1814, Aufbewahrungsort: Museo del Prado, Madrid.

Die Erschießung von Spaniern 1808

Beschreibung

Im Hintergrund sieht man vor einem nacht-schwarzen Himmel mehrere Gebäude, eines davon ist mit Turm und Portal als Kirche gekennzeichnet. Die daran anschließenden Häuser gehören vielleicht zu einem Kloster. Eine Gruppe von Menschen bewegt sich von den Gebäuden auf den Vordergrund zu.

Die Szene im Vordergrund besteht aus zwei sehr unterschiedlichen Teilen. Auf der rechten Seite stehen etwa acht Soldaten leicht versetzt hintereinander. Sie haben die gleiche Körperhaltung, Kleidung und Ausrüstung. Jeder der Soldaten macht einen Ausfallschritt und hat den Rücken und den Kopf etwas nach vorne gebeugt, sodass die Gesichter nicht zu sehen sind. Sie halten Gewehre im Anschlag. Man kann nur drei parallele Gewehrläufe deutlich erkennen, aber der Betrachter hat den Eindruck, dass auch die anderen Soldaten ein Gewehr halten. Sie tragen Tschakos und Mäntel über dunklen Hosen, auf den Rücken haben sie Tornister oder Decken geschnallt, außerdem ist bei einigen ein Gürtel erkennbar, an dem an zwei Riemen ein Säbel hängt. Eine große viereckige Lampe, die vor den Soldaten steht, wirft einen matten Schein auf sie. Dagegen sind die Menschen vor den Gewehrläufen in ein helles Licht getaucht. Hier stehen vor einem kahlen Hügel drei verschiedene Gruppen. Auf der linke Seite liegen mehrere Erschossene übereinander in einer großen Blutlache. Nur einer von ihnen ist gut erkennbar, er hat die Arme von sich gestreckt und die Beine angezogen. Sein Gesicht ist blutüberströmt. Auf der rechten Seite, direkt vor den Gewehrläufen, steigen mehrere Männer den Weg herauf. Es sind die Ersten in dem langen Zug, der im Hintergrund beginnt. Die vier Männer an der Spitze zeigen unterschiedliche Reaktionen. Zwei haben den Kopf gesenkt, einer hält die Hände vor den Mund, ein anderer vor das Gesicht. Die Männer tragen einfache Kleider in dunklen Farben. Einer scheint verwundet zu sein, er trägt einen Kopfverband und hat den Arm in der Schlinge.

Die Gruppe dazwischen steht im Mittelpunkt des gesamten Bilds. Es sind sechs kniende Männer, von denen allerdings zwei durch die anderen fast völlig verdeckt werden. Ihre Gesichter spiegeln in verschiedener Weise Wut, Angst und Verzweiflung. Einer hält die Hände schützend vor das Gesicht, während der Mann neben ihm sich abwendet. Ein anderer hat die Fäuste geballt, wobei er mit erhobenem Kopf und großen Augen zu den Soldaten schaut. Ein Mönch, erkennbar an der Tonsur, hat die Hände zum Gebet gefaltet und den Kopf gesenkt.

Besonders herausgestellt ist ein jüngerer Mann mit kurzem schwarzem Haar. Er trägt helle Hosen und ein langärmliges weißes Hemd, dessen Kragen offen steht. Die Arme hat er in einer Geste von hilfloser Wut nach oben gestreckt, in der rechten Handfläche ist eine Wunde erkennbar. Hinter dieser Gruppe sieht man am Hügel noch in einem Schatten die Umrisse einer Figur, in der – allerdings kaum wahrnehmbar – eine verschleierte Frau mit einem Kind auf dem Schoß zu erkennen ist.

Interpretation

Das Bild zeigt die Erschießung spanischer Aufständischer durch französische Soldaten. Goya hat dabei den Augenblick zwischen zwei Salven gewählt. Die Toten sind bereits exekutiert und der Zug zeigt, dass die Erschießungen weitergehen werden. Aber Goya zeigt nicht nur das Ereignis, sondern hat durch die Haltung der Personen und durch Farbe und Licht eindeutig Partei bezogen und das Geschehen symbolisch überhöht.

Die französischen Soldaten stehen gesichtslos im Halbdunkel. Durch die gleiche starre Haltung wirken sie nicht wie einzelne Menschen, sondern wie eine Maschine. Ein Offizier, der Befehle gibt, ist nicht zu erkennen, was den Eindruck eines automatischen Handelns der Soldaten noch verstärkt. Dagegen sind die Opfer, alles Zivilisten, als Individuen dargestellt. Ihre Gesichter sind hell beleuchtet, sodass man ihre Gefühle sieht. Trotz der unterschiedlichen Mimik und Gestik ist ihnen die Hilflosigkeit gegenüber dem Exekutionskommando und die Angst vor dem Tod gemeinsam.

Der Spanier im weißen Hemd überragt die anderen, obwohl er kniet. Das weiße Hemd, die hellste Stelle des Bilds, ist als Symbol für Reinheit und Unschuld zu verstehen. Seine ausgestreckten Hände erinnern an den gekreuzigten Christus, ein Eindruck, der durch die Wunde in der Hand noch verstärkt wird. Der Schatten der Frau gleicht den Darstellungen der Maria mit dem Jesuskind. Damit wird Goyas Bild zu einer aufrüttelnden Anklage gegen die Politik Napoleons und die Brutalität der französischen Armee, mit der sie in dem besetzten Land gegen die Bevölkerung vorging.

Historischer Hintergrund

Im Oktober 1807 begann das napoleonische Frankreich mit dem Marsch durch Spanien und der Besetzung Portugals. Dies verschärfte in Spanien die Ablehnung der frankreichfreundlichen Politik, wie sie von König Karl IV. (reg. 1788-1808) vertreten wurde.

Ein Aufstand in Aranjuez im März 1808 führte zur Abdankung des Königs zugunsten seines Sohns Ferdinand VII. (1808/14-1833). Napoleon griff in den Streit ein, bestellte die Monarchen nach Bayonne und zwang beide zum Thronverzicht, um seinen Bruder Joseph als König einzusetzen. Dies führte am 2. Mai zu einer Volkserhebung in Madrid, die von den französischen Truppen blutig niedergeschlagen wurde. Mehr als 400 Zivilisten wurden zum Tod verurteilt und am 3. Mai auf dem Montaña del Príncipe Pío, einem Hügel vor den Toren Madrids (etwa an der Stelle des heutigen Nordbahnhofs), exekutiert.

Das Vorgehen der französischen Armee, die Wut über die Fremdherrschaft und die Wirtschaftskrise als Folge der Kontinentalsperre führten zu einem Volksaufstand, der von der katholischen Geistlichkeit mitgetragen wurde. Napoleon konnte durch sein persönliches Eingreifen 1809 die Herrschaft seines Bruders kurzfristig stabilisieren, aber der folgende Kleinkrieg („guerilla") ließ die militärischen und politischen Grenzen des Empire deutlich werden. Spanien hatte erstmals den Mythos von der Unbesiegbarkeit Napoleons zerstört und wurde das Fanal zum Widerstand in anderen Ländern. 1813 mussten sich die Franzosen endgültig aus Spanien zurückziehen, ein Jahr später entstand Goyas Bild.

Goyas Bilder zum 2. und 3. Mai 1808

Francisco José de Goya y Lucientes (1746-1828) stammte aus Zaragoza, war bei mehreren Malern in der Lehre und unternahm 1769/70 eine längere Italienreise. Ausgehend von der Malerei des Rokoko fand er seinen individuellen Stil, der ihn zu einem der bedeutendsten Maler seines Landes werden ließ. Zu seinem vielfältigen Werk (Entwürfe für *Gobelins, *Fresken, *Porträts, *Genrebilder) gehören mehrere Serien von *Radierungen, darunter „Los Caprichos" (1799) und „Los desastres de la guerra" (1808-1814). Seit 1786 arbeitete er für die spanische Königsfamilie, 1799 wurde er der erste Maler des königlichen Hofs. Nach einer schweren Erkrankung 1792, die zu völliger Taubheit führte, begann sein reifstes Werk. Nach dem Rückzug der Franzosen wandte sich Goya im Februar 1814 an den Regentschaftsrat mit der Bitte um finanzielle Unterstützung, um seinen brennendsten Wunsch ausführen zu können, „die bemerkenswertesten und heldenhaftesten Handlungen oder Szenen unserer ruhmreichen Erhebung gegen den Tyrannen Europas zu verewigen" (zit. nach Traeger, S. 135). Vielleicht sah Goya in diesen Bildern auch einen Akt der Wiedergutmachung, weil er anfangs die Politik Napoleons unterstützt hatte.

Die Regierung gewährte ihm einen Zuschuss für Leinwand und Farben und ein Gehalt von 1500 Reales für die Dauer seiner Arbeit. So entstanden zwei gleich große *Ereignisbilder: „Der 2. Mai 1808 in Madrid: Kampf mit den Mamelucken" (Madrid, Museo del Prado) und „Der 3. Mai 1808". In beiden Fällen hat Goya die Vorgänge wahrscheinlich nicht persönlich miterlebt, sondern war auf Berichte angewiesen.

Das erste Bild zeigt den Volksaufstand am 2. Mai, bei dem Spanier an der Puerta del Sol in Madrid gegen die französischen Truppen kämpften, vor allem gegen die orientalisch gekleidete Reiterkompanie der Mamelucken, Legionäre aus Ägypten und dem Kaukasus. Sehr viel berühmter wurde seine Darstellung vom Scheitern des Aufstands und der Erschießung der Beteiligten. Hier verarbeitete er mehrere Motive, die er bereits in „Los desastres de la guerra" künstlerisch gestaltet hatte. Wahrscheinlich kannte Goya auch die

Tragödie „Der 2. Mai 1808 in Madrid", die der spanische Dramatiker Francisco de Paula Martí wenige Tage nach dem Ereignis verfasst hatte und die 1814 erneut aufgeführt wurde.

Rezeption und Wirkung

Goyas Darstellung der Ereignisse vom 3. Mai 1808 wurde von seinen Zeitgenossen wenig beachtet. Die erste Erwähnung von 1834 besagt, dass sich das Bild im Depot des Prado befand. Erst nach 1860 wurde es öffentlich ausgestellt.

In Frankreich durfte das Bild nicht gezeigt werden. Trotzdem wurde es dort bekannt. Édouard Manet lernte es auf einer Spanienreise 1865 kennen, und es hatte eine unmittelbare Wirkung auf sein Bild „Die Erschießung Kaiser Maximilians" (mehrere Fassungen, 1867-1869). Picasso zitiert beide Künstler in seinem Bild „Das Massaker in Korea" (1951). Sein Erschießungskommando ist eine bizarre Kriegsmaschinerie aus fünf Soldaten und einem Offizier, die Opfer sind Frauen und Kinder.

Hinweise für den Unterricht

Goyas Bild gehört zu den berühmtesten Werken der Kunstgeschichte, sodass sich eine Zusammenarbeit mit dem Fach Kunst empfiehlt, das auf das Leben, die künstlerische Entwicklung und das Gesamtwerk des Künstlers eingehen kann. Die Auswertung des Bilds, die Parteinahme Goyas und die religiöse Überhöhung des historischen Ereignisses ist auch im Geschichtsunterricht möglich. Dies kann durch den historischen Kontext (Vorgeschichte des Volksaufstands, Neuartigkeit der Kriegsführung, Auswirkungen der Erschießungen auf Spanien und Europa) erläutert werden.

Die Rezeptionsgeschichte zeigt, dass Goya in diesem Bild ein zeitloses Thema gestaltet hat: die Brutalität des Kriegs und das Schicksal der Opfer, vor allem auch der Zivilisten. Dazu können die beiden Radierungen und das Bild von Picasso herangezogen werden.

Literatur

Werner Hofmann, Goya: Vom Himmel durch die Welt zur Hölle, München 2003.

Ilse Krahl, Goyas Diptychon: Der 2. und der 3. Mai, Duisburg 1997.

Fred Licht, Goya: Die Geburt der Moderne, München 2001.

Jörg Traeger, Goya: Die Kunst der Freiheit, München 2000.

Die Wiederkehr des allgemeinen Weltfriedens.

Die Wiederkehr des allgemeinen Weltfriedens, *Kupferstich (23,5 x 19,7 cm), 1813, Nürnberg, Verlag Fr. Campe, Aufbewahrungsort: Germanisches Nationalmuseum, Nürnberg.

Die Wiederkehr des Weltfriedens 1813

Beschreibung

In der Mitte des Bilds stehen auf einer kleinen, teilweise mit Gras bedeckten Anhöhe vier Personen. Drei Männer bilden eine zusammengehörige Gruppe. Alle drei tragen Uniform und einen Orden auf der Brust, zwei von ihnen Stiefel. Ihren Zweispitz halten sie in der Hand. Die beiden Männer rechts und links, beide mit vollem Haar, weisen mit einer Hand auf den Mann in der Mitte. Er ist fast kahlköpfig und

hat die linke Hand auf seine Hüfte gestützt.

Zu den drei Männern tritt von links eine große stattliche Frau mit langem lockigem Haar. Sie trägt einen Mantel über ihrem Kleid und halbhohe Stiefel. Ihr Helm mit einem Federbusch ist mit einem Kranz geschmückt. Sie hat zwei weitere Kränze in der Hand. Den einen hält sie in der Linken, während sie den anderen mit ausgestrecktem rechtem Arm den drei Männern reicht. Vor ihr liegt eine Kette mit offener Fessel auf dem Boden. Den Hintergrund der Szene bildet ein Denkmal, das an ein Grabmonument erinnert. Von dem Relief kann man nur eine Frauengestalt in einem langen Gewand erkennen, während das übrige Bild durch den mittleren und linken Mann verdeckt ist.

Von der Anhöhe im Vordergrund fällt der Blick auf der rechten Seite auf eine Landschaft, die von einem halben Regenbogen bekrönt ist. Darunter pflügt ein Bauer mit einem Ochsengespann. Dahinter stehen, teilweise von Bäumen versteckt, eine Kirche und zwei Häuser, hinter denen eine hügelige Landschaft den Horizont bildet.

Auf der linken Seite sieht man eine Meeresbucht. Ein hoher Turm ist gerade noch am Bildrand zu erkennen. Davor rollt ein Mann ein Fass. Zwei Männer, die daneben stehen, begrüßen freudig einen Dreimaster, der mit vollen Segeln zum Ufer fährt. Hinter dem Schiff geht gerade die Sonne auf. Die andere Seite der Bucht bilden einige sehr prunkvolle Gebäude, darunter ein Palast mit einer Kuppel und eine Kirche, während die übrige Stadt durch die Frauengestalt und das Denkmal verdeckt ist.

Das obere Drittel des Bilds zeigt eine überirdische Szene. Auf einer großen Wolke schwebt eine Frau, die mit einer Bluse und einem langen Rock bekleidet ist. An den Füßen trägt sie Sandalen und auf dem Kopf einen Kranz. In der Linken hält sie einen großen Palmzweig, mit der Rechten eine Fanfare, in die sie gerade bläst. Über ihr ist ein Dreieck mit einem Auge sichtbar, von dem aus Strahlen den Himmel erleuchten.

Unter der Bildunterschrift steht noch folgender Text: „Nach zwanzigjährigem Blutvergießen kann sich nun die Menschheit wieder des Ackerbaues, des Handels, der Künste und Wissenschaften freuen und einer glücklichern Zukunft entgegen sehen."

Interpretation

Das Bild ist mithilfe der Unterschriften einfach zu erschließen. Die drei Männer, der preußische König Friedrich Wilhelm III. (links), der österreichische Kaiser Franz II. und der russische Zar Alexander I. waren die Verbündeten im Kampf gegen Napoleon und später die wichtigsten Monarchen auf dem Wiener Kongress. Der Österreicher scheint die zentrale Figur zu sein, er steht in der Mitte, und auf ihn zeigen die beiden anderen. Er soll offensichtlich den Siegeskranz bekommen. Die Frau im antiken Gewand, die ihn überreicht, personifiziert gleichzeitig den Sieg über die napoleonische Herrschaft, der durch die am Boden liegenden Ketten mit der zerbrochenen Fessel symbolisiert wird. Das Bild dürfte also unmittelbar nach der Völkerschlacht bei Leipzig entstanden sein.

Die Symbolik wird durch die Frauengestalt auf den Wolken ergänzt, die Kleider in denselben Farben wie die Siegesgöttin trägt. Ihre Attribute – Fanfare und Palmzweig – weisen sie als Verkünderin des Friedens aus (vgl. S. 39: Der Friedensreiter 1648). Er ist nicht nur das Verdienst der Monarchen, sondern ein Geschenk Gottes, wie das Auge der göttlichen Dreieinigkeit deutlich macht (vgl. S. 75: Die Menschenrechte 1789). Auch der Regenbogen ist ein göttlicher Garant für den Frieden (1. Mose 9).

Die Einzelszenen verkörpern die Folgen des Friedens, der pflügende Bauer den Ackerbau, die Fässer und das Segelschiff den Handel. Künste und Wissenschaften sind vielleicht in den prächtigen Gebäuden der Stadt oder durch das Denkmal in der Bildmitte ausgedrückt.

Das Bild ist ein Zeugnis für die Bedeutung, die man dem Sieg über Napoleon zuschrieb, und für die Hoffnung, die man mit dem Bündnis der drei Monarchen verband. Es weist damit bereits auf den Wiener Kongress und die Heilige Allianz.

Die drei Monarchen

Alexander I. Pawlowitsch (reg. 1801-1825) war ein Enkel Katharinas II. Sein Vater Paul I. war nach fünfjähriger Herrschaft durch eine Adelsverschwörung gestürzt und ermordet worden. Alexander verband europäisches Sendungsbewusstsein und russisches Machtstreben in seiner Person. Ursprünglich mit Napoleon verbündet, kam es wegen der Kontinentalsperre zum Bruch. Nach der Niederlage der „Grande Armée" hatte Russland einen großen Anteil an den Befreiungskriegen, sodass sich Alexander immer mehr zum „Retter Europas" stilisierte.

Franz II. (reg. 1792-1835) folgte seinem Vater Leopold II. nach dessen frühem Tod als deutscher Kaiser. Nach der Selbsternennung Napoleons zum Kaiser erklärte Franz II. Österreich 1804 zum Kaiserreich. Die deutsche Kaiserkrone legte er nach der Gründung des Rheinbunds 1806 nieder. Zu Beginn der Befreiungskriege blieb Österreich neutral. Als Verhandlungen zwischen Metternich und Napoleon scheiterten, schloss es sich dem Bündnis zwischen Russland und Preußen an.

Friedrich Wilhelm III. (reg. 1797-1840) folgte seinem Vater Friedrich Wilhelm II., einem Neffen Friedrichs II., auf den preußischen Thron. Die Anlehnung an Frankreich ermöglichte Preußen 1803 und 1805/06 erhebliche territoriale Gewinne. Nach dem Krieg 1806 und der Niederlage bei Jena und Auerstedt verlor es im Frieden von Tilsit fast die Hälfte seines Besitzes. Nach Napoleons gescheitertem Russlandfeldzug schloss der König nach längerem Zögern ein Bündnis mit Russland und hatte einen maßgeblichen Anteil am Erfolg der Befreiungskriege.

Wiener Kongress und Heilige Allianz

Die Niederlage Napoleons, die in Russland begonnen hatte, endete mit dem Einmarsch der Alliierten in Paris am 31. März 1814. Zwei Monate später schlossen sie mit Frankreich einen Friedensvertrag, der in Artikel 22 einen internationalen Kongress zur Neuordnung Europas vorsah. Dieser Kongress begann im September 1814 in Wien und endete mit der Wiener Bundesakte am 9. Juni 1815. Sein Ziel war die Herstellung einer stabilen Friedensordnung, mit der die Folgen der Französischen Revolution und der Herrschaft Napoleons beseitigt werden sollten. Die wichtigsten Personen waren neben Metternich, der den Vorsitz führte, der österreichische Kaiser Franz II., der russische Zar Alexander I. und der preußische König Friedrich Wilhelm III. England war durch seinen Außenminister Castlereagh und später durch Feldmarschall Wellington vertreten, Frankreich durch Talleyrand.

Die Initiative für die Heilige Allianz stammte von Zar Alexander I. Im September 1815 feierte er den Namenstag seines Schutzpatrons, des heiligen Alexander Newskij, mit einer großen Militärparade auf den katalaunischen Feldern bei Châlons. Unmittelbar danach schlug er dem österreichischen Kaiser und dem preußischen König ein Bündnis vor.

Der vom Zar handschriftlich in französischer Sprache niedergeschriebene Text bestand aus einer Präambel und drei Artikeln. Er beschwor eine neue Ordnung auf biblischer Grundlage und die Solidarität der Monarchen, die sich zu brüderlichem Beistand verpflichteten. Schließlich wurden alle Mächte, die sich zu diesen Grundsätzen bekannten, zum Beitritt aufgefordert.

Metternich, dem der österreichische Kaiser den Entwurf anvertraut hatte, nahm eine Reihe von Änderungen vor. Er korrigierte u.a. Wendungen, die ihm missverständlich, zu revolutionär oder zu nationalistisch klangen. So wurden „drei Provinzen ein und der selben Nation" ersetzt durch „drei Zweige ein und der selben Familie". Den ersten Artikel formulierte er völlig neu.

Ideologisch vertrat die Heilige Allianz ein vages politisches Programm, das den revolutionären Schlagworten „Freiheit, Gleichheit, Brüderlichkeit" christliche Werte entgegensetzen sollte. Wichtiger war ihre Rolle als Instrument der europäischen Innenpolitik, das die Ergebnisse des Wiener Kongresses sicherte. Am 26. September unterzeichneten die drei Monarchen den Text. In den nächsten Jahren traten außer dem Papst und dem Osmanischen Reich alle europäischen Staaten bei. In den Folgekongressen, die 1818-1822 in Aachen, Troppau, Laibach und Verona stattfanden, wurde das Bündnis bekräftigt. Allerdings zeigte die weitere europäische Entwicklung schon bald die Grenzen der restaurativen Politik. Beim Freiheitskampf der Griechen (ab 1821) konnte sich die Heilige Allianz nicht mehr auf ein gemeinsames Vorgehen einigen. Seit dem Tod Alexanders I. 1825 war das Bündnis wirkungslos geworden.

Hinweise für den Unterricht

Die Bilderschließung sollte zumindest in der Mittelstufe in einzelnen Schritten erfolgen. Für die Deutung der zentralen Szene müssen die drei Monarchen bekannt sein. Die allegorischen Elemente lassen sich mithilfe der Attribute (zerbrochene Fessel, Kranz, Palmzweig, Fanfare, Dreieck und Auge) erläutern, wobei auf bekannte Bildelemente zurückgegriffen werden sollte. Die übrigen Szenen lassen sich mithilfe der Unterschrift erklären.

Eine weiterführende Diskussion kann auf die Bedeutung der drei Monarchen auf dem Wiener Kongress und bei der Gründung der Heiligen Allianz eingehen. Dabei ermöglicht die Gründungsurkunde der Heiligen Allianz eine vertiefende Einsicht in die antirevolutionäre Politik der Großmächte und die religiöse Deutung der politischen Ereignisse.

Auch eine intensivere Auseinandersetzung mit dem Medium Bild ist bei diesem Thema möglich und kann fachübergreifend mit dem Kunstunterricht erfolgen.

Literatur

Klaus Günzel, Der Wiener Kongress. Geschichte und Geschichten eines Welttheaters, München 1995.

Hildegard Schaeder, Autokratie und Heilige Allianz. Nach neuen Quellen, Darmstadt ²1963 (enthält Originalentwurf Alexanders I. für die Heilige Allianz und die Änderungen Metternichs).

Hilde Spiel (Hg.), Der Wiener Kongreß in Augenzeugenberichten, München 1978.

Die Wiederkehr des Weltfriedens 1813

Anonyme Karikatur, *Radierung (13,3 x 24,1 cm), ca. 1820, Aufbewahrungsort: Germanisches Nationalmuseum, Nürnberg.

„Der Denker-Club"

Beschreibung

Der Blick fällt in einen kleinen Raum, in dem ein langer Tisch mit gerundeten Schmalseiten steht. Um ihn sitzen acht Männer. Nur einer von ihnen blickt den Betrachter an, sechs andere sind im Profil sichtbar, und von einem sieht man nur den Hinterkopf. Alle Männer sind gut gekleidet. Sie tragen Röcke und Kniebundhosen, mehrere haben Perücken aufgesetzt. Auf den ersten Blick sieht die Runde aus, als würde einer der Männer, der gerade den rechten Arm mit geballter Faust erhoben hat, eine Rede halten, der seine Nachbarn aufmerksam zuhören. Nur die beiden Männer, die rechts sitzen, sind nicht beteiligt. Der eine stützt seinen Kopf auf den Tisch, der andere, ein ausgesprochen dicker Mann, hält die Hände vor dem Bauch und schläft.

Alle Männer tragen einen Maulkorb. Er besteht aus einem Lederriemen, der den Mund verschließt und mit zwei anderen Riemen am Kopf befestigt ist. Weitere Maulkörbe hängen links an der Wand über einem Vorhang, hinter dem sich wahrscheinlich der Eingang befindet.

Auf der Wand hinter dem Tisch hängen zwei Schrifttafeln. Auf der linken Tafel steht: „Wichtige Frage welche in heutiger Sitzung bedacht wird. Wie lange möchte uns das Denken wohl noch erlaubt bleiben?"

Die Tafel daneben enthält fünf „Gesetze des Denker-Clubs":

I. Der Präsident eröffnet präcise 8 Uhr die Sitzung.

II. Schweigen ist das erste Gesetz dieser gelehrten Gesellschaft.

III. Auf das kein Mitglied in Versuchung geraten möge seiner Zunge freyen Lauf zu lassen, so werden beim Eintritt Maulkörbe ausgetheilt.

IV. Der Gegenstand welche in jeder Sitzung durch ein reifes Nachdenken gründlich erörtert werden soll, befindet sich auf einer Tafel mit großen Buchstaben deutlich geschrieben [...]."

Die Bildunterschrift lautet: „Der Denker-Club. Auch eine neue deutsche Gesellschaft."

Interpretation

Die bekannte Karikatur kritisiert die Unterdrückung der Presse- und Meinungsfreiheit nach den Karlsbader Beschlüssen. An die Stelle eines Debattierclubs ist ein „Denkerclub" getreten, zu dessen Regeln es gehört, dass sich die Mitglieder freiwillig Maulkörbe anlegen, um „ihrer Zunge nicht freien Lauf zu lassen". Sie beschränken sich damit auf das Denken, das in unterschiedlicher Weise stattfindet. Auch der Mann, der die Faust erhoben hat, bleibt stumm. Die Kritik an der Unterdrückung beschränkt sich aber nicht nur auf Maulkörbe. Die Frage, mit der sich der Club an diesem Tag beschäftigt, deutet an, dass offensichtlich auch das Denken bald verboten sein wird.

Die anonyme Karikatur, die in mehreren Varianten etwa ab 1820 in Deutschland verbreitet wurde, kritisiert die politische Lage nach den Karlsbader Beschlüssen und wurde häufig abgedruckt. Aber das Bild stammt ursprünglich nicht aus Deutschland, sondern aus England.

Die unmittelbare Vorlage, eine Karikatur von George M. Woodward, wurde 1796 unter dem Titel „A Thinking Club" veröffentlicht. Auf Woodwards Bild sitzen sechs Männer um einen Tisch. Auf dem mittleren Plakat an der Wand steht: „Question to be thought on this Evening / How long may we be permitted to Think?" Auf dem linken Plakat sind Verhaltensregeln aufgeführt.

Der deutsche Nachahmer zeichnete die Karikatur spiegelbildlich ab: Der „Redner" hat jetzt den rechten Arm erhoben, der schlafende Mann sitzt am rechten Tischende und die Flammen der Kerzen zeigen nach links. Außerdem fügte er zwei Personen hinzu: einen Mann, der den Kopf auf die Hand stützt, und einen, der den Blick nach oben richtet. Alle anderen Veränderungen im Bild betreffen nur modische Details. Der Text unterscheidet sich

A Thinking Club, *Kupferstich (22 x 33 cm) von George M. Woodward, 1796, Aufbewahrungsort: Britisches Museum, London.

lediglich darin, dass Woodward von „Constitutional Muzzles", verfassungsmäßigen Maulkörben, spricht, die am Eingang verkauft werden (und deshalb nicht an der Wand hängen), und dass ein fünftes Gesetz fehlt. Der Titel wurde beibehalten, obwohl der Begriff „Club" in Deutschland noch nicht sehr gebräuchlich war und Debattierclubs – im Gegensatz zu Lesegesellschaften – keine Tradition hatten. Vielleicht bezieht sich der Untertitel „Auch eine deutsche Gesellschaft" auf die englische Vorlage. Die Entstehung des Bilds geht vielleicht auf einen konkreten Vorfall zurück. So soll ein radikaler englischer Club als Protest gegen die Unterdrückung der Meinungsfreiheit bei seinen Treffen Maulkörbe getragen und sich nur durch Gesten oder schriftlich verständigt haben.

George M. Woodward

Woodward wurde 1760 in der südenglischen Grafschaft Derby geboren und kam in jungen Jahren nach London, wo er als Maler und Illustrator arbeitete. Seine beiden frühesten Blätter, unpolitische Karikaturen, stammen aus dem Jahr 1792. Anschließend schuf er mehrere Karikaturenfolgen, von denen „Cupid's Magic Lanthern" (1797) und „Eccentric Excursions in England" (1798) die bekanntesten waren. Daneben veröffentlichte er Einzelblätter und gab eine Zeitschrift mit Karikaturen heraus. Woodward führte einen ausschweifenden Lebenswandel und starb 1809 unter ungeklärten Umständen.

England zur Zeit der Französischen Revolution

Die englische Bevölkerung reagierte sehr unterschiedlich auf die Revolution in Frankreich. Es gab begeisterte Zustimmung, aber auch heftige Ablehnung, die nach der Hinrichtung des Königs und dem jakobinischen Terror zunahm. Ein Grund für die Zustimmung war die politische Unzufriedenheit, die in der zweiten Hälfte des 18. Jahrhunderts zu einer innenpolitischen Krise führte. Vor allem das veraltete Wahlrecht wurde heftig kritisiert. Forderungen nach einer Reform des Wahlrechts kamen vor allem von politischen Clubs, von denen einige zunehmend radikalere Ideen diskutierten. Im Oktober 1794 kam es zu Unruhen, bei denen die Kutsche des Königs angegriffen wurde. Die Regierung Pitt reagierte mit zwei Gesetzen: Der „Seditious Meetings Act" verbot Versammlungen von mehr als 50 Personen ohne Genehmigung der Regierung, und der „Treasonable Practice Act" verbot jede Kritik an der Regierung. Die Opposition reagierte mit heftigen Protesten, zu denen auch die Karikatur von Woodward gehört.

Deutschland nach 1819

Die Befreiungskriege gegen Napoleon waren von einer Woge der Begeisterung getragen worden, an der vor allem die jungen Kriegsfreiwilligen teilhatten. Doch die Nationalen und Liberalen, die als Ergebnis ein einheitliches und konstitutionelles Deutschland erwarteten, wurden enttäuscht. Der Wiener Kongress unter Führung Metternichs konstituierte einen Bund aus souveränen Einzelstaaten. Das einzige Zugeständnis, die Aussicht auf eine landständische Verfassung, wurde nur in wenigen Einzelstaaten verwirklicht.

Die Opposition sammelte sich in Burschenschaften oder Vereinen und trat im Wartburgfest erstmals an die Öffentlichkeit. Die Ermordung Kotzebues durch den Studenten Karl Ludwig Sand nutzte Metternich, um die „Karlsbader Beschlüsse" zu erlassen. Sie boten die Grundlage, um freiheitliche Ideen zu unterdrücken und Oppositionelle zu überwachen und zu verfolgen. Eine kurze Liberalisierung nach 1825 endete bereits nach wenigen Jahren. Die Auswirkungen der Julirevolution in Deutschland, das Hambacher Fest und der Sturm auf die Frankfurter Hauptwache führten zu einer Neuauflage von Zensur und staatlicher Überwachung. Die „Demagogenverfolgung" (ab 1834) prägte den „Vormärz" und war eine der Ursachen für die Revolution im März 1848.

Englische Clubs und deutsche Lesegesellschaften

In England gründete die politische Opposition in der zweiten Hälfte des 18. Jahrhunderts zunehmend Debattierclubs, die sich feste Regeln gaben. Die Mitglieder trafen sich mehrmals in der Woche und wählten einen Präsidenten, der das Thema bestimmte und die Diskussion leitete. Am Ende gab es meist eine Abstimmung. Gelegentlich ging den Debatten eine Lesestunde voraus, in der man sich über die aktuelle Politik informierte. Ziele dieser Clubs waren die Verbreitung politischen Wissens und das Üben politischer Argumentation.

Lesegesellschaften entstanden in Deutschland während der Aufklärung und erreichten ihren Höhepunkt zwischen 1770 und 1830. Die Mitglieder, die fast ausschließlich dem Bürgertum angehörten, trafen sich häufig in Lesekabinetten, wo eigene Räume mit Büchern, Zeitschriften und Zeitungen benutzt werden konnten. Das Angebot bestand hauptsächlich aus Literatur und Werken der Populärwissenschaft, aber auch über politische Themen konnten sich die Mitglieder informieren und äußern. Dadurch gab es erstmals, wenn auch in bescheidenem Umfang, politische Öffentlichkeit.

Hinweise für den Unterricht

Trotz ihrer englischen Vorlage kann die deutsche Version der Karikatur als Quelle für die Zeit nach den Karlsbader Beschlüssen verwendet werden. Sie eignet sich als Einstieg in das Thema, aber auch als Beispiel für die Opposition gegen die Unterdrückung der Meinungsfreiheit nach 1819. In der Oberstufe ist ein Vergleich der englischen mit der deutschen Karikatur und der jeweilige politische Hintergrund der Entstehung möglich.

Die Karikatur kann Anlass zu einer kurzen Spielszene oder zu einer kreativen Auseinandersetzung sein (Bericht eines Teilnehmers oder eines Polizisten, der den „Denkerclub" überwachen soll; Comic). Eine Erweiterung des Themas zu einem Längsschnitt über die Entwicklung der Meinungsfreiheit zwischen Aufklärung und Gegenwart bietet sich an.

Literatur

Mary Dorothy George, English Political Caricature, 1793-1832. A Study of Opinion and Propaganda, Oxford 1959.

Hambacher Fest 1832. Freiheit und Einheit – Deutschland und Europa. Katalog zur Dauerausstellung, Neustadt [4]1988.

Günter Lottes, Politische Aufklärung und plebejisches Publikum. Zur Theorie und Praxis des englischen Radikalismus im späten 18. Jahrhundert, München, Wien 1979.

Die Freiheit führt das Volk an („La Liberté guidant le peuple"), Öl auf Leinwand (260 x 325 cm) von Eugène Delacroix, 1830/31, Aufbewahrungsort: Musée du Louvre, Paris.

Die Freiheit führt das Volk an

Beschreibung

Eine Barrikade aus Pflastersteinen, Balken und Brettern, die auf einer Straße errichtet ist, nimmt das untere Bilddrittel ein. Auf ihrer Vorderseite liegen drei tote Männer. In der rechten Ecke sieht man den Kopf und Oberkörper eines Mannes mit einem Brustpanzer über der Uniformjacke und weißen Lederhandschuhen. Vor ihm liegt sein Helm. Bei dem barhäuptigen Soldat neben ihm sind Uniformjacke, Hemd und die Hose offen. Er hat weiße Gamaschen und nur noch am linken Fuß einen Schuh mit genagelter Sohle. Auf der

linken Seite ist ein Mann zu erkennen, dessen Beine auf der Barrikade liegen. Offensichtlich wurde der Leichnam ausgeraubt, denn er ist nur noch mit einem Hemd und einem Strumpf am rechten Fuß bekleidet. Seine Haare und sein Hemd sind blutig. Neben ihm liegt ein einzelner Schuh. Ein vierter Mann, der hinter ihm kniet und sich mit den Armen auf die Barrikade stützt, lebt noch. Er trägt eine Hose, die mit einer Schärpe gegürtet ist, eine dunkle Bluse über einem weißen Hemd und ein im Nacken zusammengeknotetes Tuch. Der Mann, aus dessen Brust Blut auf einen Pflasterstein tropft, schaut nach oben auf eine junge Frau, die gerade vor ihm auf die Barrikade stürmt und den nackten linken Fuß auf einen Balken gesetzt hat. Diese Frau, die zentrale Gestalt des Bilds, überragt alle anderen Personen. Sie trägt einen langen Rock, der an der Hüfte von einer doppelten Schärpe zusammengehalten wird. Ihre weiße Bluse ist zerrissen und besteht hauptsächlich aus dem linken Ärmel. Ihre Brust und der rechte Arm sind nackt, und eine phrygische Mütze bedeckt ihren Kopf. In der erhobenen Rechten hält sie die Trikolore, mit der Linken umfasst sie den Lauf eines Gewehrs mit aufgestecktem Bajonett. Die Frau wendet ihr Gesicht mit ernstem Blick nach rechts. Sie trägt kurze (vielleicht hochgesteckte) Haare. Im Gegensatz zu ihrem kräftigen Oberkörper hat sie einen kleinen Kopf mit feinem Profil, schmalen Augenbrauen und vollen Lippen.

Die Frau bildet die Spitze einer Gruppe, von denen vier Personen im Vordergrund genauer ausgeführt sind. Links von ihr stürmt ein junger Mann nach vorne mit breiter schwarzer Mütze und einer umgehängten Tasche. Mit den Pistolen in beiden Händen ahmt er die Bewegung der Frau nach. Auf der anderen Seite kniet ein Mann mit Weste, Gehrock, schwarzem Halstuch und Zylinder, der mit beiden Händen ein Gewehr hält. Der Mann direkt hinter ihm trägt eine helle Schürze über dem Hemd und eine Mütze, an der eine Kokarde befestigt ist. Er hat ebenfalls eine Tasche umgehängt. Mit der rechten Hand schwingt er einen Säbel, und in dem Tuch, das er um seine Hüften geschlungen hat, steckt eine Pistole. Vor ihm sieht man noch den Oberkörper eines jungen Mannes mit weit aufgerissenen Augen, der mit einem Degen bewaffnet ist und mit der Linken gerade einen Pflasterstein umfasst. Er trägt auf dem Kopf eine hohe Mütze, die mit Streifen, einem Band und einem Signalhorn verziert ist. Die Gesichter der Männer sind ernst und entschlossen, der junge Mann mit den Pistolen hat den Mund zu einem Schrei geöffnet.

Dahinter ist eine größere Personengruppe zu sehen, bei der man vier Männer deutlicher erkennen kann. Sie unterscheiden sich in Kopfbedeckungen und Bewaffnung. Zwei von ihnen tragen Uniform. Die Gruppe wird überragt von einer Stange, an der drei Tücher in den Farben der Trikolore flattern. Im Hintergrund bedeckt Rauch fast den gesamten Himmel. Lediglich auf der rechten Seite ist ein Blick in die Ferne möglich. Hier sieht man einige hohe Häuser und die Türme einer gotischen Kirche. Heller Rauch vor Fenstern des höchsten Hauses deutet darauf hin, dass auch hier geschossen wird.

Der Künstler hat auf zwei Balken, die aus der Barrikade ragen, das Bild signiert und datiert („Eug. Delacroix 1830").

Interpretation

Das Gemälde von Delacroix ist eine einzigartige Verbindung von *Ereignisbild und *Allegorie. Der unmittelbare Anlass, der Barrikadenkampf gegen reguläre Truppen im Juli 1830, wird in vielen Details sichtbar. Zwei Tote tragen Uniform, der Mann mit dem Brustpanzer gehörte zu den Kürassieren. Mit den geraubten Waffen haben sich die Aufständischen ausgerüstet. So dienten die beiden umgehängten Taschen Infanteristen der Königsgarde für die Aufbewahrung ihrer Patronen, während die Pistolen des Studenten von einem Kavalleristen stammen. Die Kopfbedeckung mit dem Signalhorn gehörte einem Kunstreiter der Nationalgarde, die von Karl X. teilweise aufgelöst worden war. Die Kleidung der Barrikadenkämpfer verweist aber auch auf die Beteiligung von Menschen aus den unterschiedlichsten Gesellschaftsschichten (Bürger, Arbeiter, Student, Soldat). Die Kirche im Hintergrund ist die Kathedrale Notre-Dame in Paris, womit das Bild auch eindeutig lokalisiert ist.

Die Menschen, die vor der Barrikade liegen, sind Opfer der Kämpfe. Aber sie sind Franzosen, die aufgrund eines militärischen Befehls als „Irregeleitete" (Temps, 30. Juli 1830) auf der anderen Seite der Barrikade standen und deshalb ihr Leben verloren haben. Der kniende, schwer verletzte Mann mit der blauen Bluse stellt optisch und inhaltlich die Verbindung zu den Aufständischen her. Er richtet seinen Blick auf die vorwärts stürmende Frau. Die Personen auf der Barrikade sind als Pyramide angeordnet, deren Spitze die Trikolore bildet. Im Mittelpunkt steht die Frau, die bereits im Bildtitel als *Personifikation der Freiheit („Liberté") bezeichnet wird. Sie ist kräftig und trägt einfache Kleidung. Nackte Füße und Brust erinnern an antike Göttinnen, was durch ihr griechisch wirkendes Profil verstärkt wird. Doch das Gewehr und die Spuren des Pulverdampfs auf ihrer Brust kennzeichnen sie als Teilnehmerin am Barrikadenkampf. Gleichzeitig trägt sie mit der Jakobinermütze und der Trikolore Symbole der Französischen Revolution von 1789. Die Trikolore wird auch in verschiedenen anderen Teilen des Bilds variiert (u.a. Kleidung des knienden Mannes, Himmel und Wolken).

Mit der Person der Freiheit an der Spitze des bewaffneten Aufstands ergreift Delacroix Partei für das Volk. Indem er auf einem der Barrikadenbalken signiert, reiht er sich gleichsam unter die Aufständischen ein. Der Mann mit dem Zylinder trägt vielleicht die Züge des Malers. Das Bild erinnert gleichzeitig an die Ideale und Symbole der Französischen Revolution. Die Jakobinermütze war seit 1789 ein Emblem der Freiheit, für die beiden anderen Ideale Gleichheit und Brüderlichkeit stehen die Angehörigen aus den verschiedenen Volksschichten, die am Kampf teilnehmen.

Historischer Hintergrund

Nach dem Sturz Napoleons regierten mit den Brüdern Ludwigs XVI. wieder die Bourbonen in Frankreich. Die restaurative Politik Ludwigs XVIII. wurde von Karl X. seit 1824 noch verstärkt. Den wachsenden Widerstand der Liberalen im Parlament beantwortete er 1830 mit einem Staatsstreich, indem er die Kammer kurz nach der Wahl auflösen ließ, die Pressefreiheit aufhob und ein neues,

restriktives Wahlrecht einführte. Diese Maßnahmen, verbunden mit einer schlechten wirtschaftlichen Lage in Frankreich, führten am 27. Juli zu einem Aufstand der Bevölkerung. Der König setzte Militär ein, doch das bewaffnete Volk, durch Überläufer verstärkt, konnte sich erfolgreich wehren. In diesem Kampf spielten Barrikaden erstmals eine entscheidende Rolle.

Eugène Delacroix

Eugène Delacroix (1798-1863) stammte aus bürgerlichen Verhältnissen und studierte in Paris an der École des Beaux-Arts. Wichtige Anregungen verdankte er einer Reise nach London (1825) und nach Nordafrika (1832). Neben zahlreichen *Genrebildern mit exotischen Themen aus dem Orient gestaltete Delacroix literarische Stoffe (u.a. Shakespeare). Von den Bildern mit historischem Inhalt wurde „Die Freiheit führt das Volk an" sein berühmtestes Werk.

Rezeption und Wirkung

Delacroix begann sein Werk noch unter dem Eindruck der Ereignisse vom Juli 1830 und stellte es 1831 im Pariser *Salon aus, wo es auch von Heinrich Heine bewundert wurde. Zusammen mit älteren Bildern aus der Revolution von 1789 prägte es seit 1848 das Bild der „Marianne" als Personifikation Frankreichs. Seit 1874 ist es im Louvre zu sehen.

Das Bild wurde auf vielfältige Weise rezipiert. Der pistolenschwingende Student regte Victor Hugo zu der Figur des Straßenjungen Gavroche in seinem Roman „Les Misérables" an, der auf der Barrikade zum Helden wird. Hugo ließ aber die Ereignisse während des Juniaufstands 1832 spielen.

Im Bereich der Kunst wurde das Bild auf Gemälden und Plakaten häufig zitiert, meistens für eine positive Darstellung revolutionärer Vorgänge. Ein Beispiel ist das Bild „Revolution" von Zeki Fa'ik Izer (1933): Statt der Freiheit schwingt die personifizierte Revolution die türkische Fahne, neben ihr steht Kemal Atatürk und weist ihr den Weg.

Hinweise für den Unterricht

Für die Arbeit mit dem Bild ist eine sehr gute Vorlage notwendig. Bei der Beschreibung muss der Lehrer Zusatzinformationen zu Waffen und Ausrüstungen geben. Außerdem ist es sinnvoll, vorher den Bau von Barrikaden als neues Mittel bei einem Aufstand in einer Stadt zu erklären. Die politischen Symbole (phrygische Mütze bzw. Jakobinermütze, Trikolore) sollten aus Bildern zur Revolution von 1789 bekannt sein. Ein wesentlicher Aspekt der Interpretation sollte die Verbindung von Ereignisbild und Allegorie (Figur der „Liberté") sein.

Die Besprechung kann man in mehrere Richtungen erweitern und vertiefen. Die Rezeptions- und Wirkungsgeschichte zeigt, dass das Schicksal des Bilds die politischen Strömungen in Frankreich widerspiegelt und erst nach mehr als 20 Jahren in der Öffentlichkeit bekannt wurde. Es hatte auf andere „Barrikadenbilder" kaum Einfluss, ist aber inzwischen zu einer der wichtigsten politischen Ikonen geworden. Dafür lassen sich verschiedene Nachahmungen (Beispiele bei Hadjinicolaou und Toussaint) anführen. Für die Beurteilung durch die unterschiedlichen politischen Lager empfiehlt sich der Text von Heine. Für einen eher affektiven Umgang eignet sich ein Ausschnitt aus dem Musical „Les Misérables" (Video oder Lied „Wenn die Barrikade ruft").

Literatur

Nicos Hadjinicolaou, Die Freiheit führt das Volk von Eugéne Delacroix. Sinn und Gegensinn, Dresden 1991.

Heinrich Heine, Gemäldeausstellung in Paris 1831, in: Schriften über Frankreich, hg. v. Eberhard Galley, Werke, Bd. 3, Frankfurt a. M. 1968, S. 15 f.

Peter Rautmann, Eugéne Delacroix, München 1997.

Hélène Toussaint, La Liberté guidant le peuple de Delacroix, Paris 1982.

Frei nach Delacroix, Karikatur (29,5 x 41,5 cm) von Ernst Maria Lang, 1995, Sammlung Ursula Koch. Die Karikatur zeigt die deutsch-französische Zusammenarbeit in einem vereinten Europa (Germania und Marianne; Kohl und Mitterand), während andere Politiker (Major, Jelzin) eher gleichgültig oder unbeteiligt sind.

Die Freiheit führt das Volk an

*La République universelle, démocratique et sociale, Le Pacte (Der Vertrag), *Lithografie (53 x 43 cm) von Frédéric Sorrieu, Paris (Lemercier) 1848, Aufbewahrungsort: Musée Carnavalet, Paris.*

Die universelle demokratische und soziale Republik

Beschreibung

Das Bild ist in der Horizontalen in zwei fast gleich große Hälften geteilt. Der untere Teil zeigt eine hügelige Landschaft, die am Horizont durch einen baumbestandenen Höhenrücken, einen breiten Fluss oder See und höhere Berge begrenzt ist. Auf dem Gewässer fahren zwei Dampfschiffe, und auf dem Höhenzug davor ist eine Eisenbahn zu sehen. Am rechten Bildrand ist eine Stadt durch eine Mauer mit Turm, zwei Kirchtürme und einige Häuser angedeutet. Hier beginnt ein langer Zug von Menschen, der sich s-förmig auf den Vordergrund zubewegt. Dabei durchqueren sie eine ländliche Gegend mit einer Schafherde und ihrem Hirten und einem pflügenden Bauern, der grüßend den Hut schwenkt. Die Menschen ziehen auch an einem hohen schmalen Baum, vielleicht einer Zypresse, vorbei, der mit Fahnen geschmückt ist. Die Männer, Frauen und Kinder tragen bunte Kleidung, die sie als Angehörige unterschiedlicher Stände (Bauern, Bürger, Arbeiter,

Studenten) ausweist. Ihre Stimmung ist ernst oder festlich, einige Männer schwenken die Hüte oder winken mit erhobenem Arm. Bei genauerem Hinsehen entdeckt man ein Band, das offensichtlich alle Teilnehmer miteinander verbindet. Der Zug führt auch mehrere Fahnen mit sich, auf denen einige Namen zu erkennen sind: „Allemagne", „Autriche", „Deux Siciles", „Lombarde", „Romagna".

Ziel des Zugs ist ein Denkmal, das vor einer Baumgruppe steht und auf beiden Seiten von blühenden Büschen eingerahmt wird. Es besteht aus einem einfachen weißen *Sockel und einer Frauenstatue mit langen Haaren, langem Kleid und faltenreichem Umhang. Die Frau hält in der Linken eine brennende Fackel, mit der Rechten stützt sie sich auf einen Stein, der oben gerundet und auf einem eigenen Sockel aufgerichtet ist. Auf dem Stein steht „Droits de l'Hommes".

Im Vordergrund liegen links von dem Zug auf einer Wiese zahlreiche Königs- und Kaiserkronen, Wappenschilder und Orden, von denen viele zerbrochen sind. Auf einem Stück Papier (?), das ganz links liegt, steht der Name des Künstlers.

Am linken Bildrand ist der Teil des Zugs sichtbar, der bereits an dem Denkmal vorbeimarschiert ist. Es ist eine Gruppe mit der Trikolore und der Aufschrift „France" und davor die Vertreter der USA und der Schweiz.

Überhöht wird das Geschehen durch eine himmlische Szene. Auf Wolken schweben zahlreiche Männer- und Frauengestalten, von denen viele in lange Gewänder gehüllt sind. Einige tragen einen Palmzweig in den Händen. Sie rahmen eine helle Mitte ein, in der Christus in einem dunklen Gewand auf einer Wolke steht. Er hält im linken Arm ein großes Kreuz und zeigt mit der rechten Hand nach oben, wo am inneren Rand der *Aureole das Wort „Fraternité" steht. Zu seinen Füßen liegt ein Löwe. Auf beiden Seiten gießen Engel zwei Füllhörner mit Blumen aus. Der linke Engel bläst in eine Fanfare, der

rechte hält mit der rechten Hand einen Palmzweig hoch.

Die irdische und himmlische Szene sind getrennt, doch reichen der geschmückte Baum und die Baumgruppe hinter dem Denkmal bis zu den Wolken und stellen so eine Verbindung her.

Interpretation

Das detailreiche Bild beinhaltet eine einfache Aussage: die Vision eines künftigen republikanischen Staats, in dem Monarchie und Feudalsystem abgeschafft sind. An sie erinnern lediglich die Trümmer ihrer Symbole und Attribute. Der neue Staat, eine demokratische und soziale Republik, vereint die verschiedenen Völker brüderlich auf der Grundlage der Menschenrechte.

Menschen aus allen Ständen und Altersgruppen, die unterschiedlichen Nationen angehören, haben sich zu zwei großen Zügen zusammengeschlossen und sind durch ein Band vereint. Die Fahnen zeigen ihre Herkunft, ohne sie jedoch in einzelne Gruppen zu trennen. Der festlich geschmückte Baum ist ein Freiheitsbaum; die Statue, bei der die Züge enden, personifiziert Aufklärung und Menschenrechte. Zwei Staaten (USA und Schweiz) besitzen bereits eine republikanisch-demokratische Ordnung, Frankreich ist im Begriff, sie ebenfalls zu erreichen. Diese künftige Republik ist auch durch technischen Fortschritt, Handel und Verkehr charakterisiert (Dampfschiffe, Eisenbahn).

Das Bild bietet aber nicht nur eine politische, sondern auch eine religiöse Aussage. Christus verweist auf die Brüderlichkeit, der Löwe an seiner Seite verkörpert Stärke. Die beiden Engel mit den Füllhörnern sind Friedensboten. Die übrigen himmlischen Gestalten stellen offensichtlich eher politische Märtyrer als Engel dar. Damit wird die politische Neuordnung sakralisiert.

Die Bilderfolge „La République démocratique et sociale"

Die Lithografie „Der Vertrag" ist das zweite und bekannteste Bild aus einer Folge von insgesamt vier Blättern, die 1848/49 entstanden und das Thema „demokratische und soziale Republik" auf unterschiedliche Weise gestalten. Das erste Bild mit dem Titel „Le Prologue" zeigt ein Strafgericht, das vier Engel im Namen der Gerechtigkeit gegen Fürsten und Adelige durchführen. Das dritte Bild stellt einen Marktplatz (Marché) dar, auf dem ein reges Leben herrscht und ein lebhafter Warenaustausch stattfindet, die Verwirklichung einer gerechten Wirtschaft in der sozialen Republik. Das letzte Bild „Triomphe" (Triumph) verweist auf einen Jahrestag oder ein festliches Jubiläum des neuen Staats.

Das zentrale Thema der Bildfolge ist die Überwindung der monarchischen Herrschaft und der Feudalgesellschaft, die durch eine demokratische und soziale Republik ersetzt werden. Ihre Grundsätze sind Freiheit, Menschenrechte und weltweite Solidarität.

Frédéric Sorrieu

Von Frédéric Sorrieu ist außer dem Geburtsjahr (1807) und seinem Wirkungsort Paris wenig bekannt. Er starb wahrscheinlich 1861. Sorrieu arbeitete als Lithograf, illustrierte Kinderbücher und stellte 1836 erstmals im *Salon aus. Im Revolutionsjahr 1848 schuf er vier Bilder zum selben Thema. Da auf den Bildern ein „Bürger M. C. Goldsmid" genannt wird, hat Sorrieu vielleicht die Ideen dieses Mannes künstlerisch gestaltet.

Eine etwas kleinere deutsche Fassung (44,5 x 21 cm) mit dem Titel „Die Zukunft der Völker" stammt von F. Lentze, dessen Lebensdaten nicht bekannt sind. Außer den Inschriften, die übersetzt wurden, unterscheidet sich das Blatt lediglich darin, dass die Wiese im Vordergrund schmäler ist und sehr viel weniger monarchische Attribute enthält.

Die republikanischen Ideen im Vormärz und 1848

Idee und Begriff der Republik stammen aus dem antiken Rom und blieben auch im Mittelalter und in der Frühen Neuzeit lebendig (italienische Stadtrepubliken, Schweizer Urkantone). Vor allem während der Aufklärung erörterte man die Republik als mögliche oder ideale Staatsform und setzte sie meistens mit Demokratie gleich. Die Verwirklichung der Idee in den USA nach 1776 und in Frankreich nach 1789 wurde unterschiedlich rezipiert. Während die Unabhängigkeit der englischen Kolonie in Nordamerika als Sonderfall galt, führte die jakobinische „Schreckensherrschaft" zu einer fast ausschließlichen Ablehnung von Republik und Demokratie. Die politische Öffentlichkeit hielt mehrheitlich die konstitutionelle oder parlamentarische Monarchie für die beste politische Ordnung.

Während der Revolution 1848/49 kam es in Frankreich erneut zur Einführung einer bürgerlichen Republik, die sich gegen sozialistische und kommunistische Strömungen abgrenzte. In Deutschland wurde der Begriff Republik seit dem März 1848 zu einem wichtigen Schlagwort. Die Befürworter sahen darin einen Staat, der politische Freiheit und soziale Gerechtigkeit garantierte, während die Gegner Anarchie, Pöbelherrschaft und Bürgerkrieg befürchteten.

In der Frankfurter Nationalversammlung stellte die „demokratische Linke" eine Minderheit dar (20 %) und war durch zwei verschiedene Fraktionen vertreten. Während sich im „Deutschen Hof" gemäßigte Republikaner trafen, kamen im „Donnersberg" radikale Demokraten zusammen. Beide konnten ihre politischen Ziele nicht durchsetzen. Die in der Verfassung von 1849 vorgesehene Staatsform war die konstitutionelle Monarchie.

In Frankreich war das Bürgertum nach dem Arbeiteraufstand im Juni 1848 bereit, eine starke politische Führung und schließlich wieder eine Monarchie zu akzeptieren. In Deutschland wurden nach dem Scheitern der Nationalversammlung demokratische Aufstände militärisch unterdrückt und viele Republikaner zur Emigration gezwungen. Aber die Idee der Republik blieb weiterhin lebendig und wurde in Frankreich ab 1870, in Deutschland ab 1918 verwirklicht.

Hinweise für den Unterricht

Für den Einsatz des Bilds sind gute Vorlagen notwendig. Zumindest in der Mittelstufe wird der Lehrer die Betrachtung und Beschreibung lenken müssen. Vorinformationen sind zu den Fahnen (mehrere Staaten in Italien!) notwendig. Der Bildaufbau und die verschiedenen Symbole (Christusfigur, Statue mit Fackel und Gesetzestafel, zerbrochene monarchische Attribute) können von den Schülern erarbeitet werden.

In der Oberstufe kann der Lehrer die gesamte Bildfolge einsetzen (eventuell als Gruppenarbeit), wobei auch die religiös-visionäre Dimension der Bilder herausgearbeitet und mit der politischen Realität in Europa verglichen werden sollte.

Literatur

1848 – Aufbruch zur Freiheit, Katalog zur Ausstellung des Deutschen Historischen Museums und der Schirn-Kunsthalle Frankfurt, hg. v. Lothar Gall. Frankfurt a. M. 1998, S. 112 f.

Jost Hermand (Hg.), Der deutsche Vormärz. Texte und Dokumente, Stuttgart 1967.

Wolfgang Mager, Republik, in: Geschichtliche Grundbegriffe, Bd. 5, Stuttgart 1984, S. 549-651.

L'utopisme républicain de 1848: www.histoire-image.org (gesamte Bildfolge mit Erläuterungen).

Die universelle demokratische und soziale Republik

„Große Barrikade vor dem köllnischen Rathhause zu Berlin in der Nacht vom 18.-19. März",
*Holzstich (28,5 x 23,0 cm) in der (Leipziger) „Illustrirten Zeitung" vom 15. April 1848, S. 250, nach
einer Vorzeichnung von Johann Jakob Kirchhoff.

Barrikadenkämpfe 1848

Beschreibung

Der Betrachter steht seitlich hinter der Barrikade, sodass sein Blick von hinten auf die Verteidiger fällt. Das Bild ist in drei Teile gegliedert: Das untere Drittel, das auch den größten Teil des Vordergrunds einnimmt, zeigt ein Stück der Straße, aus der man die Pflastersteine herausgerissen hat, und die niedere Barrikade, die aus Brettern, Balken, Pflastersteinen und Möbeln errichtet wurde. Sie hat offensichtlich gerade einem Angriff standgehalten, denn sie wird von einigen Männern ausgebessert, die Bretter, Möbelstücke und ein Fass herbeischleppen. Vor ihnen stehen sieben Männer auf der Barrikade, von denen sich einige deutlich von dem hell erleuchteten Hintergrund abheben. Sie verteidigen die Barrikade, indem sie schießen oder ihr Gewehr laden. Zwischen den beiden Gruppen liegen – kaum erkennbar – zwei oder drei Schwerverletzte oder Tote. Ein Verwundeter wird gerade von dem Mann ganz links in Sicherheit gebracht. Auf dem höchsten Punkt der Barrikade ist eine kaum beschädigte Fahne aufgepflanzt, die genau die Bildmitte markiert. Aufgrund ihrer Kleidung sind die Verteidiger als Bürger (Zylinder) und als Arbeiter oder Studenten (Mützen) gekennzeichnet. Der Mann, der unter der Fahne steht und sein Gewehr lädt, trägt Uniform.

In der Bildmitte fällt der Blick über die Barrikade auf die beiden mehrstöckigen Häuser, die die Straßensperre begrenzen, und in eine Straße, die von dem mondbeschienenen Pulverdampf in ein helles Licht getaucht ist. Aus dem Haus auf der linken Seite wird aus den Fenstern geschossen, und aus den übrigen Häusern fällt ein Hagel von Steinen, Ziegeln oder Balken auf die Angreifer. Die Soldaten mit Pickelhauben und Gewehren, die sich offensichtlich gerade zurückziehen und dabei auf die Dächer zielen, sind nur schwach angedeutet. Das Geschehen wird von einem bewölkten Nachthimmel eingerahmt. Der Mond, dessen Licht die Szene erhellt, ist gerade noch neben dem rechten Haus zu sehen.

Interpretation

Das *Ereignisbild stellt einen der Barrikadenkämpfe dar, wie sie sich in Berlin in der Nacht vom 18. zum 19. März 1848 abgespielt haben. Dabei wurde die Barrikade am Köllnischen Rathaus durch ihre hartnäckige Verteidigung berühmt. Das Rathaus steht links neben der Barrikade, mit der die Breite Straße abgesperrt wurde.

Der Zeichner, der vielleicht Augenzeuge war oder zumindest zuverlässige Berichte verwenden konnte, bietet ein realistisches Bild mit vielen konkreten Einzelheiten. Dazu gehören das beschädigte Mauerwerk des Rathauses oder die Schrift auf dem Haus auf der rechten Seite der Barrikade.

Gleichzeitig bietet Kirchhoff den Zeitungslesern ein bewegtes und dramatisches, fast schon romantisches Bild. Dies erreicht er durch die gewählte Perspektive, die die Barrikade verkürzt, während durch den Blick in die Breite Straße eine Bildtiefe erzielt wird. Die Darstellung beschränkt sich überwiegend auf wenige Verteidiger, die fast alle in Bewegung sind.

Durch den Mond werden die Häuserfronten und der Pulverdampf in ein helles Licht getaucht. Die Sympathie des Zeichners und der Illustrierten, die das Bild veröffentlichte, ist eindeutig auf der Seite der Barrikadenkämpfer. Auf sie und ihre Tätigkeiten fällt der Blick, während die Gegner kaum zu erkennen sind. Auch die unbeschädigte Fahne als höchster Punkt der Barrikade lässt auf die Parteinahme zugunsten der Revolutionäre schließen.

Die Revolution 1848 in Berlin

Die Februarrevolution in Paris griff sehr bald auf die Staaten des Deutschen Bundes über. In Preußen begannen die politischen Unruhen im Rheinland. In Berlin kam es seit dem 7. März zu Volksversammlungen, in denen Forderungen nach Reformen in Preußen und einer Einheit Deutschlands gestellt wurden. Die Spannungen verschärften sich, als zunehmend Truppen nach Berlin zusammengezogen wurden.

Um einen Bürgerkrieg zu verhindern, ging König Friedrich Wilhelm IV. auf einige der liberalen Forderungen ein. Eine große Demonstration vor dem Schloss wollte dem König danken und gleichzeitig den Forderungen Nachdruck verleihen. Als der Schlosshof durch Soldaten geräumt wurde, fielen zwei Schüsse. Die Bevölkerung fühlte sich verraten und errichtete in wenigen Stunden Hunderte von Barrikaden. Durch das Militär wurden zahlreiche Barrikaden und angrenzende Häuser gestürmt, wobei über 200 Menschen ums Leben kamen (sog. Märzgefallene). Um weiteres Blutvergießen zu vermeiden, befahl der König den Rückzug der Truppen und erließ die Proklamation „An meine lieben Berliner". Am 19. März erwies er den Toten, die man auf dem Schlosshof aufgebahrt hatte, seine Reverenz, und zwei Tage später ritt er, mit den Farben schwarz-rot-gold geschmückt, durch Berlin.

Das preußische Heer hatte den Befehl zum Rückzug als schmachvolle Niederlage empfunden. Es blieb eine wichtige Stütze der Reaktion und demonstrierte seinen entschlossenen Kampf gegen die Revolution in Baden und in der Pfalz im Sommer 1849.

Illustriertenbilder

Die Illustrierten Zeitungen verdanken ihr Entstehen zwei wichtigen technischen Innovationen zu Beginn des 19. Jahrhunderts. Friedrich König und Andreas Friedrich Bauer entwickelten um 1810 mit dem Zylinderdruck

eine Schnellpresse, die bis zu 2000 Bogen in der Stunde drucken konnte.

Einen wichtigen Beitrag zur verbesserten Reproduktion von Bildern lieferte der englische Grafiker Thomas Bewick (1753-1818) durch den Holzstich. Bewick hatte das Verfahren für die Illustrationen von wissenschaftlichen Büchern entwickelt, aber schon bald kamen Verleger auf die Idee, damit Zeitschriften zu illustrieren.

Als Geburtsstunde der illustrierten Zeitung gilt das Erscheinen des englischen „Penny-Magazine" (1830). Den Durchbruch erfuhr das neue Medium zehn Jahre später. Jetzt erschienen in rascher Folge die französische Zeitschrift „L'Illustration" (Paris, 1842), die „Illustrated London News" (1843), die (Leipziger) „Illustrirte Zeitung" (1843) und „Il mondo illustrato" (Turin, 1846).

Als Vorlage für die Abbildungen dienten Skizzen, die vor Ort oder von Augenzeugen angefertigt und dann an die Redaktion geschickt wurden. Die dort beschäftigten Grafiker stellten nach den Vorzeichnungen

„Die Barrikade vor dem köllnischen Rathhause in Berlin am Abend des 18. März 1848", Holzstich (22 x 18 cm) nach einer Vorzeichnung von Robert Kretschmer. Dieses Bild, das in der „Illustrirten Zeitung" vom 15. April 1848 auf der Titelseite erschien, zeigt ein realistischeres Bild des Geschehens.

Holzstiche her, mit dem der dazugehörige Artikel illustriert wurde. Die Illustrierten wurden überwiegend von Abonnenten gelesen, die sich eine zuverlässige Berichterstattung in Text und Bild wünschten. Deshalb verzichteten Zeichner und Grafiker meist auf eine spektakuläre Darstellung, sodass Illustriertenbilder einen hohen Grad an Objektivität erreichten. Aber durch die Auswahl und künstlerische Verdichtung wurden die Ereignisse interpretiert und prägten das öffentliche Bewusstsein.

Johann Jakob Kirchhoff

Johann Jakob Kirchhoff (1796-1848) studierte nach einer Malerlehre an der Berliner Akademie und wurde ein vielseitiger Berliner Porträtmaler und Illustrator, der sich vor allem literarischen und historischen Themen zuwandte. Ein wesentlicher Teil seines Werks besteht in Vorzeichnungen für Holzstiche. Die revolutionären Ereignisse im März 1848 hielt er in mehreren Skizzen fest, die in der „Illustrirten Zeitung" veröffentlicht wurden. Im Frühjahr 1848 wurde er – vielleicht wegen seiner Revolutionsbilder – als künstlerischer Leiter der „Illustrirten Zeitung" nach Leipzig berufen, wo er aber schon im Dezember starb. Sein Nachfolger wurde Robert Kretschmer (1818-1872), der die Revolution in Berlin ebenfalls mit zahlreichen Zeichnungen dokumentiert hatte.

Hinweise für den Unterricht

Die Illustriertenbilder zur Revolution 1848 gehören zu den ältesten Darstellungen von Barrikadenkämpfen in Deutschland. Neben der Interpretation des Einzelbilds ist ein Bildvergleich möglich, da Robert Kretschmer dieselbe Barrikade zeigt, allerdings zu einem früheren Zeitpunkt und aus einer etwas anderen Perspektive, wodurch das Ereignis realistischer und weniger dramatisch wirkt. Ergänzend bieten die schriftlichen Quellen kontroverse Perspektiven (u.a. Adolf Wolff, Berliner Revolutionschronik. Darstellung der Berliner Bewegungen im Jahre 1848 nach politischen, socialen und literarischen Beziehungen, Bd. 1, Berlin 1851, S. 165).

Die Behandlung des Bilds lässt sich ausweiten durch einen Hinweis auf die Illustrierten als neue Medien (Schülerreferat) und die Entstehung ihrer Bilder. Vergleiche mit weiteren, sehr unterschiedlichen Barrikadenbildern sind denkbar und können in der Oberstufe auch selbstständig bearbeitet werden. Sie finden sich in dem Ausstellungskatalog „Freiheit, Gleichheit, Brüderlichkeit. 200 Jahre Französische Revolution in Deutschland" (Nürnberg 1989).

Literatur

1848 – Aufbruch zur Freiheit, Katalog zur Ausstellung des Deutschen Historischen Museums und der Schirn-Kunsthalle Frankfurt, hg. v. Lothar Gall. Frankfurt a. M. 1998, S. 112 f.

Herwig Buntz, „Barrikadenbilder" zur Revolution 1848/49: Ereignisbilder; Historienbild und Gedenktafel (1848/1953/1970), in: Geschichtsbilder. Historisches Lernen mit Bildern und Karikaturen, hg. vom Staatsinstitut für Schulpädagogik und Bildungsforschung München, Donauwörth 2001, S. 68-81.

Christoph Hamann, Learning by Going 2: Die Revolution 1848 in Berlin, Berlin 1997.

Der Tod Robert Blums, *Holzstich (15 x 21 cm) auf der Titelseite der „Illustrirten Zeitung" Nr. 218 vom 18. November 1848 nach der Vorzeichnung eines unbekannten Künstlers.

Die Hinrichtung Robert Blums 1848

Beschreibung

In der Mitte des Bilds stehen zwei Männer. Der linke, Robert Blum, trägt eine dunkle Hose und ein helles Hemd, das am Kragen und über der Brust offen ist. Den rechten Arm hat er ausgestreckt, den linken angewinkelt. In beiden Händen hält er ein weißes Tuch. Robert Blum hat eine gedrungene Gestalt, volles dunkles Haar und einen kräftigen Vollbart. Er blickt zu dem Offizier, der auf einer Bodenerhebung rechts von ihm steht. Der Offizier trägt einen Zweispitz mit einem Federbusch. Seine Linke greift nach dem Säbel, die geöffnete Rechte

streckt er Blum mit einer beinahe freundlichen Geste entgegen.

Eingerahmt wird diese Szene durch zwei Gruppen von Soldaten. Links im Vordergrund stehen drei Jäger mit Tschako, geschultertem Tornister und abgesetztem Gewehr. Auf der rechten Seite sind vier Kürassiere zu erkennen, die ebenfalls Gewehre in der Hand halten. Links hinter Blum steht eine geschlossene Kutsche. Den Hintergrund bildet eine flachwellige Landschaft mit einem bewaldeten Hügel.

Interpretation

Das *Ereignisbild gehörte zu einem Zeitschriftenartikel und wurde als Blickfang auf die Titelseite gesetzt. Die Darstellung zeigt nicht die Hinrichtung Blums, sondern das Ereignis, das ihm unmittelbar vorausging.

Blum war unter starker Bewachung von Wien zur Brigittenau gebracht worden. Das damals unbesiedelte Gebiet liegt im Norden des Zentrums und östlich der Donau (heute XX. Bezirk). Hier kam es zu einem kurzen Wortwechsel zwischen Blum und dem kommandierenden Offizier. Blum wollte sich nicht die Augen verbinden lassen, sondern dem „Tod frei ins Angesicht sehen". Der Offizier gab zu bedenken, dass die Soldaten sicherer schießen würden, wenn er die Augen verbunden hätte, sodass Blum schließlich einwilligte.

Die Jäger auf der linken Seite bilden das Exekutionskommando, die berittenen Kürassiere sind ein kleiner Teil der etwa 2000 Mann starken Bewachung. Der Zeichner, von dem die Vorlage für den Holzstich stammt, bemühte sich um Objektivität und verzichtete auf dramatische oder spektakuläre Akzente. Deshalb enthält das Bild nur wenige Personen, eine größere Anzahl von Soldaten oder Zuschauern in Zivil fehlen. Auch ist nicht der Augenblick der Hinrichtung gewählt, sondern die Zeit kurz vorher. Der Zeichner ist nicht bekannt. Ob er Augenzeuge war oder das Bild aufgrund von Berichten angefertigt hat, ließ sich nicht ermitteln.

Robert Blum

Robert Blum wurde 1807 in Köln geboren, wo sein Vater als Fassbinder und Gelegenheitsarbeiter in großer Armut lebte. Deshalb musste er auch den Besuch des Jesuitengymnasiums nach wenigen Jahren abbrechen. Er arbeitete in verschiedenen Berufen als Goldschmied, Gärtner und kaufmännischer Gehilfe. Eine Anstellung als Theaterdiener in Leipzig nutzte er, um seine Bildung zu erweitern, sodass er schließlich Sekretär und Bibliothekar am Theater wurde.

Sein frühes politisches Engagement zeigte sich vor allem in zahlreichen Beiträgen für verschiedene Zeitungen. Blum wurde führendes Mitglied der demokratischen Bewegung in Sachsen. 1847 gründete er eine eigene Verlagsbuchhandlung, in der er ein politisches Taschenbuch und ein „Volkstümliches Handbuch der Staatswissenschaften und Politik" (1848, Bd. 1; 1851, Bd. 2 aus dem Nachlass) herausgab.

Nach der Revolution im März 1848 wurde Blum als Vertreter Zwickaus ins Vorparlament gesandt, wo er als Vizepräsident amtierte. In der Nationalversammlung in Frankfurt war er der Führer der demokratischen Fraktion des „Deutschen Hofes". Er setzte sich für die Einführung der Republik auf gesetzlichem Weg ein. Am 12. Oktober wurde Blum zusammen mit Julius Fröbel und zwei anderen Parlamentariern nach Wien gesandt, um den Aufständischen eine Sympathieadresse seiner Partei zu überbringen. Hier war er auch kurzzeitig als Hauptmann einer Artilleriebatterie aktiv. Trotz der Immunität, auf die er sich als Parlamentarier berufen konnte, wurde er nach der Eroberung Wiens von einem Kriegsgericht zum Tod verurteilt und hingerichtet, während man Fröbel begnadigte.

Der Oktoberaufstand in Wien

Die Donaumonarchie war nach dem März 1848 nicht mehr zur Ruhe gekommen. Unruhen in der Hauptstadt wechselten mit Aufständen in den einzelnen Landesteilen ab. Anfang Oktober sollten alle verfügbaren Truppen nach Ungarn transportiert werden, um dort die Revolution zu beenden. Aber die in Wien stationierten Soldaten meuterten und verbündeten sich mit den Bürgern, Studenten und Arbeitern. Es kam zu Straßenkämpfen mit kaisertreuen Truppen. Das Militär zog sich zurück, der kaiserliche Hof floh erneut aus der Stadt.

Alfred Fürst zu Windischgraetz erhielt den Oberbefehl über alle Truppen außerhalb Italiens. Am 20. Oktober 1848 erklärte er den

Belagerungszustand, Wien wurde mit 70 000 Mann eingeschlossen. Am 31. Oktober war der Widerstand der Aufständischen gebrochen. Zwischen 1200 und 2000 Menschen waren bei den Kämpfen gefallen.

Die Eroberung Wiens war der Beginn der Reaktion in Österreich und eine Wende der Revolution von 1848. Felix Fürst zu Schwarzenberg wurde neuer Ministerpräsident, der Kaiser dankte am 2. Dezember zugunsten seines 18-jährigen Neffen Franz Joseph ab. Im März 1849 wurde eine oktroyierte Verfassung erlassen, die aber nicht in Kraft trat. Die Aufstände in Oberitalien und Ungarn wurden niedergeschlagen.

Die Hinrichtung Robert Blums war ein politisches Signal Schwarzenbergs gegenüber der Paulskirche und ihren Plänen. Er gab damit zu verstehen, dass die Habsburger Monarchie nicht gewillt war, sich in einen deutschen Nationalstaat einzugliedern. Das war das Ende einer großdeutschen Lösung.

Der Märtyrerkult um Blum

Das Todesurteil und die Hinrichtung Blums lösten in Deutschland Erschütterung und große Empörung aus. Blum wurde dadurch populärer, als er zu Lebzeiten je gewesen war. Als Abgeordneter war er oft Zielscheibe von Karikaturisten, jetzt wurde er als Märtyrer zum Volksheiligen, den man verehrte.

In vielen deutschen Städten wurden Totenfeiern für Blum abgehalten. In zahlreichen Schriften ehrte man Blum oder klagte das Unrecht an, das an ihm verübt worden war. Gedichte und Lieder priesen ihn als Vorkämpfer für Recht und Freiheit und forderten Rache für seinen Tod. Auf einem „vaterländischen Gesellschaftsspiel" konnte man die Stationen seines Lebens nachvollziehen. Schließlich schmückte sein Bild Alltagsgegenstände wie das Etui eines Kartenspiels oder eine Tabaksdose.

Robert Blums Ende, *Lithografie (29,5 x 44,5 cm) eines unbekannten Künstlers, Frankfurt 1849, Verlag Eduard Gustav May. Das Blatt zitiert seine letzten Worte: „Ich sterbe für die Freiheit, für die ich gekämpft habe. – Möge das Vaterland meiner eingedenk sein."

Auch zahlreiche Einzelblätter, vor allem Lithografien, wurden veröffentlicht. Die meisten von ihnen stellen in sehr unterschiedlicher Weise Blums Tod dar: die anfängliche Verweigerung der Augenbinde, der Moment seiner Erschießung oder seine Apotheose, bei der ein Engel ihm den Märtyrerkranz aufsetzt.

Zusätzliches Material

Robert Blums letzte Stunden
Der Bericht eines namentlich nicht genannten Korrespondenten trägt als Datum „Wien, 12. Nov." und beruft sich auf den mündlichen Bericht eines Geistlichen, der Blum bei der Hinrichtung begleitete.

An der Reiterkaserne in der Leopoldstadt wurde angehalten, [...] man wollte Blum Ketten anlegen. Er sagte jedoch zu dem Offizier: Ich will als freier deutscher Mann sterben. Sie werden mir auf mein Wort glauben, daß ich nicht den lächerlichen Versuch machen werde, zu entkommen. Verschonen Sie mich mit Ihren Ketten. Der Offizier läßt die Ketten wieder fortschaffen und der Zug geht fort zur Stelle. Es ist außergewöhnlich viel Militair dazu ausgerückt, wol 2000 Mann. Es war jetzt ungefähr 7 ½ Uhr. Blum steigt aus, zieht sich um und fragt einen der Offiziere: Wer wird mich denn erschießen? Antwort: Jäger. Blum: Nun, das ist mir lieb. Die Jäger sollen gut schießen; hat mich doch hier – dabei zeigte er unter die Achsel, wo ihn am 26. Oct. bei der Sophienbrücke ein Streifschuß getroffen hatte. Als man ihm die Augen verbinden wollte, verbat er sich dieß und meinte, er wolle dem Tode frei ins Angesicht sehen. Der commandirende Offizier bat ihn jedoch, es der Jäger wegen geschehen zu lassen, da sie sicherer schießen würden, wenn sie ihm nicht ins Auge blickten. – Wenn das der Fall ist, so will ich mir es gern gefallen lassen. – Hierauf sprach er noch seine letzten Worte: „Ich sterbe für die deutsche Freiheit, für die ich gekämpft, möge das Vaterland meiner eingedenk sein." [...] Möge nun die Sache, die in ihm einen so mächtigen Streiter verlor, immer mehr als die gerechte anerkannt werden, und hat sie dann den Sieg davon getragen, so wird Blum's Tod gerächt sein.

(Leipziger) Illustrirte Zeitung Nr. 281, 18. November 1848, S. 327.

Hinweise für den Unterricht

Das Bild eignet sich als Einstieg in das Thema „Scheitern der Revolution 1848/49", denn das abgebildete Ereignis dokumentiert den Sieg der Reaktion in Österreich und weist damit bereits auf das Ende der Revolution hin. Das Todesurteil und die Hinrichtung eines populären Abgeordneten zeigen auch, wie wenig tatsächliche Macht die Nationalversammlung besaß und wie wenig sie von den Monarchen respektiert wurde.

In Verbindung mit anderen Text- und Bildzeugnissen lassen sich die Zielrichtungen verschiedener Darstellungen vergleichen: eher undramatische Bilder wie der Holzstich der „Illustrirten Zeitung" im Gegensatz zu den reißerischen und pathetischen Lithografien, die für den schnellen Verkauf bestimmt waren. Das Thema lässt sich zu einer kurzen Darstellung der Massenmedien im 19. Jahrhundert erweitern.

Literatur

1848. Das Europa der Bilder, Bd. 1 (Michels März), Ausstellungskatalog, hg. vom Germanischen Nationalmuseum Nürnberg, Nürnberg 1998, S. 206-213.

Horst Jessen, Die deutsche Revolution 1848/49 in Augenzeugenberichten, München 1973.

Walzwerk bei Neustadt-Eberswalde, Öl auf Holz (25,5 x 33 cm) von Carl Blechen, 1835, Aufbewahrungsort: Nationalgalerie, Berlin.

Industriegebäude in romantischer Landschaft

Beschreibung

Die Bildmitte nimmt das Fabrikgebäude des Walzwerks ein. Es besteht aus einer breiten Halle mit großen Rundfenstern. Durch das hohe Fenster an der Giebelseite erinnert die Halle an eine Kirche, ein Eindruck, der durch den turmförmigen Schornstein verstärkt wird. Allerdings lässt der Qualm keinen Zweifel über seine Funktion. Als weitere Bauwerke erkennt man vier schmalere Schornsteine, von denen drei teilweise verdeckt sind, und ein Gebäude mit einem niederen Kamin, das quer zur Fabrikhalle steht.

Das Walzwerk ist durch die Uferböschung, einige Hecken und zwei aufgeschüttete Halden teilweise verdeckt. Sie rahmen den Vordergrund im unteren Bilddrittel ein, einen Wasserlauf, in dem sich die Fabrik spiegelt. Das diesseitige Ufer besteht aus einer steilen Böschung, vor der ein Mann mit Hut sitzt und angelt. Daneben ist das Ufer flach, und in das seichte Wasser sind drei Holzpfähle gerammt. Hier legt gerade ein langer schmaler Kahn an, der an beiden Enden spitz zuläuft. Am vorderen Ende bückt sich ein Mann und greift in den Kahn, daneben steht – mit dem Rücken zum Betrachter – breitbeinig ein dritter Mann im Wasser und hält etwas in den Händen.

Interpretation

Das Bild zeigt das Walzwerk in Neustadt-Eberswalde am Finow-Kanal, etwa 50 km nordöstlich von Berlin. Carl Blechen kannte die Gegend wahrscheinlich von Studienwanderungen. Von diesem frühen Zentrum der industriellen Eisenverarbeitung fertigte er einige Skizzen an, von denen aber nur eine als Ölgemälde ausgeführt wurde. Dieses Bild ist eine der frühesten Industriedarstellungen in der deutschen Kunst. Es enthält Elemente der romantischen Malerei, wie der Vordergrund (Fischer und Angler am Finow-Kanal) zeigt.

Aber das Bild beschränkt sich nicht auf die Wiedergabe der Natur und der in ihr lebenden Menschen, sondern hält auch das neu geschaffene Industriegebäude fest. Das Walzwerk ist in die Natur eingefügt, es versteckt sich teilweise hinter den Büschen und spiegelt sich im Wasser. Außerdem setzen die Bäume am linken Bildrand die Schornsteine fort. Aber das Bauwerk wird nicht verklärt, sondern realistisch dargestellt und bildet damit einen deutlichen Kontrast zu der idyllischen Szene im Vordergrund. Der Himmel ist nicht mehr von Wolken bedeckt, sondern von dem dunklen Qualm aus einem der Fabrikschlote.

Carl Blechen

Carl Blechen wurde 1798 in Cottbus geboren. Nach einer abgebrochenen Gymnasialausbildung machte er eine Banklehre und besuchte anschließend die Akademie der Bildenden Künste in Berlin. Von 1824 an war er drei Jahre lang Bühnen- und Dekorationsmaler an einem Berliner Theater. Ab 1827 lebte er als freischaffender Maler. Nach einer längeren und sehr produktiven Italienreise (1828/29) wurde er 1831 Professor für Landschaftsmalerei an der Berliner Akademie. Seit 1835 litt Blechen zunehmend an Depressionen und starb 1840 in geistiger Umnachtung.
Blechen gehört zu den bedeutendsten Landschaftsmalern der deutschen Romantik. Sein Frühwerk ist von Johann Christian Claussen Dahl (1788-1857) und vor allem Caspar David Friedrich (1774-1840) geprägt. Doch löste er sich immer stärker von einer romantischen und pantheistischen Natursicht: Er malte zunehmend realistisch, sodass er ein Vorläufer des Realismus wurde. Dies wird vor allem an der der Skizze deutlich, in der nur das Walzwerk festgehalten ist. Im Ölgemälde wird es dann durch Figuren aus der *Genremalerei ergänzt.

Zusätzliches Material

Walzwerk bei Eberswalde, Bleistift auf Papier (17,7 x 24,2 cm), Aufbewahrungsort: Nationalgalerie, Berlin.

Hinweise für den Unterricht

Das Bild von Blechen lässt sich in enger Verbindung mit Menzels „Eisenwalzwerk" (s. S. 121 ff.) besprechen. Gerade in der unterschiedlichen Darstellung von Industrie zeigt sich die veränderte Wahrnehmung dieser neuen Produktionsform in der Kunst.
Bei Blechen ist auch eine fachübergreifende Zusammenarbeit mit dem Kunstunterricht denkbar. Dazu bietet sich eine Gegenüberstellung der Bleistiftskizze mit dem fertigen Bild an, aber auch der Vergleich mit anderen Landschaftsdarstellungen der Romantik (z.B. bei Caspar David Friedrich).

Literatur

Irma Emmrich, Carl Blechen, München 1989.

Heino R. Möller, Carl Blechen. Romantische Malerei und Ironie, Weimar 1995 (Art in science – Science in art, Bd. 4).

Peter-Klaus Schuster (Hg.), Carl Blechen. Zwischen Romantik und Realismus, München 1990.

Industriegebäude in romantischer Landschaft

Das Eisenwalzwerk („Moderne Zyklopen"), Öl auf Leinwand (158 x 254 cm) von Adolph Menzel, 1872-75, Aufbewahrungsort: Staatliche Museen, Berlin.

Das Eisenwalzwerk

Beschreibung

Der Blick des Betrachters fällt in eine große Fabrikhalle, deren Rückwand offen ist. Auch die rechte Seitenwand ist durch verschiebbare Segmente halb geöffnet. Durch die offenen Wände sieht man schemenhaft weitere Gebäude und Außenanlagen. Hinter der linken Seitenwand schließt sich eine weitere Halle an, hinter der Rückwand befinden sich rauchende Schlote. Das Gelände, das unmittelbar an das Walzwerk grenzt, ist durch Feuer oder glühendes Eisen beleuchtet, ohne dass man Einzelheiten erkennt.

Das obere Bilddrittel zeigt eiserne Stützen und Streben, aber auch zahlreiche Stangen, die wahrscheinlich durch ein großes Rad am Ende der Halle angetrieben werden. Das Dach der Halle ist nicht zu sehen, es verschwindet in Rauch und Dunkelheit.

Die Arbeit spielt sich in der Bildmitte ab. Sie dreht sich um einen großen, weiß glühenden Eisenbarren, aus dem Flammen schlagen. Er ist auf einem zweirädrigen Karren an die Walze herangefahren worden, von der der Rahmen und eine Trommel sichtbar sind. Zwei Männer heben die Deichsel des Karrens an, damit das Eisen herunterrutschen kann. Vor ihnen stehen drei Männer, die mit langen Zangen das Eisenstück lenken. Die Männer tragen dunkle Hosen, Hemden, deren lange Ärmel sie heraufgewickelt haben, einen Lederschurz, Holzschuhe und auf dem Kopf eine Mütze oder einen Hut. Zwei rauchen Pfeife, einer hat eine Zigarre im Mund.

Vor der Walze liegen auf einem Haufen zahlreiche weitere Geräte, von denen Zangen, ein Besen und ein Fass erkennbar sind. Hinter den Männern, die gerade das Eisen in die Walze befördern, zieht ein Mann ebenfalls einen Karren mit einem glühenden Eisenblock. Im Hintergrund gibt es einen weiteren Karren, von dem man aber nur den Mann sieht, der ihn bewegt. Er scheint noch sehr jung zu sein, hat einen nackten Oberkörper und ist barhäuptig.

Auf der anderen Seite der Walze stehen bereits mehrere Männer, um das gewalzte Eisen in Empfang zu nehmen. Einer von ihnen klettert gerade auf den Kran, dessen Ketten durch Zahnräder angetrieben werden.

Eine zweite Walze befindet sich hinter der ersten, in ihr verschwindet eine schmälere glühende Eisenstange. Auch hier steuern mehrere Männer einen Karren und lenken das Eisen. Diese Walze scheint länger zu sein, denn man kann die Arbeiter auf der anderen Seite kaum erkennen.

Die Darstellung der Arbeit wird durch weitere Szenen ergänzt. Am linken Bildrand stehen drei Männer mit nacktem Oberkörper und trocknen sich ab, einer beugt sich über einen Holzbottich. In der rechten Ecke sieht man drei Arbeiter, die eine Pause machen. Durch ein Blech von der Walze getrennt, sitzen zwei und halten kupferne Essgeschirre in den Händen. Der eine ist bereits fertig, er umklammert das leere Gefäß, in dem Messer und Gabel stecken. Er sieht erschöpft aus. Der andere nagt noch an einem Knochen. Den Löffel hat er neben sich auf die Bank gelegt. Neben ihm stehen – wahrscheinlich auf einem Fass – eine geöffnete Bierflasche mit Bügelverschluss und eine Glaskaraffe. Das Essen hat eine junge Frau gebracht, die sich über einen mit Stoff ausgeschlagenen geöffneten Henkelkorb beugt und ein weiteres leeres Essgefäß in der Hand hält. Vielleicht stammt es von dem Mann, der daneben steht und gerade aus einer Flasche trinkt. Hinter ihm geht eine Frau mit Kopftuch, der ein Mann folgt.

Ein Mann im Hintergrund scheint der Meister oder Aufseher zu sein. Er trägt einen eleganteren Hut und einen langen Rock. Während die anderen arbeiten, steht er mit erhobenem Kopf da, die Arme auf dem Rücken verschränkt, und beobachtet offensichtlich die Antriebswelle.

Interpretation

Menzel hat das Bildthema sehr gründlich studiert und seinen Inhalt selbst erklärt. Das Ergebnis ist eine realistische Darstellung eines Walzwerks, in dem Eisenbahnschienen hergestellt werden. Dieses Bild aus der Welt der modernen Schwerindustrie nimmt im Leben des Malers wie in der Kunst seiner Zeit eine Sonderstellung ein.

Menzels Interesse ging in zwei Richtungen. Ihn faszinierte die moderne Technik mit ihrer maschinellen Produktion (Schwungrad, Antriebswellen, Walzen, Kran). Aber fast noch wichtiger waren für den Maler die über 40 arbeitenden Menschen, die auf seinem Bild zu sehen sind. Ihre Arbeit ist für die Produktion ebenso notwendig, wie es die Maschinen sind. Dies wird auch in dem zweiten Bildtitel „Moderne Cyklopen" deutlich. Er stammt wahrscheinlich von Max Jordan, dem Direktor der Berliner Nationalgalerie, wurde aber auch Menzel gelegentlich verwendet. Das Bild bleibt auch hier realistisch und bietet keine Idealisierung der Proletarier oder ihrer Arbeit. Deshalb werden auch Arbeiter gezeigt, die gerade eine Pause machen oder ihre Schicht beenden. Dazu gehören die Männer, die sich waschen, oder der Mann, der von seiner Frau zur Pause oder zum Feierabend abgeholt wird.

Menzel verzichtet in seinem Bild auf jede Art von Sozialkritik. Lediglich einer der Männer, die beim Essen sitzen, wirkt müde und erschöpft. Die Männer an der Walze dagegen verrichten ihre Arbeit mit einer

Selbstverständlichkeit, die vielleicht sogar Stolz auf ihre Leistung einschließt. Der Aufseher steht unauffällig im Hintergrund und ist nur bei genauer Betrachtung zu erkennen.

Trotz der realistischen Darstellung hat Menzel einige geometrische Figuren besonders betont und ihnen damit eine symbolische Bedeutung verliehen. Das Schwungrad am Ende der Halle, das die Energiezufuhr anzeigt, fasst durch einen Kreisbogen die Arbeit der Männer an den Walzen optisch zusammen. Die Zange des Arbeiters, auf den das meiste Licht fällt, dient nicht nur dazu, das Eisen zu fassen. Es ist wie ein Keil auf die Walze und den Kran auf der anderen Seite gerichtet. Der Kran wiederum arbeitet durch das Ineinandergreifen der verschiedenen Zahnräder, was als ein Symbol für das Zusammenspiel von menschlicher und maschineller Arbeit verstanden werden kann.

Die Entstehung des Bilds

Adolph Menzel (1815-1905) hat im Lauf seines Lebens mehrfach arbeitende Menschen beobachtet und im Bild festgehalten. Industrielle Arbeit gestaltete er erstmals 1869 in einem Gedenkblatt für die Berliner Metallfabrik Heckmann anlässlich ihres 50-jährigen Firmenjubiläums.

1872 begann er mit den Studien für das „Eisenwalzwerk". Dazu hielt er sich einige Wochen in Königshütte auf und fertigte im Walzwerk der Vereinigten Königs- und Laurahütte zahlreiche Skizzen an. Später besuchte er die alte königliche Eisengießerei in der Berliner Invalidenstraße und setzte seine Studien fort.

Einen Auftraggeber für das Bild gab es wahrscheinlich nicht. Der Berliner Bankier Adolph von Liebermann bestellte es, als Menzel bereits feste Vorstellungen von seinem Werk hatte. Liebermann kaufte das Bild für 11 000 Taler und verkaufte es kurz darauf für 30 000 Taler

an die Berliner Nationalgalerie. 1878 wurde das Bild, zusammen mit anderen Werken Menzels, auf der Weltausstellung in Paris gezeigt.

Das Thema hat den Maler auch später beschäftigt. Im Jahr 1900 entstand ein kleines Bild „Besuch im Eisenwalzwerk". Im Gegensatz zu dem großen Gemälde wird hier auch eine sozialkritische Aussage spürbar. Während im Vordergrund zwei Arbeiter beschäftigt sind – einer be- oder entlädt einen Wagen -, wird im Hintergrund ein hoher Besuch begrüßt. Ein glatzköpfiger, vollbärtiger Mann hat die Mütze gezogen und gibt einem vornehm gekleideten Herrn die Hand, der seinen Zylinder lüftet. Begleitet wird er von zwei Damen, die ebenfalls teuer ausgestattet sind, und einem Hund. Wahrscheinlich ist es der Unternehmer, der seine Fabrik besichtigt und vom Werkleiter begrüßt wird.

Das oberschlesische Industriegebiet

Das südliche Schlesien hat Anteil an dem oberschlesischen Steinkohlebecken. Dies war der Anlass für die Industrialisierung der Region ab 1788. In diesem Jahr wurde in dem Bleiwerk Friedrichsgrube in Tannowitz erstmals eine Dampfmaschine in Deutschland eingesetzt. Acht Jahre später entstand in Gleiwitz der erste Kokshochofen in Preußen. Da Oberschlesien auch über Eisenerzlagerstätten und Buntmetalle verfügte, entstanden bis zur Mitte des 19. Jahrhunderts zahlreiche Bergwerke und Hüttenbetriebe. Oberschlesien war in dieser Zeit das wichtigste deutsche Industriegebiet.

Die oberschlesische Steinkohle ist einfach zu fördern, da sie in mächtigen Flözen in geringer Tiefe lagert. Aber als Flammkohle eignet sie sich nicht für die Herstellung von Koks, sie wurde vor allem für die

Kesselheizung verwendet. Als sich die Eisen-
erzvorräte erschöpften und durch Importe
aus Lothringen oder Schweden ersetzt werden
mussten, hatte das Ruhrgebiet einen erheb-
lichen Standortvorteil. Trotzdem wurden in
Oberschlesien 1913 noch 50 % der deutschen
Steinkohle gefördert, und die Industrie pro-
duzierte 30 % des Rohstahls und 25 % des
Roheisens.

Hinweise für den Unterricht

Für die Arbeit mit dem Bild ist eine sehr gute
Kopie notwendig. Bei der Abbildung im
Lehrbuch empfiehlt sich die Verwendung
eines Vergrößerungsglases. Um die einzelnen
Personen und Gruppen herauszustellen
(Arbeiter an der ersten und zweiten Walze,
Arbeiter beim Essen und Waschen), kann der
Lehrer auf der Folie mit einer Maske arbeiten.
Bei der Besprechung sollte der Lehrer auf die
Neuartigkeit des Themas und auf seine realistische Gestaltung hinweisen, die auf Sozialkritik verzichtet. Dass Arbeiter ihre Tätigkeit
zum Essen nur kurz unterbrechen und sich in
der Fabrikhalle waschen, zeigt die unzu-
reichenden Einrichtungen, wie sie für die Zeit
typisch waren.
Allerdings sollte auch deutlich werden, dass
das Bild nur einen Teil der Wirklichkeit wie-
dergibt. Es fehlen der Lärm und die Gerüche,
die eine erhebliche Gefährdung und gesund-
heitliche Belastung bedeuteten. Hier bieten
sich zur Ergänzung weitere Bildquellen
(Fabrikfotografie) an oder ein Filmbericht über
die Arbeit der eisenverarbeitenden Industrie.
Eine Erweiterung und Vertiefung kann in
Zusammenarbeit mit dem Kunstunterricht
erfolgen, die auf das Motiv innerhalb von
Menzels Gesamtwerk verweist.

Literatur

Konrad Kaiser, Adolph Menzel. Eisenwalzwerk.
Berlin (Ost) 1953. Veröffentlichung der
Deutschen Akademie der Künste.

Claude Keisch, Marie-Ursula Riemann-Reiher
(Hgg.), Adolph Menzel 1815-1905, Das Laby-
rinth der Wirklichkeit, Köln 1996.

Christiane Zangs, Die künstlerische Entwicklung und das Werk Menzels im Spiegel der
zeitgenössischen Kritik, Mainz 1992.

Hof, Spandauer Straße 79, Gasthof „Stadt Ruppin", das älteste Wirtshaus in Berlin, Herbst 1900, Foto von Heinrich Zille, Neuprint auf 30 x 24 cm-Papier, Bildformat ca. 26,3 x 20,6 cm (Original-*Glasnegativplatte: 17,5 x 12,8 cm), vergrößert von Michael Schmidt, Aufbewahrungsort: Heinrich-Zille-Archiv, Berlin.

Heinrich Zille – ein „Spiel" in Berlin

Beschreibung

Der Betrachter blickt auf einen gepflasterten Hof, auf dem sich ein Huhn, ein kleiner Vogel und eine Gans tummeln. Der Hof ist von Gebäuden umstellt. Links ist ein Gebäude nur noch mit einem schmalen Streifen des Eingangs, mit zwei Fenstern, einem Kellerfenster und einem niedrigen Kellereingang zu sehen, der in den Hof hineinragt. Auf der flachen Abdeckung des Kellereingangs stehen Töpfe. Der Eingang verdeckt zur Hälfte ein kleines Fass. Vom rückwärtigen Gebäude ist ein runder Torbogen zu sehen. Der Bogen oben scheint vermauert zu sein, eine Tür steht offen. Darüber befinden sich zwei Fenster, ein Fensterflügel des rechten Fensters ist geöffnet, auf dem Sims hängt ein Lappen heraus. Neben diesem Gebäude ist ein schmales angebaut, das durch einen zweistöckigen Ökonomieanbau fast verdeckt wird. Vor der dem Betrachter zugewandten Fachwerkwand ist noch ein Schuppen angebaut, darüber befindet sich ein Taubenschlag. Neben der Regenrinne steht ein Fass, daneben liegt ein großer Stein und steht ein dicker Stecken. Rechts ragt noch ein Teil eines Wagens mit Deichsel, zwei Rädern und Kutschersitz ins Bild. Im Hintergrund sind noch höhere Gebäude schemenhaft zu sehen. Der Putz an den Gebäuden bröckelt. Der obere Rand ist zum Teil schwarz, was auf eine Beschädigung der Negativplatte zurückzuführen ist.

Spiel. „Herr Schutzmann, der Mann hat mir eben anjesprochen!",
Zeichnung (17,2 x 12,3 cm) von Heinrich Zille, aus: Heinrich Zille,
„Mein Milljöh". Neue Bilder aus dem Berliner Leben, Berlin 1914,
S. 55.

Beschreibung

Der Betrachter blickt auf einen gepflasterten Hof, der völlig von Gebäuden umstellt ist. Viele Kinder und auch Frauen halten sich darin auf. In der Mitte steht ein größerer Junge mit einem Helm oder einer helmartigen Mütze, rechts hat er einen Stecken wie ein Gewehr geschultert; er blickt nach links über die Kinder vor ihm hinweg, seine linke Hand liegt auf dem Kopf des kleinen Jungen, der sich offenbar davon machen möchte. Ein Mädchen deutet auf den Kleinen; sie hat den Rock so gerafft, dass man die Unterhosen sieht. Links davon entfernen sich zwei Mädchen nach hinten, die Röcke ebenfalls gerafft. Vorne links sitzt eine abgehärmte Frau auf einem Hocker, ein Kleinkind auf dem Schoß. Mit ihrer Rechten umfasst sie einen etwas größeren Jungen, der dem Betrachter den Rücken zukehrt. Ein Mädchen liebkost das Kleinkind. Davor sitzt ein Kind auf dem Pflaster. Hinter dieser Gruppe steht ein halbwüchsiges Mädchen, vor ihm eine Frau mit Rock, Schürze, Jacke und einer Pelzboa. Dahinter schaut eine Frau aus dem Fenster. Vorne rechts steht ein Spielzeugpferdchen auf dem Pflaster, daneben liegt eine Puppe. Am rechten Bildrand steht ein etwas kränklich aussehender Junge mit kariertem Mantel, Fliege und Mütze bekleidet. Hinter ihm stehen noch eine Frau und ein Mädchen, beide haben je ein Kleinkind auf dem Arm. Neben dem niedrigeren Anbau kauert eine Frau auf dem Boden, neben ihr zwei Kinder.

Die Tür des an den Anbau gelehnten Schuppens ist etwas geöffnet, es ist nicht auszumachen, ob sich eine Person dahinter aufhält. Oben am Anbau befindet sich ein Taubenschlag, dessen Einflugloch überdacht ist. Ein Fensterflügel in einem der hinteren Gebäude ist offen, ein Lappen hängt heraus. Im Hintergrund sind noch zwei höhere Gebäude zu sehen.

Interpretation

Kinder ahmen häufig in ihren Spielen die Erwachsenen nach. So verweist der Ausspruch des Mädchens, die sich an den Schutzmann wendet, auf eine Straßenszene aus dem Bereich der Prostitution. Dazu passen auch die beiden Mädchen mit den kokett gerafften Röcken, die sich entfernen, ohne der Szene Beachtung zu schenken. Im Lauf des 19. Jahrhunderts nahm die Prostitution nicht zuletzt aufgrund der Bevölkerungsvermehrung in den Städten und der sozialen Lage zu. In Berlin wurde durch eine Polizeiverordnung verfügt, in welchen Straßen und auf welchen Plätzen sich die Prostituierten nicht aufhalten durften. Außerdem mussten sie sich in genau festgelegten Abständen einer ärztlichen Untersuchung stellen. Es gibt jedoch genügend zeitgenössische Berichte, lauten denen sich die Prostituierten nicht an die Verordnung hielten. Griff die Polizei sie auf, wurden sie zur ärztlichen Untersuchung gebracht, im Fall einer Krankheit drohte ihnen eine Haftstrafe. Von daher ist verständlich, dass eine Prostituierte sich an einen Polizisten wendet, um die verbotene Kontaktaufnahme dem Mann in die Schuhe zu schieben.

Die Frauen mit den Kindern sind aus ihren Wohnungen gekommen, um an der frischen Luft zu sein, auch wenn der Hof gepflastert und von Mauern umgeben ist. Auffällig ist, dass sich die Mütter liebevoll um ihre Kinder kümmern, auch wenn sie wie vor allem die Mutter vorne links abgehärmt und erschöpft aussehen.

Heinrich Zille

Heinrich Zille wurde 1858 in Radeburg als Kind armer Eltern geboren. 1867 siedelte seine Familie nach Berlin über. Nach Abschluss der Volksschule machte er eine Lehre als Lithograf. Abgesehen von seiner Militärzeit arbeitete er 1877-1907 bei der Photographischen Gesellschaft. Nebenbei studierte er in der Königlichen Kunstschule Anatomie und Aktzeichnen sowie freie Grafik und Malerei. Seit etwa 1885 entstanden auch eigene Arbeiten, die zum ersten Mal 1901 in der Berliner Sezession ausgestellt wurden, deren Mitglied er zwei Jahre später wurde. Ab 1907 arbeitete er als selbständiger Künstler. Bereits zuvor hatte er humorvolle, aber auch das soziale Elend entlarvende Zeichnungen von Kindern, Arbeitslosen und Prostituierten mit treffenden Bemerkungen – meist in der Sprache der Berliner Unterschichten – in Zeitschriften wie der „Jugend" oder den „Lustigen Blättern" veröffentlicht. 1924 wurde er zum Professor und Ordentlichen Mitglied der Akademie der Künste ernannt. Er war der populärste Künstler Berlins. Seine Themen, häufig unter dem verharmlosenden Begriff „Zille-Milljöh" zusammengefasst, dienten in der Weimarer Republik auch als Vorlagen für das Kabarett und für Filme. 1929 starb Zille in Berlin.

1966 stieß man in Zilles ehemaliger Wohnung auf Glasnegativplatten, von denen Abzüge gemacht wurden. Zille hat seine Fotografien nicht der Öffentlichkeit zugänglich gemacht, sondern sie für seinen persönlichen Gebrauch bestimmt. Bei der Gesamtschau über Zilles fotografische Arbeiten ergibt sich, dass er nicht allein zur Stützung seines Bildgedächtnisses, sondern auch mit Blick auf bildgemäße Komposition fotografierte. Seine Experimentierfreude beim Aufnehmen von Bewegungsmotiven, aber auch sein Blick für das Ungewohnte zeigen, dass er durchaus als moderner Fotograf gelten kann.

Zusätzliches Material

Das Schicksal der Kinder lag Zille sehr am Herzen. Darauf verweisen nicht nur seine vielen Kinderzeichnungen, sondern auch zahlreiche seiner Äußerungen:

Am schlimmsten und erbarmungswürdigsten geht es nun natürlich den Kindern der größten Großstadt von Deutschland, den Kindern in Berlin – dieser Stadt, die mit ihren Vororten zusammen ungefähr vier Millionen Menschen beherbergt. [...] Außer den kleinen Geschäftsinhabern fast alle Lebensgenossen jener Familie [ein kranker Vater, eine nähende Mutter und fünf Kinder]. Auf gleichem Flur mit ihr wohnt ein ehemaliger Bauarbeiter, der jetzt den ganzen Tag mit einer Schnapsbrüderkolonne an der Ecke bei einer Destillation steht, abends betrunken nach Hause kommt und seine Frau und Kinder schlägt. Die Frau ernährt die ganze Familie – sie geht waschen. [...]. Ein anderer Nachbar jener Familie ist die Frau, deren Mieterinnen [...] abends aufgedonnert auf die nächtliche Straße gehen. Manchmal werden sie wohl auch von Schutzleuten fortgeführt. [...] Das ist dann ein Hauptvergnügen für die johlende Kinderschar, die bis zum Polizeibüro hinschwärmt und wartet bis die „Grüne Minna" – das Polizeiauto – die Häftlinge nach dem Alexanderplatz schafft.

Hans Ostwald (unter Mitarbeit von Heinrich Zille), Das Zillebuch, Berlin 1929, S. 248 ff.

Hinweise für den Unterricht

Im Zusammenhang mit der industriellen Revolution und ihrem Verlauf in Deutschland bietet es sich an, die hier vorgestellte Fotografie und Zeichnung einzusetzen. Selbstverständlich müssen die Migration in die Städte, die soziale Schichtung innerhalb der Arbeiterschaft und die Wohnverhältnisse besprochen werden, um das Bild zu kontextualisieren. Dazu kann auch ein Text von Niethammer (Arbeiter, S. 69) über die Wohnverhältnisse beitragen.

Den Schülern sollten sowohl die Fotografie wie die Zeichnung vorgelegt werden, damit sie die Unterschiede zwischen beiden herausfinden können. Daran sollte sich eine Diskussion anschließen, ob und warum die Fotografie oder die Zeichnung aussagekräftiger erscheint. In Verbindung mit dem Kunstunterricht kann dem Verhältnis von Fotografie und Zeichnung bzw. Malerei noch vertieft nachgegangen werden.

Literatur

Enno Kaufhold, Heinrich Zille. Photograph der Moderne. Verzeichnis des photographischen Nachlasses, hg. v. der Photographischen Sammlung der Berlinischen Galerie, München 1995.

Lutz Niethammer (unter Mitarbeit von Franz Brüggememeier), Wie wohnten Arbeiter im Kaiserreich? in: Archiv für Sozialgeschichte 16 (1976), S. 61-134.

Regina Schulte, Sperrbezirke. Tugendhaftigkeit und Prostitution in der bürgerlichen Welt, Frankfurt a. M., 1979.

Heinrich Zille – ein „Spiel" in Berlin

Die Proklamierung des Deutschen Kaiserreiches (18. Januar 1871), Öl auf Leinwand (434 x 732 cm) von Anton von Werner, 1877, Aufbewahrungsort: ehemals Berlin, Schloss, Weißer Saal, Kriegsverlust. Fotografie nach dem Original, Berlin: Photographische Gesellschaft, 8,95 x 11,98 cm.

Die Proklamierung des Deutschen Kaiserreiches

Beschreibung

Auf einem Podium in der linken Bildhälfte steht dicht gedrängt eine Reihe ordensgeschmückter Uniformierter. Im Hintergrund erhebt sich ein ganzer Fahnenwald. Unterhalb des Podiums ganz links sind jubelnde Uniformierte zu sehen, die den gezogenen Säbel in die Höhe halten. Auch stehen zwei Kürassiere mit gezogenem Säbel auf Treppenstufen, die in den Raum heraufführen. Vor dem Podium steht ein Kürassier stramm. Er unterteilt den freien Blick auf das Podium. Dadurch ist links eine kleinere,

rechts eine breitere Passage entstanden. Im Vordergrund erheben drei Uniformierte ihre Helme mit der rechten Hand. Dann entsteht eine kleinere Lücke, die den Blick auf einen ordensgeschmückter Uniformierten mit Schnauzbart freigibt, der offenbar ein Notizbrett in Händen hält. Anschließend folgt eine Gruppe von vier Uniformierten, danach fällt der Blick auf einen mit vielen Orden Geschmückten. Die zahlreichen Uniformierten stehen dicht gedrängt, viele haben jubelnd ihre Helme erhoben. Auf der rechten Seite fallen zwei Helme mit weißem Federschmuck auf. Es scheinen lediglich Militärs versammelt zu sein. Die Versammlung findet in einem prächtigen, mit Marmor verzierten Raum statt. Das Podium befindet sich an einer der Stirnseiten des Saals. Die Längsseite, auf die der Blick fällt, ist mit großen Spiegeln verziert.

In ihnen spiegeln sich die Fahnen auf dem Podium und die Fenster der gegenüberliegenden Längsseite, aber auch Soldaten. Oberhalb des antikisierenden Frieses wölbt sich die bemalte Decke. An der Stirnwand wie an der Seitenwand ist je eine Kartusche mit Inschrift und der Jahreszahl 1672 zu erkennen, an der Seitenwand ist „Passage du Rhin" zu lesen.

Interpretation

Das Deutsche Kaiserreich wurde im Spiegelsaal des Schlosses in Versailles proklamiert. Der Kaiser steht nicht besonders hervorgehoben auf dem Podium, wenn man der breiten Passage neben dem strammstehenden Kürassier folgt. Links vom Kaiser erhebt ein Uniformierter die rechte Hand. Es ist der Großherzog von Baden, der das Hoch auf den Kaiser ausbringt. In der kleineren Passage fällt der Blick auf einen jüngeren Uniformierten mit dunklem Vollbart, den Kronprinzen Friedrich Wilhelm.

Bei den beiden Ordensgeschmückten, die zwischen den Militärs im Vordergrund zu sehen sind, handelt es sich um Fürst Bismarck, der die Kaiserproklamation verlesen hatte, und General Graf von Moltke.

Der Maler Anton von Werner war Augenzeuge der Proklamierung. Er hat sich ganz rechts außen abgebildet, es ist aber lediglich sein Profil bis zum Haaransatz zu sehen. Sein Schnauzbart ist heller als sein Haupthaar. Der Maler hat das Ereignis aus der Frontalsicht erlebt. Doch hat er die Proklamierung nicht aus dieser Sicht gemalt, obwohl diese Lösung technisch einfacher zu bewältigen war. Er wählte vielmehr in Anlehnung an ein Bild des französischen Künstlers Déveria die perspektivisch komplizierte Diagonalkomposition.

Von Werner lenkt durch Passagen zwischen den Zuschauenden die Blicke auf die Hauptbeteiligten: den Kaiser, den Großherzog von Baden und den Kronprinzen, schließlich auf Bismarck und Moltke. Nicht der Rechtsakt, die Verlesung der Proklamation, ist dargestellt, sondern die jubelnde Zustimmung der Versammelten.

Ferner wird die Waffenbrüderschaft der nord- und süddeutschen Staaten verdeutlicht. Es waren nicht nur Offiziere, sondern auch Unteroffiziere und Mannschaften angetreten und zwar als Deputationen aller deutschen Länder, die auf der Fensterseite des Saals Aufstellung genommen hatten.

Anton von Werner

Anton von Werner (1843-1915) wurde als Sohn eines Tischlers aus verarmter Offiziersfamilie in Frankfurt/Oder geboren. Mit 14 Jahren begann er eine Lehre als Stubenmaler. Seit 1859 studierte er an der Berliner Akademie, dann in Karlsruhe. 1864 begann er mit Illustrationen der Werke seines Freundes Victor von Scheffel und unternahm Studienreisen.

Nach dem Ausbruch des Deutsch-Französischen Krieges reiste von Werner im Auftrag des Schleswig-Holsteinischen Kunstvereins und aufgrund der Vermittlung des Großherzogs von Baden ins Hauptquartier der deutschen Armee nach Versailles. Wieder nach Deutschland zurückgekehrt erhielt er vom Kronprinzen die Einladung, umgehend nach Versailles zu kommen, um an der Kaiserproklamation am 18. Januar 1871 teilzunehmen. Er sollte ein monumentales *Historienbild zu diesem Ereignis schaffen, laut Plan des Kronprinzen und des Großherzogs von Baden ein Geschenk der deutschen Fürsten an Kaiser Wilhelm I. Bereits am 28. Januar legte Anton von Werner dem Kronprinzen eine Skizze des Gesamtentwurfs vor, die den ungeteilten Beifall des Kronprinzen und der Anwesenden fand.

Die Proklamierung des Deutschen Kaiserreiches (18. Januar 1871), Öl auf Leinwand (167 x 202 cm) von Anton von Werner, 1885, Aufbewahrungsort: Bismarck-Museum, Friedrichsruh.

Von Werner siedelte nach Berlin über, wo er wichtige Ämter im preußischen Kultur- und Akademiewesen übernahm. Er vollendete das Gemälde („Schlossfassung") zum 22. März 1877, dem 80. Geburtstag des Kaisers.

Beschreibung

Links unterhalb des Podiums steht ein Kürassier stramm. Auf dem Podium, zu dem drei Stufen führen, sind im Vordergrund drei Männer zu sehen: Der Kronprinz, der Kaiser und der Großherzog von Baden, der mit erhobener Rechten gerade das Hoch auf seine Majestät ausbringt. Hinter diesen hervorgehobenen Gestalten stehen dicht gedrängt weitere. Darüber sind zahlreiche Fahnen zu sehen. Nur wenig entfernt vom Podium steht Fürst Bismarck, hervorgehoben durch eine weiße Uniform; in den Händen hält er den Text der Proklamation. Links von ihm steht Moltke, der auf den Kaiser blickt und dahinter dicht gedrängt Offiziere, die ihre Säbel gezogen ha-

ben oder ihre Helme empor halten. Rechts am Fuß des Podiums unterhalb des Großherzogs von Baden steht ein mit vielen Orden ausgezeichneter Offizier, daneben wendet ein weißhaariger Offizier sich einem kleineren zu, der seinen Arm wie zur Begrüßung nach rechts ausgestreckt hat. Im Hintergrund drängen sich weitere Offiziere. In den Spiegeln sind die Fenster der gegenüberliegenden Seite zu sehen.

Interpretation

Bei dem Bild handelt es sich um die sog. Friedrichsruher Fassung, die auf die sog. Zeughausfassung zurückgeht: Von Werner hatte bereits 1882 die zweite Fassung der „Proklamierung" für die Ruhmeshalle im Berliner Zeughaus vollendet. Diese unterschied sich von der ersten Fassung durch die Parallelkomposition. Bismarck trug in der Zeughausfassung die weiße Uniform der Kürassiere, die er allerdings nicht auf dem Feldzug dabei hatte, und die Abgebildeten waren alle zehn Jahre älter dargestellt.

Der Kaiser bestimmte eine kleinere Fassung der „Proklamierung" zum Geschenk anlässlich des 70. Geburtstags von Bismarck. Der Auftrag wurde von Werner erst im Februar 1885 überbracht, das Gemälde sollte zu Bismarcks Geburtstag am 1. April fertig sein. Wegen der Zeitknappheit griff der Maler auf die nicht farbige Skizze zurück, die ihm als Vorlage für sein Wandgemälde im Zeughaus gedient hatte. Er konnte deswegen auch nur eine der vom Kaiser gewünschten Änderungen ausführen: Obwohl er bei der Proklamation nicht anwesend war, sollte der 1879 gestorbene Kriegsminister von Roon wegen seiner freundschaftlichen Beziehung und engen politischen Zusammenarbeit mit Bismarck auf dem Bild untergebracht werden. Er steht unterhalb des Großherzogs von Baden. Aus Platzgründen musste nun der freundschaftliche Händedruck zwischen dem bayerischen General von Hartmann und seinem preußischen Kollegen von Blumenthal entfallen. So erklärt sich die Wendung des weißhaarigen Hartmanns nach rechts und der unmotiviert ausgestreckte Arm Blumenthals. Bismarck trägt zudem den preußischen Verdienstorden Pour le Mérite, der ihm erst 1884 verliehen worden war.

Durch die Parallelkomposition konnten auf der Zeughausfassung und somit auch auf der Friedrichsruher Fassung nicht so viele Personen untergebracht werden. Damit wurde das Motiv der Waffenbrüderschaft zugunsten des preußischen Elements zurückgedrängt.

Bismarck nimmt in beiden Fassungen eine hervorgehobene Stellung ein, die auch durch die weiße Uniform unterstrichen wird.

Dadurch, dass die Schlossfassung ebenso wie die Zeughausfassung im Krieg zerstört wurde, wurde und wird häufig lediglich die Friedrichsruher Fassung der „Proklamierung" abgebildet. Sie hat sich als „die" Proklamierung ins Gedächtnis der Menschen geprägt.

Hinweise für den Unterricht

Im Kontext der Reichseinigung bietet es sich an, den Schülern der Sekundarstufe I und II beide Fassungen der „Proklamierung" vorzulegen. Es muss erläutert werden, dass die Schlossfassung nur noch als Schwarz-Weiß-Foto existiert. Die Schüler sollen die Unterschiede herausfinden und Vermutungen anstellen, warum sich die beiden Fassungen wohl unterscheiden. Danach werden die Bilder mit Unterstützung des Lehrers besprochen. In der Sekundarstufe II bietet sich als Lektüre ein Text Bismarcks an, in dem er die Unstimmigkeiten wegen des Kaisertitels im Vorfeld der Proklamation schildert (Bismarck, Gedanken und Erinnerungen, Bd. 2, Stuttgart 1898, S. 115 f., S. 121 f.). In der Sekundarstufe I kann der Lehrer auch gestützt auf den Text von den Schwierigkeiten erzählen.

Literatur

Dominik Bartmann (Hg.), Anton von Werner. Geschichte in Bildern (Ausstellung des Berlin-Museums und des Deutschen Historischen Museums Berlin), München 1993.

Thomas W. Gaehtgens, Anton von Werner, Die Proklamierung des Deutschen Kaiserreiches. Ein Historienbild im Wandel preußischer Politik, Frankfurt a. M. 1990.

Lothar Gall, Bismarck. Der weiße Revolutionär, u.a. Frankfurt a. M. 1980 (Neuausgabe: Berlin 1997).

Die Germania-statue auf dem Nieder-walddenkmal

Beschreibung

Germania

Germania, eine junge Frau, steht vor einem Thron, dessen Seitenlehnen und Füße mit Adlerköpfen, -flügeln und -fängen verziert sind. Mit ernstem Gesicht schaut sie in südöstliche Richtung. Den rechten Arm hat sie abgewinkelt nach oben gestreckt und hält auf den Spitzen von Daumen und Fingern die Reichskrone. Diese gleicht der mittelalterlichen Kaiserkrone und ist mit Lorbeer umwunden. Auch das nach unten gerichtete Schwert, auf dessen Griff sie ihre linke Hand stützt, ist mit Lorbeer umwunden. Auf dem lang wallenden, lockigen Haar trägt sie einen Kranz aus Eichenlaub. Bekleidet ist Germania mit einem Untergewand, von dem nur die kurzen Ärmel sichtbar sind,

Germaniastatue auf dem Niederwalddenkmal (123,8 cm), Bronze, 1883, oberhalb von Rüdesheim am Rhein.

einem Kleid mit gestickten Tierornamenten und einem mit dem Reichsadler geschmückten, eng anliegenden Brustpanzer. Ein Mantel, der am Hals von einer Spange zusammengehalten wird, bedeckt den Rücken und fällt vom Gürtel bis zu den Knien. Er ist mit Adlern und Juwelen verziert.

Das Niederwalddenkmal

Die monumentale Germaniastatue ist Teil des Niederwalddenkmals, das auf einem Bergvorsprung oberhalb von Rüdesheim 230 m über

dem Rhein steht. Das Denkmal setzt sich aus mehreren Teilen zusammen. Dem breiten Unterbau des Postaments ist eine Bronzegruppe mit den Figuren von Mosel und Rhein vorgelagert. Am Unterbau selbst stehen an den beiden vorderen Ecken die geflügelten Bronzestatuen von Krieg und Frieden. Der Krieg ist ein mit Kettenhemd und Helm gerüsteter Mann. Er hält in der Rechten ein Schwert mit geflammter Klinge und mit der Linken eine Fanfare. Der Frieden ist als Frauenfigur dargestellt, die als Attribute Lorbeerzweig und

Füllhorn trägt und mit einem Blütenkranz bekrönt ist.

Die Fläche zwischen den Statuen ist durch ein Friesrelief ausgefüllt. Es besteht aus 133 lebensgroßen Figuren, darunter Fürsten und Generäle, die sich um Kaiser Wilhelm auf seinem Pferd scharen. Unmittelbar vor dem Kaiser steht Bismarck. Unter dem Relief sind fünf Strophen des Lieds „Die Wacht am Rhein" von Max Schneckenburger eingemeißelt. Der Refrain („Lieb Vaterland, magst ruhig sein, Fest steht und treu die Wacht am Rhein") bildet die übergroße letzte Zeile des gesamten Textes. An den beiden Seiten des Postaments stellen Bronzereliefs den „Auszug zum Kampf" und die „Heimkehr der Krieger" dar.

Ein Rundbogen über Kaiser Wilhelm öffnet sich zu einer Kuppel, in der Fahnen von den 25 größten Städten des Deutschen Reichs aufgestellt sind. Sie ist von einem Adler bekrönt, der vor seiner Brust ein Wappen mit dem deutschen Reichsadler und an einer Kette den preußischen schwarzen Adlerorden trägt. Hinter ihm läuft ein Friesband mit den Wappen aller Staaten des Deutschen Reichs um das Denkmal.

Der *Sockel unter der Germaniastatue enthält auf der Vorderseite die Inschrift: „Zum Andenken an die einmuethige siegreiche Erhebung des deutschen Volkes und an die Wiederaufrichtung des Deutschen Reiches 1870-71". Auf beiden Seiten stehen die Namen von 16 französischen Städten, bei denen im Krieg 1870/71 wichtige Schlachten stattfanden oder die belagert wurden.

Auf der Sockelrückseite steht „Friede zu Frankfurt 10. Mai 1871". Auf dem Unterbau finden sich folgende Inschriften: „Urheber und Bildner: Johannes Schilling; Architekt: Karl Weißbach, Dresden" und „Vollendet 1883".

Interpretation

Das Niederwalddenkmal sollte an den Sieg über Frankreich, die Gründung des Deutschen Reichs und an die „Wacht am Rhein" erinnern. Diesen drei Bedeutungen lassen sich die einzelnen Elemente zuordnen. Der siegreiche Feldzug 1870/71 ist vertreten durch die drei Bronzereliefs, die Namen der Schlachtorte, die Statue des Kriegs, das Eiserne Kreuz und die Personifikation der Mosel, die nach 1871 überwiegend zu Deutschland gehörte. Die deutsche Einheit wird durch die zentrale Gestalt Wilhelms I., die Fahnen der deutschen Städte, den Reichsadler und die Wappen der deutschen Länder symbolisiert. Für die „Wacht am Rhein" steht das Gedicht von Max Schneckenburger, das vom Original an einigen Stellen abweicht.

Auch die Germaniastatue vereint diese drei Symbolbereiche. Sie ist eine starke, kampfbereite Walküre mit Schwert und Brustpanzer, die die „Wacht am Rhein" übernommen hat. Ihr Lorbeerschmuck erinnert an den Sieg über Frankreich. Zur deutschen Einheit unter monarchischer Führung gehören die Attribute Thron, Reichskrone, Eichenkranz und Adler auf Mantel und Brustpanzer.

Die Entstehung des Niederwalddenkmals

Im November 1871 bildete sich in Berlin ein Komitee zur Errichtung eines Nationaldenkmals. Noch im selben Monat erfolgten die ersten Spendenaufrufe. An einem Wettbewerb für das Denkmal 1872 beteiligten sich 40 Künstler, darunter der Dresdner Bildhauer Johannes Schilling, der den Auftrag erhielt.

Der Bau begann am 16. September 1877 mit der Grundsteinlegung durch Kaiser Wilhelm I. Die Arbeiten wurden anschließend zügig vorangetrieben, sodass am 28. September 1883 – dem 13. Jahrestag der Kapitulation Straßburgs – die feierliche Einweihung stattfinden konnte. Außer dem Kaiser waren zahlreiche deutsche Fürsten, Generäle und Minister

Die Germaniastatue auf dem Niederwalddenkmal

anwesend. Die Einweihung sollte ein großes Nationalfest werden. Dies gelang nur teilweise, denn die Feier wurde durch zwei Ereignisse getrübt: Bismarck war demonstrativ fern geblieben, obwohl er gesondert dazu eingeladen worden war. Seiner Meinung nach war die Position des Kaisers – das monarchische Prinzip des Reichs – auf dem Denkmal zu wenig deutlich. Außerdem wollte er eine Provokation Frankreichs vermeiden. Weiter hatten Anarchisten ein Sprengstoffattentat auf Kaiser Wilhelm I. vorbereitet, das jedoch scheiterte.

Das Niederwalddenkmal wurde zu einem Wallfahrtsort des Deutschen Kaiserreichs und ist bis heute ein beliebtes Ausflugsziel. Sein Bild fand durch Druckmedien wie Schmuckblätter und Postkarten weite Verbreitung und diente als Vorbild für weitere Denkmäler.

Die Künstler des Niederwalddenkmals

Am Niederwalddenkmal waren drei Künstler beteiligt. Der Architekt Karl Robert Weißbach (1841-1905) schuf die Gesamtanlage. Er war 1869-1874 Lehrer an der königlichen Bauschule und anschließend Professor an der Technischen Hochschule in Dresden.

Von Johannes Schilling (1828-1910) stammt der Denkmalentwurf. Schilling besuchte mit 14 Jahren die Kunstakademie, wo der Bildhauer Ernst Rietschel sein wichtigster Lehrer wurde. 1856 eröffnete er ein eigenes Atelier in Dresden, 1868-1906 war er Professor an der Kunstakademie. Die Germaniastatue, für die seine Tochter Clara Modell stand, ist Schillings bekanntestes Werk.

Während die Reliefs und kleineren Statuen von verschiedenen Erzgießereien hergestellt wurden, war der Bronzeguss der Germania das Werk von Ferdinand von Miller (1813-1887). Er

war seit 1844 Leiter der königlichen Erzgießerei in München, wo auch die Figur der Bavaria entstand.

Die Entwicklung des Germaniabilds

Die *Personifikation Deutschlands als „Germania" hat ihre Wurzeln in der Romantik. Die Darstellung vereinte den Wunsch nach einem deutschen Nationalstaat und war wohl auch bewusst eine Gegenfigur zu den Personifikationen anderer Länder wie z.B. der Helvetia der Schweiz.

Germania, Transparent (484 x 319 cm) von Philipp Veit, Ölfarben auf dünnem Baumwollgewebe, 1848, Aufbewahrungsort: Germanisches Nationalmuseum, Nürnberg.

Im März 1848 erhielt Philipp Veit (1793-1877) den Auftrag, für die Nationalversammlung in der Paulskirche ein großformatiges Bild der „Germania" zu malen, das zur Verkleidung der Orgelempore über der Rednertribüne bestimmt war: Germania ist hier als eine junge Frau dargestellt, die aufrecht auf einem Sockel steht und ernst in die Ferne schaut. Auf ihrem Kopf trägt sie einen Kranz aus Eichenlaub. Der Hintergrund zeigt eine Gebirgslandschaft, hinter der die Sonne aufgeht. Germania ist bekleidet mit einem hermelinverbrämten Kleid mit dem Doppeladler im Brustschild und einem prunkvollen Goldbrokatmantel. In der Rechten hält sie Schwert und Ölzweig als Symbole einer guten, friedlichen Herrschaft, in der Linken den Schaft einer mittelalterlichen Turnierlanze mit schwarz-rot-goldener Fahne. Die Fessel neben ihrem rechten Fuß ist zerbrochen.

Das Bild betont die nationale Einheit und Größe in der Tradition des mittelalterlichen Kaiserreichs, während die Freiheit nur durch die gesprengte Fessel und die Fahne in den Farben schwarz-rot-gold angedeutet ist.

Hinweise für den Unterricht

Bei einer Quellenarbeit mit der Germania-statue sollte das gesamte Denkmal berücksichtigt werden. Dabei kann die Statue am Anfang oder am Ende der Beschreibung stehen. Bei der Interpretation ist die Mehrdeutigkeit des Denkmals wichtig. Den drei Bereichen Krieg, Reichsgründung und „Wacht am Rhein" (Gedicht von Schneckenberger, in: Deutsche Lieder. Auswahl aus seinem Nachlass, Stuttgart 1870, S. 19 f.) können die jeweiligen Elemente des Denkmals und der Statue zugeordnet werden.

Eine Erweiterung des Themas ist in mehrfacher Hinsicht möglich. Die Figur der Germania kann in die Abfolge der verschiedenen Germaniabilder des 19. und 20. Jahrhunderts gestellt werden (vgl. Buntz). Bei der Entstehung des Denkmals lassen sich die unterschiedlichen Entwürfe miteinander vergleichen (vgl. Tittel). Möglich ist auch der Vergleich mit der Entstehung und Gestaltung anderer Sieges- oder Nationaldenkmäler. In allen Fällen ist eine Zusammenarbeit mit dem Kunstunterricht sinnvoll. Eine abschließende Diskussion kann allgemein auf die Frage von Nation und Nationaldenkmal im europäischen Kontext eingehen. Dabei kann der Lehrer darauf hinweisen, dass die Germania als Nationalsymbol heute keine Bedeutung mehr hat. Der Grund dürfte der übersteigerte Nationalismus 1933-1945 sein, als Hitler z.B. Berlin durch eine neue Hauptstadt „Germania" ersetzen wollte.

Literatur

Herwig Buntz, Germania – Eine politische Allegorie und ihre zeitbedingten Veränderungen, in: Geschichtsbilder. Historisches Lernen mit Bildern und Karikaturen. Hg. vom Staatsinstitut für Schulpädagogik und Bildungsforschung, Donauwörth 2001, S. 45-55.

Ralph Erbar, Das Niederwalddenkmal in Rüdesheim, in: Pädagogisches Zentrum Rheinland-Pfalz, Denk-mal! Denkmäler im Unterricht, Bd 1: Allgemeine Denkmäler, Bad Kreuznach 1997, S. 159-186.

Lutz Tittel, Das Niederwalddenkmal 1871-1883, Hildesheim 1979.

„Dropping the Pilot", Karikatur (39,2 x 24,6 cm) von John Tenniel, in: „Punch", 29. März 1890.

Der Lotse wird entlassen

Beschreibung

Die doppelseitige Karikatur zeigt einen Ausschnitt von der Bordwand eines großen Kriegsschiffes. An Deck lehnt der deutsche Kaiser Wilhelm II. Er hat die verschränkten Arme auf die Bordwand gestützt, trägt Uniform und eine runde hohe Krone, deren Spitze ein Adler bildet. Sein Blick ist gleichgültig auf den Mann gerichtet, der langsam das Fallreep hinuntersteigt.

Dieser Mann ist Bismarck im Gewand eines Schiffers mit Stulpenstiefeln, Jacke und Lotsenmütze. Er ist auf den letzten Stufen der Treppe angekommen. Obwohl seine Haltung aufrecht ist und er sicher geht, hält er sich mit der Rechten am Geländer fest und stützt sich mit der Linken an der Schiffswand über der Öffnung einer zugenagelten „Stückpforte", hinter der sich eine Kanone befindet. Das Fallreep endet an einer Plattform, neben der man den Ausschnitt eines Ruderboots sieht.

Interpretation

Das berühmte Bild ist ein Nachruf auf Bismarck als Reichskanzler und gleichzeitig eine Huldigung an ihn. Es erschien im „Punch" als „big cut" (Doppelseite), ein Format, das Ereignissen von ungewöhnlicher Bedeutung vorbehalten war. Bismarck trägt Seemanns- oder Lotsenkleidung, er ist also für seine Aufgabe professionell angezogen. Die Hand auf der verschlossenen „Stückpforte" ist wahrscheinlich ein symbolischer Verweis auf die Friedenspolitik des Deutschen Reichs seit seiner Gründung. Diese Politik, vor allem Bismarcks Rolle als „ehrlicher Makler" auf dem Berliner Kongress 1878, wurde in England sehr geschätzt. Während Bismarck groß im Vordergrund sichtbar ist, verschwindet der Kaiser beinahe im Hintergrund und ist durch die Bordwand teilweise verdeckt. Er trägt keinesfalls die Kleidung, die für seine Aufgabe als Kapitän angemessen wäre, sondern wirkt mit der Kaiserkrone eher kostümiert. Auch wenn er die Macht hatte und den Lotsen entlassen konnte, so ist doch ersichtlich, dass der Zeichner Bismarck für die wichtigere

politische Persönlichkeit hielt. Dass Wilhelm II. ein Enkel von Queen Victoria war, spielte dabei offensichtlich keine Rolle. Die Metapher des „Staatsschiffs" war seit der Antike geläufig. Tenniel verwendete sie hier, um einen Regierungswechsel darzustellen, von dem er zugleich einen Kurswechsel erwartete.

Die Karikatur ist im Kontext von weiteren Karikaturen von Bismarck und Wilhelm II. zu sehen, die im „Punch" vorher oder danach erschienen. Die Verehrung Bismarcks zeigte Tenniel noch einmal in einem „big cut" anlässlich seines Todes: Der Reichskanzler wird wie ein mittelalterlicher Kaiser von den deutschen Stämmen zu Grabe getragen.

Prophecy? (Dropping the Pilot), Karikatur von William Henry (Will) Dysen, in: „Daily Herald", 10. Oktober 1914.
Der australische Karikaturist Will Dysen (1880-1938) kam 1910 nach London und arbeitete für den „Daily Herald".

Der Lotse wird entlassen

Rezeptionsgeschichte

Tenniels Bild ist wahrscheinlich die bekannteste Karikatur der Weltgeschichte und hat Hunderte von Varianten hervorgebracht. Gemeinsam waren stets der Anlass (Wechsel der Regierung oder der Staatsführung), ein Lotse und ein Schiff, doch weichen die Personen an Bord und das Verhalten des Lotsen erheblich voneinander ab.

Die vielleicht älteste Variante stammt von Will Dysen und wurde im Daily Herald am 10. Okt 1914 wenige Wochen nach Beginn des Ersten Weltkriegs veröffentlicht. Schiff und Fallreep sind identisch mit Tenniels Karikatur, die Dysen zitiert. Doch statt Bismarck steigt ein gealterter Wilhelm II. ordengeschmückt und in Paradeuniform das Fallreep hinunter. Seine Stelle auf dem Schiff nimmt Germania ein, die ihm einen zornigen Blick zuwirft. Die Bildunterschrift drückt aus, dass der Zeichner mit dem Krieg ein Ende der Regierung des deutschen Kaisers erwartet. Germania entlässt seinen Kaiser, der am Kriegsausbruch einen entscheidenden Anteil hatte.

Zu Bismarcks 100. Geburtstag am 1. März 1915 zeichnete Bernard Partridge im „Punch" eine Karikatur mit dem Titel „Das Spukschiff", in der er Tenniel zitierte. Der Geist Bismarcks geht an Bord, wo ihn ein erschreckter Kaiser erwartet. Der Zeichner lässt den Geist sprechen: „Ich möchte wissen, ob er mich jetzt auch entlassen würde."

John Tenniel

John Tenniel (1820-1914) wurde in London als Sohn eines Tanz- und Fechtlehrers geboren. Nach dem Besuch einer Privatschule studierte er kurz an der Royal Academy, erwarb sich aber dann seine künstlerischen Fähigkeiten als Autodidakt. Er begann mit historischen und allegorischen Bildern und betätigte sich als Buchillustrator.

Seit 1848 arbeitete Tenniel für den „Punch", bei dem er von 1850 an fest angestellt wurde und fast 40 Jahre für den „big cut" zuständig war. Als Karikaturist gestaltete er die politische Meinung der Zeitschrift, auf die man sich bei den regelmäßigen Redaktionssitzungen einigte. Sein Stilmittel war nicht der beißende oder verletzende Spott, sondern der feine Humor, mit dem er die politischen Ereignisse kommentierte.

Die satirische Zeitschrift „Punch"

Der „Punch" erschien zum ersten Mal am 17. Juli 1841 und trug bis 1844 den Untertitel „or the London Charivari". Damit zitierte er die satirische Zeitschrift, die Charles Philippon seit 1832 in Paris herausgab. Der englische Titel geht auf das italienische Wort „Pulcinella" (Hanswurst) zurück. Auf dem Titelbild der Zeitschrift erschien Punch als dicker, breit grinsender Kaspar mit Knollennase, gestreiftem Gewand und spitzer Mütze in Gesellschaft seines Hündchens Toby mit Hütchen und Halskrause. Die Herausgeber des Wochenblatts, Mark Lemon und Henry Mayhew, stellten den „Punch" als „Lachsalvenzeitschrift" vor, die aber auch Leser mit literarischen Ansprüchen ansprechen sollte. Die Zeitschrift, die zwei Weltkriege und viele politische Veränderungen überlebte, musste 1992 ihr Erscheinen einstellen. Der in Ägypten geborene Londoner Geschäftsmann Mohamed al Fayed versuchte 1996 den „Punch" wiederzubeleben, doch 2002 kam das endgültige „Aus" für die weltweit älteste und wahrscheinlich auch berühmteste satirische Zeitschrift.

Die Entlassung Bismarcks

Ein Konflikt zwischen dem autokratisch regierenden Bismarck und einem möglichen Nachfolger Wilhelms I. zeichnete sich schon früh ab. Der Reichskanzler befürchtete unter Friedrich I. eine zunehmende Liberalisierung und Parlamentarisierung im Deutschen Reich und gleichzeitig eine stärkere außenpolitische Annäherung an England. Unter Wilhelm II., der im Juni 1888 seinem Vater folgte, verschärften sich die politischen Gegensätze.

Während Bismarck das Sozialistengesetz erneut verlängern wollte, sah Wilhelm II. in seiner Aufhebung und in einem Arbeiterschutzgesetz einen Weg, um innenpolitische Spannungen abzubauen. Bei den Reichstagswahlen am 20. Februar 1890 erhielt das „Kartell" aus Deutschkonservativen, Freikonservativen und Nationalliberalen, die Bismarcks Politik im Reichstag vertreten hatten, eine vernichtende Niederlage. Dagegen konnten die politischen Gegner Bismarcks – SPD, Freisinnige und Zentrum – Erfolge verbuchen. In dieser Situation brachte Bismarck eine Kabinettsordre von 1852 ins Spiel, um direkte Gespräche des Kaisers mit den Ministern zu verhindern. Am 15. März verlangte Wilhelm II. ultimativ die Aufhebung dieser Ordre, sodass dem Reichskanzler nur der Rücktritt blieb. In seinem geschickt formulierten Rücktrittsgesuch gab er dem Kaiser die alleinige Schuld an diesem Schritt.

Die Reaktion auf die Entlassung Bismarcks in der deutschen Öffentlichkeit entsprach den jeweiligen politischen Lagern. Von der Opposition wurde sie als längst überfällig beurteilt, während die Anhänger von Bismarcks Politik vor allem die demütigende Form der Entlassung kritisierten. Für Wilhelm II. war jetzt der Weg frei für ein „persönliches Regiment".

Hinweise für den Unterricht

Tenniels Karikatur wurde zur *Bildikone, weil sie einen politischen Vorgang in eine einfache Handlung umsetzte und weil die geschichtliche Entwicklung nach 1890 seine Aussage bestätigte. Aber eine differenzierte Bespre-chung sollte sich nicht auf die Bewertung der Fakten (Entlassung Bismarcks, „neuer Kurs"), wie sie Tenniel vornahm, beschränken. Wichtig ist der Hinweis, dass das positive Urteil über Bismarck in England sich auf seine Außenpolitik bezog, die nach der Reichsgründung auf Expansionen verzichtete und sich um außenpolitischen Ausgleich bemühte.

Zumindest in der Oberstufe sollten auch folgende Aspekte besprochen werden, die in der Karikatur fehlen: der Wechsel des Kanzlers als normaler Vorgang in einem parlamentarischen Staat, der autoritäre Regierungsstil Bismarcks und seine gescheiterte Innenpolitik. Ein Hinweis auf die Rezeptions- und Wirkungsgeschichte kann anhand der frühen Beispiele von Dysen und Partridge oder an aktuellen Karikaturen erfolgen.

Quellen und Literatur

Otto von Bismarck, Die gesammelten Werke, Bd. 6c, Berlin 1935, S. 436-438 (Entlassungsgesuch).

Bernhard Fürst von Bülow, Denkwürdigkeiten, Bd. 1, Berlin 1930, S. 235-237 (Brief Wilhelms II. an seine Mutter, zitiert aus der deutschen Übersetzung im Anhang).

Der Lotse geht von Bord. Katalog zur gleichnamigen Ausstellung, hg. v. Herwig Guratzsch, Hannover 1991.

Hans-Jürgen Smula, „Der Lotse geht von Bord". Karikatur als historisches Zitat, in: Geschichte lernen 18 (1990), S. 46-52.

Der Lotse wird entlassen

Lieutenant von Strehlau, frisch zur Schutztruppe in Afrika angekommen: „Nette Gegend soweit! —

Da muss Ordnung rin!"

Karikatur (25 x 15,5 cm) von Rudolf Grieß, in: „Jugend" (1, Heft 7), 15. Februar 1896, S. 105.

Die Deutschen als Kolonialherren in Afrika

Beschreibung

Das erste Bild zeigt eine nahezu unberührte Urwaldlandschaft: einen dichten, mehrstöckigen Wald aus Gras, niederen Büschen und hohen Bäumen. Am linken Bildrand sieht man eine große Wasserstelle. Der Platz davor ist nicht bewachsen. Ebenso ursprünglich wie die Pflanzen sind auch die verschiedenen Tiere, die den Dschungel bevölkern. Im Wasser stehen zwei Elefanten und spritzen mit ihren Rüsseln Wasser zu einer Fontäne, auf der rücklings ein Elefantenjunges liegt. Im Wasser schwimmt ein Nilpferd, während eine

Schildkröte gerade ans Ufer steigt. Am Rand der Wasserstelle scheint ein Marabu sich mit einem Affen zu unterhalten, der mit dem Daumen nach hinten zeigt. In der Nähe spielt ein Löwenpärchen. In dem dichter bewachsenen Gelände kann man zwei Löwen und zwei Giraffen erkennen. Ein Schlange kriecht mit erhobenem Kopf, und auf den Bäumen tummeln sich mehrere Affen. Alles macht einen ursprünglichen und idyllischen Eindruck.

Ein Affe, der am Stamm einer Kokospalme hängt, zeigt auf den einzigen Menschen, der im Hintergrund kaum sichtbar ist, und ein zweiter Affe hält ihm eine Kokosnuss entgegen. Der Mann trägt eine weiße Uniform. Er steht breitbeinig da und hat die Arme in die Hüften gestemmt. Auf ihn bezieht sich der erste Teil der Bildunterschrift: „Lieutenant von Strehlau, frisch zur Schutztruppe in Afrika angekommen: ‚Nette Gegend soweit! – Da muss Ordnung rin'."

Das zweite Bild zeigt eine völlig veränderte Szene. Der Urwald ist verschwunden, an seine Stelle ist eine breite Straße getreten. Im Vordergrund mündet sie in einen schmalen Damm mit einem Bambusgeländer, der eine Wasserstelle mit befestigten und begradigten Ufern teilt. Die Straße ist auf beiden Seiten von Palmen begrenzt, die in einer Linie gepflanzt sind. Sie führt zu einem langen Gebäude, das quer zur Straße steht. Im Hintergrund deutet eine Palmenreihe eine Querstraße an.

Auf beiden Seiten der Straße sind auch die Tiere des Dschungels sorgfältig aufgereiht. Die erste Reihe bilden Affen, die abwechselnd sitzen und liegen, dahinter stehen Löwen, Marabus und Strauße, Elefanten und Nashörner und schließlich Giraffen. Darüber hängen Schlangen wie Girlanden zwischen den Palmen. Aus der Wasserstelle schauen Krokodile und Schildkröten.

Auf beiden Seiten sind uniformierte Schwarze postiert, die ihre Säbel präsentieren. Der Mann aus dem ersten Bild steht jetzt im Mittelpunkt. Er schreitet im Stechschritt die Straße entlang und salutiert. Bekleidet ist er mit einer engen Hose, einem Uniformrock und einem Tropenhelm mit Nackenschutz. In sein rechtes Auge hat er ein Monokel geklemmt, und der Schnurrbart ist sorgfältig gezwirbelt. Die beiden Schwarzen hinter ihm bilden sein Gefolge. Eine dicke Frau mit europäischem Kleid und Sonnenschirm führt einen kleinen Hund an der Leine, dahinter geht ein Boy mit einem Klappstuhl unter dem Arm.

Interpretation

Die beiden Bilder erzählen eine Geschichte, die von der Unterschrift her einfach zu erschließen ist. Ein Offizier der Schutztruppe, dessen Name und Dialekt seine preußische Herkunft verrät, kommt nach Afrika. Der Urwald gefällt ihm, aber die Unordnung in der Pflanzen- und Tierwelt ist nicht nach seinem Geschmack. Also schafft er gründlich Ordnung: Der Urwald wird kultiviert und zu einer Allee umgestaltet, die frei lebenden Tiere werden diszipliniert und müssen sich in Reih und Glied aufstellen. Diese Ordnung vollzieht sich unter militärischem Vorzeichen. Uniformierte Afrikaner beaufsichtigen die aufgereihten Tiere, die der Leutnant wie eine Ehrenfront abschreitet.

Damit ist die Karikatur eine Satire auf Ordnungsliebe, Gründlichkeit und militärisches Denken. Diese Eigenschaften sind ein Klischee für den „typischen Deutschen".

Das Bild weist auch eine rassistische Tendenz auf: Der weiße Offizier hat Ordnung geschaffen und er führt den Befehl, während die Schwarzen untergeordnete Funktionen einnehmen. Die Soldaten auf beiden Seiten haben auffallend wulstige Lippen und abstehende Ohren, sodass sie fast wie Affen in Uniform aussehen. Hier ist nicht zu erkennen, ob dies die Sichtweise des Zeichners oder die des von ihm karikierten Offiziers ist.

Die Deutschen als Kolonialherren in Afrika

Aber die Karikatur lässt auch noch weitere Deutungen zu. Sie ist eine Kritik an der Kolonisation durch die europäischen Staaten, durch die Eigenheiten und Wertvorstellungen eines Landes beseitigt werden. Schließlich zeigt das Bild – wenn auch überspitzt – die Ambivalenz des Fortschritts, bei dem sich zivilisatorischer Fortschritt und Zerstörung wechselseitig bedingen.

Rudolf Grieß (1863-1949)

Über Rudolf Grieß (oder Gries) ist wenig bekannt. Er lebte nach einem Studium an der Berliner Kunstakademie in München, wo er 1949 starb. Dort arbeitete er als Maler und Zeichner für verschiedene Zeitschriften wie die „Jugend", die „Fliegenden Blätter" und den „Simplicissimus".

Die Zeitschrift „Jugend"

Die erste Nummer der Zeitschrift „Jugend" erschien am 11. Januar 1896 in München. Sie sollte mit Beiträgen aus Literatur, bildender Kunst und Musik dem sich „immer reicher gestaltenden öffentlichen Leben[] in künstlerisch durchaus freier Weise" (Jugend, 1896/1, S. 2) gerecht werden. Damit wurde die Zeitschrift zum Sprachrohr einer jüngeren Künstlergeneration und erreichte einen breiten Leserkreis. Eine Reihe von bedeutenden Künstlern wie Max Slevogt, Ernst Barlach, Franz Stuck oder Arnold Böcklin lieferten Beiträge. Da die meisten Künstler eine gemeinsame Stilrichtung vertraten, wurde sie nach dem Namen der Zeitschrift als „Jugendstil" bezeichnet.

Die deutsche Kolonialpolitik

Die koloniale Aufteilung Afrikas begann mit der Eroberung Algiers durch Frankreich 1830 und erreichte in den letzten zwei Jahrzehnten des 19. Jahrhunderts ihren Höhepunkt. Bismarck betrieb keine aktive Kolonialpolitik, war aber bereit, eine Schutzherrschaft über die von Kaufleuten erworbenen Gebiete in Afrika und Asien zu übernehmen.

Unter Wilhelm II. spielten die Kolonien eine sehr viel wichtigere Rolle. Der von ihm geforderte „Platz an der Sonne" bezog sich auf überseeische Gebiete, mit denen sich seine Flottenpolitik rechtfertigen ließ. Außerdem sollten die Kolonien Rohstoffquellen und Absatzgebiete für die expandierende deutsche Industrie sein. Ein Teil der Öffentlichkeit unterstützte diese Kolonialpolitik, die durch die Arbeit des Kolonialvereins, aber auch des Alldeutschen Vereins und des Flottenvereins sehr populär geworden war.

Wie für die anderen Kolonialmächte waren auch für das Deutsche Reich die Kolonien ein Verlustgeschäft. Die Verwaltungskosten und die Investitionen für die Infrastruktur überstiegen bei Weitem die Einnahmen aus der einheimischen Wirtschaft oder dem Außenhandel.

Die Kolonialpolitik und die Verbände im Kaiserreich

Besonders tatkräftig unterstützt wurde die deutsche Kolonialpolitik durch Verbände, die im Kaiserreich neben den Parteien immer mehr politischen Einfluss gewannen. Trotz unterschiedlicher Schwerpunkte standen die Verbände nicht in Konkurrenz zueinander, sondern verfolgten dieselben Ziele und waren durch Doppelmitgliedschaften personell eng miteinander verbunden.

Als erster Verband war 1882 der Deutsche Kolonialverein entstanden, der sich mit Vereinen ähnlicher Zielsetzung 1887 zur Deutschen Kolonialgesellschaft (DKG) zusammenschloss. Die DKG wollte den Kolonialgedanken im Volk fördern und aktiv an der

Erweiterung des Kolonialbesitzes mitwirken. Die etwa 40 000 Mitglieder (Stand: 1914) stammten überwiegend aus dem Bildungsbürgertum. Die DKG setzte auch nach dem Ersten Weltkrieg ihre Arbeit fort und forderte die Rückgabe der deutschen Kolonien.

Der Allgemeine deutsche Verband (ab 1894 Alldeutscher Verband) wurde 1891 gegründet und vertrat nationalistische und imperialistische Ziele. Durch zahlreiche Publikationen war er sehr einflussreich. Seine Mitglieder (1914: 18 000) kamen aus dem Adel, dem Besitz- und Bildungsbürgertum und gehörten der äußersten politischen Rechten an, die nach 1918 in der DNVP und in der NSDAP eine neue politische Heimat fand.

Der jüngste Verband war der Deutsche Flottenverein (DFV), der 1898 gegründet und durch Admiral von Tirpitz gefördert wurde. Mit etwa einer Million Mitgliedern, die ebenfalls größtenteils aus dem Bildungsbürgertum stammten, war er der größte der drei Verbände. Er arbeitete eng mit staatlichen Stellen und mit der Industrie zusammen. Sein Ziel war die Stärkung und Erweiterung der Kriegsflotte, die man für notwendig hielt, um die Handelsflotte und die Kolonien militärisch zu sichern.

Hinweise für den Unterricht

Die Karikatur eignet sich als Quelle für die Bewertung der deutschen Kolonialpolitik, doch sollte auch thematisiert werden, dass das Bild Klischees (deutsche Ordnungsliebe und militärisches Denken) verwendet und verstärkt. Die überspitzte und einseitige Aussage kann zumindest in der Oberstufe durch folgende Aspekte erweitert werden: rassistische Elemente (Rolle und Darstellung der Schwarzafrikaner), die Ambivalenz von Fortschritt bei der Kolonialisierung und die Frage, ob eine Kultur berechtigt ist, einer anderen ihre Wertvorstellungen aufzuzwingen.

Eine Erweiterung des Themas (Kolonialpolitik unter Bismarck und Wilhelm II., die Unterstützung der Kolonialpolitik durch Verbände oder die Beurteilung der Schwarzafrikaner in Deutschland) ist mithilfe der Texte und zusätzlichen Bildern möglich. Auch eine fachübergreifende Behandlung, die die aktuelle Situation in Afrika berücksichtigt, ist denkbar.

Literatur

Horst Gründer, Geschichte der deutschen Kolonien, Paderborn, u.a. München 1985.

Albert Wirz, Die deutschen Kolonien in Afrika, in: Europäische Kolonialherrschaft 1880-1940, Zürich 1976, S. 302-327.

Die Deutschen als Kolonialherren in Afrika

„Ausflug nach Paris", Reservisten auf dem Weg zur Westfront, Fotograf unbekannt, wohl Anfang August 1914.

Kriegsbegeisterung 1914

Beschreibung

Das erste Foto zeigt den Ausschnitt eines stehenden Transportwaggons. Die Schiebetür ist geöffnet. Drei Soldaten sitzen auf dem Boden, die Beine nach außen, hinter und über ihnen stehen noch dicht gedrängt fünf weitere Soldaten, deren Haltung deutlich macht, dass sie unbedingt mit auf das Bild kommen wollen. Sie alle blicken froh und strecken die Hände grüßend in die Höhe. Einer von ihnen hält etwas Weißes, wohl ein Buch oder ein gefaltetes Papier in der Hand. Der Soldat oben links raucht; fast alle sind mit der Soldatenmütze bekleidet, nur der Soldat ist ohne Mütze, der in der Mitte ganz außen rechts noch seinen Kopf ins Bild drängt.

Auf der linken Seite über der Waggonbezeichnung „Elsaß-Lothringen 336444 Gm" haben Soldaten die Luke unterhalb des Dachs geöffnet, um ebenfalls herauszuschauen. Auch sie haben den rechten Arm grüßend erhoben; der Soldat mit der Mütze hat eine Zigarette im Mund, der Soldat rechts hat die Mütze und den Rock abgelegt, sodass seine Hosenträger zu sehen sind. Daneben steht auf dem Waggon „Ausflug nach Paris", darunter „Auf Wiedersehen auf dem Boulevard". Über dem Griff der Schiebetür ist ein Blumenstrauß angebracht. Auf der rechten Seite des Waggons steckt unter dem Dach, an dünnen Ästen herunterhängend, ein Laubbüschel, das die ersten beiden Worte der aufgemalten Schrift etwas verdeckt. Es ist dennoch zu lesen: „Auf in den Kampf / mir juckt die Säbelspitze". Ganz im Vordergrund links kommt noch zur Hälfte ein bärtiger Mann ins Bild. Er trägt eine helle Mütze und einen hellen Rock über den dunklen Hosen. Davor ragen ein Pfosten und ein gebogenes Rohr ins Bild.

„À Berlin", Abfahrt der Soldaten am Gare de l'Est (Ostbahnhof) in Paris, Fotograf unbekannt, wohl Anfang August 1914.

Auf dem zweiten Foto beugen sich aus den Fensteröffnungen von zwei Personenwaggons viele jüngere Männer, manche von ihnen mit Mütze oder Hut bekleidet, manche barhäuptig. Viele von ihnen lachen und winken in verschiedene Richtungen zum Abschied. Auf dem ersten Wagen kann man Beschriftungen erkennen. Mehrfach ist „À Berlin" zu lesen, weiter „Vive la Belgique" und „Vive la France". Auf dem Bahnsteig vor den Waggons sind mehrere Männer zu sehen. Hinter einem älteren Mann mit Mütze und Schnurrbart ist teils verdeckt ein Mann mit Hut zu erkennen, der sich mit den Männern im Zug zu unterhalten scheint. Weiter rechts ist ein Mann in Uniform zu sehen, der den rechten Arm nach vorne gestreckt hat, links trägt er eine Mappe unter dem Arm. Ganz rechts sind noch drei Männer mit Mützen von hinten zu erkennen, sie tragen alle eine Signallampe und bis auf einen jeweils eine helle Binde über dem linken Ärmel. Ein Mast aus Stahlstreben ragt außen rechts empor. Zwei oder drei weitere Gestalten sind im Hintergrund schemenhaft auszumachen. Ganz schwach ist die Überdachung des Bahnsteigs im Hintergrund zu erkennen und auf der linken Seite ein Gebäude.

Interpretation

In Deutschland und in Frankreich gab es nach der Verkündigung der Mobilmachung und nach den Kriegserklärungen Manifestationen der Kriegsbegeisterung und patriotische Kundgebungen. Allerdings zeigen Untersuchungen zu den einzelnen Städten, dass sich zwar sehr rasch eine Stimmung der patriotischen Entschlossenheit zeigte, es dabei aber weniger zu lautstarken Gefühlsäußerungen kam. Diese waren vor allem der Jugend vorbehalten. Es gab sicher das Nebeneinander von einer lauten „Kaffeehausbegeisterung" und einer relativ ernsten Grundstimmung. Auch zeigte sich in beiden Ländern, dass im Gegensatz zu den Mädchen die Frauen und Mütter eher ernst und bedenklich gestimmt waren. In Frankreich und in Deutschland bildete sich Ende Juli und Anfang August 1914 ein Klima der nationalen Einheit heraus, das mit den inneren Konflikten der Vorkriegszeit im Kontrast stand. Für Deutschland wird häufig vom „Augusterlebnis" gesprochen, in Frankreich von der „union sacrée". In beiden Staaten, so hieß es, habe allgemein freudige Kriegsbegeisterung geherrscht und die politischen und gesellschaftlichen Lager geeint. Es gab viele junge Deutsche, die sich freiwillig meldeten. Allerdings steckte dahinter nicht die Bejahung der wilhelminischen Gesellschaft, sondern eher ihre Ablehnung. Für viele – das gilt auch für das republikanische Frankreich – war der Gruppenzwang so groß, dass sie sich der freiwilligen Meldung zum Militär nicht entziehen konnten.

Die beiden Fotos der ausrückenden Soldaten und Reservisten aus Frankreich und aus Deutschland ähneln sich sehr. Die Soldaten gehen davon aus, als Sieger heimzukehren und nehmen den Krieg in seinem blutigen Ernst nicht wahr, zumindest solange sie noch keine Konfrontation mit dem Tod erlebt haben. Davon zeugen die flotten Sprüche an den Waggons, die lachenden Mienen und auch der Blumen- und Blätterschmuck an den deutschen Waggons. Dass Begeisterung auch als Gegenreaktion auf die eigene Angst dienen kann, davon sprechen Psychologen im Zusammenhang mit heutigen Kriegen. Doch das gilt auch für den Ersten Weltkrieg, wie im November 1914 der Brief eines Soldaten aus Bremen nach Hause zeigt. Er schildert, wie der Zug, mit dem er an die Front fährt, in Berlin einem Verwundetentransport begegnet: „Nachdem sich unser Zug wieder in Bewegung setzte, hörte man kein Lied mehr singen, denn jedem kam das Bewußtsein vor Augen, daß auch wir damit rechnen mußten, auch einmal verwundet zu werden oder das Leben auf dem Schlachtfelde zu lassen" (Verhey, S. 179).

Zusätzliches Material

Die Stimmung in Berlin am 31. Juli 1914

Thomas Raithel schildert in seinem Buch „Das Wunder der inneren Einheit" die Stimmung in Deutschland und in Frankreich. Er schreibt über den 31. Juli 1914, an dem gegen 17 Uhr in Berlin der Kriegszustand proklamiert wurde:

Kurz vor Mitternacht bewegte sich ein größerer Zug unter Absingen patriotischer Lieder[ ] von den Linden zum Reichskanzlerpalais. Bethmann Hollweg hielt von einem Balkon aus zu der „vieltausendköpfigen Menge" eine kurze Ansprache, in der er die andauernden Friedensbemühungen des Kaisers und den Umstand eines „aufgezwungenen" Verteidigungskrieges herausstellte.

Die lauten Kundgebungen bildeten, daran besteht kein Zweifel, ein auffallendes Merkmal dieses Abends in Berlin. Einzelne Stimmungsberichte distanzierter Beobachter geben dem Bild patriotischer Begeisterung allerdings einen ernsten Hintergrund. Die „Grundstimmung" der riesigen Menschenmenge Unter den Linden sei, so der Vorwärts, „ernst und gedrückt" gewesen, daran habe auch „der Gesang der Gruppe (...), die vor dem Schloßportal festgekeilt steht", nichts geändert. Als Beispiel dafür, daß der „Hurraspiritus" des Nachmittags am Abend verflogen war, führt der Artikel die schwache Resonanz von Bravorufen an, die ein Extrablatt mit der Kaiserrede erzielte.

Raithel, S. 258

Die Stimmung in Bordeaux am 31. Juli 1914

Bald darauf erreichte die Nachricht, dass der Kriegszustand in Berlin proklamiert wurde, auch Frankreich. In Paris wurde gegen 21.30 Uhr der Mord an dem Sozialistenführer und Pazifisten Jean Jaurès durch einen nationalistischen Fanatiker bekannt. Daher lässt sich die Stimmung in Paris nicht zum Vergleich heranziehen. In anderen

Städten blieb es offenbar ruhiger. Raithel schildert die Stimmung in Bordeaux:

Einige Hundert bis Tausend Jugendliche zogen gegen 21.30 Uhr vor das deutsche Konsulat, sangen die „Marseillaise" und riefen „A bas l'Allemagne!" und „A Berlin!", worauf die Polizei intervenierte und die Kundgebung auflöste. Im Verlauf des weiteren Abends marschierten Gruppen von Jugendlichen mit Rufen und dem Gesang der Nationalhymne durch die Straßen.

Zwei Besucher wurden in einem Musikcafé verprügelt, weil sie beim Klang der „Marsaillaise" den Hut aufbehielten. Die Menge auf den Straßen aber wartete auf die Mobilmachung mit „anxiété" [Ängstlichkeit] nach einem Pressebericht, mit „impatience" [Ungeduld] nach Darstellung des „commissaire spécial".

Raithel, S. 261

Hinweise für den Unterricht

Kriegsbegeisterung kommt uns heute nach den Erfahrungen des 20. und auch bereits des 21. Jahrhunderts sehr fremd vor. Schüler werden zumeist über das abendliche Fernsehen mit der Grausamkeit von Kriegen konfrontiert und haben in der Regel auch Schwierigkeiten, Kriegsbegeisterung zu verstehen.

Die Bilder mit den Eisenbahnwaggons der Soldaten aus Deutschland und aus Frankreich werden bewusst eingesetzt, um zu zeigen, dass im August 1914 die Begeisterung nicht nur die Sache eines Volks war. Zugleich wird versucht, über die beigefügten Texte den Vergleich zu untermauern und den Schülern dabei die Möglichkeit zu geben, sich in die damalige Situation hineinzuversetzen und auch zu erfahren, dass insbesondere die laute Begeisterung nur temporär war. Nachdem der Kriegsausbruch und die Reaktion der Bevölkerung in Frankreich und in Deutschland

behandelt wurde, sollten die Schüler versuchen, sich in eine Person auf einem der Bilder hineinzuversetzen und zu notieren, welche Gedanken dieser Person durch den Kopf gegangen sein könnten.

Eine Zusammenarbeit mit dem Deutschunterricht bietet sich an. In diesem Zusammenhang könnten die Schüler erfahren, wie der Dramatiker Ernst Toller den Kriegsausbruch in Frankreich erlebt hat (Eine Jugend in Deutschland, 1933, Reinbek [19]2006, S. 36 f.) oder wie Bertolt Brecht den Auszug der Soldaten aus Augsburg für die Presse schilderte (Werner Frisch, K. W. Obermeier, Brecht in Augsburg. Erinnerungen, Dokumente, Texte, Fotos, Berlin und Weimar 1975, S. 227).

Literatur

Marieluise Christadler, Literarische Mobilmachung in Deutschland und Frankreich vor 1914, Frankfurt a. M. 1978.

Thomas Raithel, Das „Wunder" der inneren Einheit. Studien zur deutschen und französischen Öffentlichkeit bei Beginn des Ersten Weltkrieges, Bonn 1996 (Pariser Historische Studien Bd. 45).

Jeffrey Verhey, Der „Geist von 1914" und die Erfindung der Volksgemeinschaft, Hamburg 2000.

Wahlplakat 1919, *Lithografie (65 x 95 cm) von César Klein, Aufbewahrungsort: Deutsches Historisches Museum, Berlin.

Ein Aufruf zur Nationalversammlung

Beschreibung

Das Plakat besteht aus einem Bild und einer eng damit verbundenen Inschrift. Durch rote und schwarze Bögen, die im Hintergrund nur konkav und im Vordergrund auch konvex gezogen sind, hat man den Eindruck einer Landschaft, die aus vielen kleinen Hügeln besteht. Zwei stilisierte Pflanzen mit jeweils drei breiten Blättern kennzeichnen sie als eine große Wiese.

Im Bildvordergrund steht breitbeinig ein älterer Mann mit einem Bart, der mit einem großen Schurz bekleidet ist. Darunter erkennt man ein Hemd, dessen Ärmel bis zu den Ellbogen hochgekrempelt sind. Er hebt die Rechte mit zwei ausgestreckten Fingern zum Schwur nach oben, während er die Linke in die Hüfte gestemmt hat. Neben und hinter ihm stehen drei Gruppen von Männern, jeweils drei nahe beieinander, während sich ein vierter daneben oder etwas dahinter befindet. Trotz der verschiedenen Kleidung gleichen sie sich. Alle stehen breitbeinig, sind barhäuptig und haben die rechte Hand zum Schwur erhoben. Einige umfassen sich oder geben sich die Hand. Die Gesichter sind oft nur in wenigen Strichen angedeutet. In der Kleidung unterscheiden sie sich: Erkennbar sind ein Frack und Kniehosen, ein kurzer Wams, langärmelige Kittel und in einem Fall hohe Stulpenstiefel.

Im Hintergrund sieht man die Umrisse von einzelnen Personen. Dahinter erscheint eine große Menschenmenge, die als schmales schwarzes Band quer durch das Bild verläuft. In der sanften Wellenlinie dieses Bands wiederholt sich der Schwung der Hügel. Auch bei der Menschenmenge erkennt man die zum Schwur gehobenen Hände. Dahinter sieht man eine aufgehende Sonne.

Die Inschrift ist in mehrere Halbzeilen gegliedert, die ebenfalls geschwungen gedruckt sind. Die ersten vier Halbzeilen, die am Himmel verlaufen, lauten: „Arbeiter Bürger Bauern Soldaten aller Stämme Deutschlands". Unter den Personen im Vordergrund steht: „Vereinigt euch zur". Das letzte Wort „Nationalversammlung" ist gerade gedruckt und schließt das Bild ab.

Interpretation

Das Plakat entstand im Auftrag des Werbediensts der „provisorischen Regierung". Es wirbt nicht für eine bestimmte Partei, sondern ist ein Aufruf, an der Wahl zur Nationalversammlung teilzunehmen, was eine Entscheidung für die parlamentarische Demokratie bedeutete. Der Aufruf will in der Überschrift alle Stände der Bevölkerung und alle Teile Deutschlands („aller Stämme") ansprechen. Die Begriffe „Arbeiter", „Bauern" und „Soldaten" sind wahrscheinlich bewusst gewählt, denn aus diesen Gruppen hatten sich im November 1918 Räte gebildet.

Der Text wird im Bild mit grafischen Mitteln umgesetzt. Die Zahl vier findet sich bei den drei Gruppen im Vordergrund, wobei jeweils der einzeln stehende Mann zur mittleren Gruppe zu gehören scheint. Die unterschiedliche Kleidung betont die unterschiedlichen Stände wie Bürger oder Arbeiter. Die Vereinigung wird durch die Menschenmenge im Hintergrund deutlich.

Aber das Bild geht weit über den Text hinaus. Es drückt eine ernste, feierliche und pathetische Stimmung aus. Alle Personen stehen in gleicher Haltung da und haben die rechte Hand zum Schwur erhoben. Sie wirken dadurch statisch,

doch weist das Bild durch die unterschiedliche Zusammensetzung der Vierergruppen und durch die Wellenbewegung in der Landschaft zugleich eine starke Dynamik auf.

Kleins Plakat zeigt deutliche Parallelen zu dem Wandbild „Einmütigkeit", das Ferdinand Hodler 1912/13 für den Rathaussaal in Hannover malte. Es stellt den Reformationsschwur der Hannoveraner Bürger von 1533 dar. Bei Hodler gibt es jedoch eine erhöht stehende Mittelfigur: Ein Redner fordert die Umstehenden auf, sich durch Erheben der Hand zur Reformation zu bekennen. Daneben ist ein weiteres Vorbild möglich: Da bei César Klein der Kern der Vierergruppen aus drei Männern besteht, sind Parallelen mit dem Rütlischwur aus Schillers „Wilhelm Tell" denkbar, eine Szene, die in der Malerei häufig gestaltet wurde. An das Theaterstück erinnert das Pathos, mit der die politische Botschaft dargestellt ist, die aufgehende Sonne im Hintergrund und die unzeitgemäße Kleidung, die eher ins 19. als ins 20. Jahrhundert gehört.

Aber noch in anderer Hinsicht ist César Kleins Gestaltung sehr traditionell. Schon den Zeitgenossen war aufgefallen, dass er vergessen hatte, die Hälfte der Wähler anzusprechen: die Frauen, die 1919 in Deutschland erstmals wählen durften. Die unmittelbare Folge waren andere Plakate, die sich speziell an Frauen als Wählerinnen richteten.

Trotz seiner pathetischen und traditionellen Gestaltung wirkt das Plakat durch seine Farben und Formen sehr suggestiv. Das Engagement bedeutender Künstler für den Entwurf politischer Plakate wie in den Anfangsjahren der Weimarer Republik ist in der deutschen Geschichte einmalig.

César Klein (1876-1954)

César Klein wurde 1876 in Berlin geboren. Nach einer Malerlehre besuchte er die Kunstgewerbeschulen in Hamburg und Berlin und die Akademie in Düsseldorf. Seine vielseitigen künstlerischen Tätigkeiten umfassten über 50 Auftragsarbeiten für Innenarchitektur, *Glasmalerei, *Fresken und *Mosaiken. Als Anhänger des Expressionismus schloss er sich 1907 der Berliner Sezession an. 1918 wurde er Mitbegründer des „Arbeitsrates für Kunst", der das Ziel hatte, Kunst für alle zu schaffen, und er gründete im selben Jahr zusammen mit Max Pechstein die „Novembergruppe", die politische Plakate entwarf.

1919 wurde Klein Lehrer für Wand- und Glasmalerei und für Bühnengestaltung an der Unterrichtsanstalt des Kunstgewerbemuseums Berlin, die Bruno Paul leitete. In den folgenden Jahren schuf er fast 200 Bühnenbilder für Theateraufführungen in Berlin und Hamburg, wo er mit bedeutenden Regisseuren wie Viktor Barnowsky, Leopold Jessner und Jürgen Fehling zusammenarbeitete. 1933 wurde Klein beurlaubt und 1937 als Hochschullehrer entlassen. Nach 1945 entwarf César Klein wieder eine Reihe von Bühnenbildern.

Von der Revolution zur Nationalversammlung

Im Herbst 1918 verschärfte sich die innenpolitische Lage in Deutschland zunehmend. Für den 9. November hatte die USPD einen Generalstreik in Berlin ausgerufen. Um eine Revolution zu vermeiden, übertrug der Reichskanzler Max von Baden sein Amt an Friedrich Ebert, den Parteivorsitzenden der Sozialdemokraten. Zusammen mit zwei Mitgliedern der SPD und drei der USPD bildete Ebert eine provisorische Regierung, den „Rat der Volksbeauftragten". Noch bevor Kaiser Wilhelm II. abgedankt hatte, proklamierte Philipp Scheidemann am Nachmittag dieses Tages vom Reichstag aus die „Deutsche Republik", kurz bevor Karl Liebknecht vom Berliner Schloss aus die „Sowjetrepublik" ausrief.

Schon am 15. November gab der Rat der Volksbeauftragten dem Staatssekretär Hugo Preuß den Auftrag, einen Verfassungsentwurf auszuarbeiten. Die Wahl zur Nationalversammlung wurde auf den 19. Januar 1919 festgelegt. Die endgültige Entscheidung über die Wahl und damit auch eine Vorentscheidung über die künftige Staatsform fiel am 16. Dezember auf einem allgemeinen Rätekongress, zu dem Vertreter aus dem gesamten Deutschen Reich nach Berlin gekommen waren. Nach langen und heftigen Debatten entschied sich der Kongress mit 450 zu 50 Stimmen für eine parlamentarische Republik. Die Verfassung sollte in einer verfassungsgebenden Nationalversammlung erarbeitet werden.

Zusätzliches Material

Aus dem Aktionsprogramm der Reichskonferenz der Arbeiter- und Soldatenräte (25. November 1918):

1. Die Aufrechterhaltung der Einheit Deutschlands ist ein dringendes Gebot. Alle deutschen Stämme stehen geschlossen zur deutschen Republik. Sie verpflichten sich, entschieden im Sinne der Reichseinheit zu wirken und separatistische Bestrebungen zu bekämpfen.
2. Der Berufung einer konstituierenden Nationalversammlung wird allgemein zugestimmt, ebenso der Absicht der Reichsleitung, die Vorbereitungen zur Nationalversammlung möglichst bald durchzuführen.
3. Bis zum Zusammentritt der Nationalversammlung sind die Arbeiter- und Soldatenräte die Repräsentanten des Volkswillens.

Johannes Hohlfeld, Dokumente der deutschen Politik und Geschichte von 1848 bis zur Gegenwart, Bd. 2, Berlin (1951), S. 423.

Du sollst nicht wählen

Der

Parlamen-
tarismus

ist die demokratische Kulisse für die Herrschaft des Kapitals

und seine Republik schützen die kapitalistischen Haifische u. morden die Arbeiterklasse

züchtet politische Advokaten u. Geschäftemacher

schafft Allmacht des Bonzentums über das Proletariat und führt immer zum Burgfrieden mit der Bourgeoisie

schläfert die Arbeiter ein in Führerglauben und schafft Passivität

ist ein Machtmittel des Kapitals

Die Waffen der Arbeiterklasse sind: Direkte Aktion! Massenkampf!

Alle Macht den Räten
Nieder mit dem Parlament
Übt Wahlboykott

Kommunistische Arbeiter-Partei
Allgemeine Arbeiter-Union

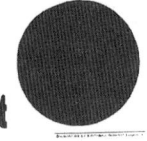

Das Textplakat (48 x 70 cm) der KPD vom Dezember 1918 oder Januar 1919 rief zum Wahlboykott auf. Als Verantwortlicher zeichnete der Berliner Georg Strübing. Der herausgehobene Begriff „Parlamentarismus" ist das gemeinsame Subjekt der sechs kritischen Sätze in der rechten Spalte. Die Partei sprach sich damit gegen die parlamentarische Demokratie und für die Rätedemokratie aus.

Hinweise für den Unterricht

César Kleins Plakat ist eines der ersten Bildplakate der Weimarer Republik und das Werk eines bedeutenden Künstlers, der zu Unrecht in Vergessenheit geraten ist. Für den Einsatz bietet sich eine Zusammenarbeit mit dem Fach Deutsch (Bezug zu Schillers „Wilhelm Tell") und dem Fach Kunst (Hodler als Vorbild, expressionistische Elemente) an. Bei einer historischen Betrachtung ist der Hinweis auf den Auftraggeber (keine Partei, sondern die Regierung) und das politische Ziel (Nationalversammlung statt Räterepublik) wichtig. Das Bild eignet sich auch, um in Elemente der Plakatsprache einzuführen. Dazu gehören die enge Verbindung von Text und Bild, die Darstellung der Personen (Einzelpersonen im Vordergrund, Menschenmasse im Hintergrund), ihre Haltung (erhobene Schwurhand) oder einzelne Symbole (aufgehende Sonne). Ein Vergleich mit anderen Plakaten, die für die Nationalversammlung werben, lässt sich in Gruppenarbeit durchführen.

Literatur

Ruth Irmgard Dalinghaus, Cesar Klein (1876-1954). Angewandte Kunst – Werkmonographie mit Katalog, (Diss.), Berlin 1990.

Uwe Haupenthal (Hg.), Cesar Klein – Metamorphosen (1876-1954), Husum 2000.

Plakate der Weimarer Republik 1918-1933. Katalog zur Ausstellung im Hessischen Landesmuseum Darmstadt, Darmstadt 1980.

Lenin spricht am 5. Mai 1920 vor dem Bolschoi-Theater, Moskau, Foto von G.P. Goldstein, ursprüngliches Format unbekannt, Aufbewahrungsort: Staatliches Historisches Museum, Moskau.

Lenin spricht

Beschreibung

Lenin steht auf einem Holzpodium mit Balustrade. Er ist mit weißem Hemd, schwarzem Anzug mit Weste und schwarzer Krawatte bekleidet. In der rechten Hand, mit der er sich abstützt, hält er auch seine gefaltete Schirmmütze. Seine Linke umfasst die Balustrade. Der Oberkörper ist nach rechts gewendet. Offenbar durch die heftige Bewegung des Oberkörpers nach rechts weht der nicht geschlossene Rock etwas nach links, was die Eindringlichkeit des Redenden unterstreicht. Links, von Lenin aus gesehen, führen fest gebaute Holzstufen zum Podium hinauf. Ein Mann im Soldatenrock

und Mütze steht auf den Stufen, wobei er sich etwas an das Podium lehnt. Er trägt einen Schnauzbart und blickt in die Menge vor ihm. Hinter ihm steht halb verdeckt ein anderer Mann, der einen schwarzen Rock oder Mantel trägt und nach unten blickt. Dicht gedrängt um das Podium hat sich eine große Menschenmenge versammelt, die überwiegend aus Männern besteht. Wie an der Uniform zu erkennen, sind einige darunter Soldaten. Hinten links am Podium scheint jemand eine dunkle Fahne zu halten.

Im Hintergrund sind Gebäude zu erkennen, rechts außen ein fünfstöckiges Gebäude mit einem sehr hohen Torbogen, dann kommt eine Straße. Hinter dem Podium ist ein klassizistisches Gebäude zu sehen. Auf dem hohen Erdgeschoss mit Rundbogenfenstern erheben sich zwei Stockwerke, die durch vorgesetzte dorische Halbsäulen gegliedert sind. Darüber verläuft ein Giebel, aus dem vier Kamine ragen. Daneben befindet sich ein höheres, lang gestrecktes Gebäude, das direkt angebaut ist.

Interpretation

Am 5. Mai 1920 sprach Lenin vor Soldaten, die gegen Marschall Pilsudskis Streitkräfte kämpfen sollten, die in die Ukraine eingefallen waren. Der polnische Staats- und Heerführer war mit der unabhängigen Ukraine verbündet und stieß bis Kiew vor. Aus dieser Situation erklärt sich auch, dass viele Soldaten zu sehen sind und dass Lenin eindringlich redet, um sie zu motivieren.

Der Mann auf den Stufen, der in die Menge blickt, ist Trotzki, halb verdeckt hinter ihm steht Kamenew, beide Mitarbeiter Lenins und Mitglieder der Führungsgruppe. Der Platz, auf dem Lenin seine Rede hält, kann durch die Gebäude (vor allem die Rückseite des Bolschoi-Theaters im Hintergrund) als Swerdlow-Platz, heute Teatral'naja-Platz, identifiziert werden.

Das Foto stammt von G. P. Goldstein, der als Fotograf bezeichnet wird, über den jedoch sonst nichts bekannt ist. Nur wenige Augenblicke nach ihm machte ein unbekannter Fotograf eine vergleichbare Aufnahme: Lenin hat darauf nicht allein den Oberkörper, sondern auch das Gesicht nach rechts gewendet. Trotzki blickt nach rechts und ist im Profil zu sehen, Kamenew steht höher und blickt ebenfalls nach rechts.

Beide Aufnahmen wurden oft reproduziert und gingen um die Welt. 1927 wurde anlässlich des zehnten Jahrestags der Russischen Revolution die Aufnahme des unbekannten Fotografen zu einer avantgardistischen Jubiläumspostkarte montiert. Das war wohl das letzte Mal, dass Trotzki auf Veröffentlichungen der Aufnahme erschien, denn am 14. November 1927 wurde er aus der Partei ausgeschlossen.

Auf späteren Aufnahmen sind weder Trotzki noch Kamenew zu sehen. Die Aufnahmen wurden retuschiert, nachdem Trotzki und später auch Kamenew bei Stalin in Ungnade gefallen waren: Statt der beiden Personen auf den Stufen zum Podium waren jetzt nur noch die fünf Stufen zu sehen, die zum Podium hinaufführten.

Es stellt sich die Frage, warum das Bild retuschiert und nicht einfach unterdrückt wurde. Wären die Aufnahmen vernichtet worden, hätte man auf eines der wirkungsvollsten Bilddokumente für die ersten Jahre nach der Oktoberrevolution verzichtet. Stalin wollte jedoch die Erinnerung an diese Zeit wachhalten. Allerdings konnte er es nicht hinnehmen, dass Trotzki auf den Fotos zu sehen war, der Lenin unterstützt hatte und dem auch der Aufbau der Roten Armee in erster Linie zu verdanken war, und auch Kamenew, der schließlich 1936 zum Tod verurteilt wurde. Das steht in Einklang mit vielen anderen *Retuschen, die auch an anderen Fotos auf Stalins Veranlassung vorgenommen wurden. So sorgte er dafür, dass er auf Fotos in enger Vertrautheit mit Lenin erschien, d.h., er wurde näher an Lenin herangerückt oder einem Bild hinzugefügt, während auf anderen Bildern ehemalige Mitarbeiter verschwanden.

Im Übrigen fand das retuschierte Foto „Lenin spricht" auch Eingang in die Kunst. Isaak Brodski (1884-1939), der berühmte Maler des russischen Realismus, erhielt 1933 den Auftrag, die Szene auf einem Gemälde zu verewigen. Er nahm das Foto als Vorlage, allerdings ohne Trotzki und Kamenew. Auf den Stufen, die zum Podium hinaufführen, malte er stattdessen zwei Reporter.

Die retuschierten Mitarbeiter

Leo (Lew) Davidowitsch Trotzki

Trotzki ist der Deckname des 1879 geborenen Leib Bronschtein. Bereits 1897 gründete er den revolutionären südrussischen Arbeiterbund. 1898 verhaftet und nach Sibirien verbannt, gelang ihm 1902 die Flucht ins Ausland. 1902-1904 war er bei der Zeitschrift „Iskra" als Redakteur tätig. Über Fragen des Parteistatuts geriet er für lange Zeit in Gegensatz zu Lenin. Nach der Spaltung der russischen Sozialdemokratie neigte er erst den Menschewiki zu, versuchte dann aber zwischen ihnen und den Bolschewiki zu vermitteln. Seit 1904 entwickelte er den Gedanken der „permanenten Revolution". In der russischen Revolution von 1905/06 nahm er im Sankt Petersburger Sowjet eine führende Stellung ein. Nach seiner erneuten Verhaftung konnte er erneut aus der Verbannung ins Ausland fliehen. Er lebte in Wien, Paris und zuletzt in den USA.

Seit dem Ersten Weltkriegs wandte er sich wieder stärker Lenin zu, da dieser am Ziel der Revolution festhielt. Im Mai 1917 kehrte er erneut nach Russland zurück und schloss sich den Bolschewiki an. Er organisierte auch den Aufstand der Bolschewiki gegen die provisorische Regierung unter Kerenskij. 1918 baute er die Rote Armee auf und hatte großen Anteil am Sieg des bolschewistischen Russland im russischen Bürgerkrieg (1918-1921/22). Seit dem Tod Lenins (1924) entwickelten sich die Spannungen mit Stalin zu einem Machtkampf. Stalin gelang es, Trotzki zu entmachten. 1928 wurde Trotzki nach Kasachstan verbannt und ein Jahr später aus der Sowjetunion ausgewiesen. Zuletzt lebte er in Mexiko, von wo aus er seinen Kampf gegen Stalin fortsetzte und seine Anhänger veranlasste, die Vierte Internationale zu gründen. Am 20. August 1940 wurde er in seinem Haus in Mexiko von einem Agenten der sowjetischen Geheimpolizei tödlich verwundet und starb am folgenden Tag.

Lew Borissowitsch Kamenew

Der 1883 in Moskau geborene Kamenew (früher L. B. Rosenfeld) war seit 1901 Mitglied der russischen Arbeiterpartei und schloss sich nach 1903 den Bolschewiki an. Er wurde zu einem der engsten Mitarbeiter Lenins. Seit 1908 lebte er in der Emigration in Westeuropa, kehr-te 1914 nach Russland zurück und wurde im November nach Sibirien verbannt. Nach der Februarrevolution 1917 leitete er mit Stalin den Petrograder Sowjet. Er stimmte zwar im Oktober 1917 gegen den bewaffneten Aufstand, doch nahm er in der Folgezeit wichtige Posten ein. Nach Lenins Tod bildete er zunächst mit Stalin und Sinowjew eine Troika (russisch: Dreigespann) im Machtkampf gegen Trotzki. Er geriet aber dann ebenso wie Sinowjew in Gegensatz zu Stalin, wurde mehrmals aus der Partei ausgeschlossen und wieder aufgenommen; 1934 wurde er verhaftet, 1935 zu fünf Jahren Gefängnis verurteilt und 1936 im ersten Moskauer Schauprozess zum Tod verurteilt und hingerichtet.

„Damnatio memoriae"

Im Zusammenhang mit der Auslöschung von Namen oder Bildern wird oft die Bezeichnung „damnatio memoriae" verwendet. In der römischen Kaiserzeit nahmen die Kaiser für sich einen Bezug zu den Göttern in Anspruch. Daher war es möglich, dass jeder Kaiser nach seinem Tod vom Senat entweder unter die Götter erhoben oder zum Staatsfeind erklärt werden konnte. War Letzteres der Fall, wie z.B. bei Domitian, so wurde der Name in Inschriften und Münzen unkenntlich gemacht, oder Münzen wurden eingezogen, Statuen und Bildnisse entfernt und alle persönlichen Regierungshandlungen für ungültig erklärt. Zugrunde lagen jeweils politische Konflikte und Gegensätze, sodass eine „damnatio memoriae" nicht unbedingt etwas über die tatsächlichen Leistungen und Verdienste eines Kaisers aussagt. Der Begriff „damnatio memoriae" findet sich lediglich bei den Juristen der Spätantike, aber nicht bei den Geschichtsschreibern der Kaiserzeit.

Eine „Auslöschung der Erinnerung" an Andersdenkende oder inzwischen in Ungnade gefallener Personen war und ist eine gängige

Herrschaftspraxis vor allem in totalitären Systemen. Die Entstalinisierung nach dem Tod Stalins machte das deutlich. Aber Stalin hatte auch dafür gesorgt, dass die Erinnerung an ehemalige Mitarbeiter und Verbündete, die bei ihm in Ungnade gefallen waren, ebenfalls gelöscht wurde.

Hinweise für den Unterricht

Bei der Behandlung der Geschichte der Sowjetunion, insbesondere der Jahre unmittelbar nach der Oktoberrevolution und der Ära Stalins, empfiehlt es sich, dieses Foto einzusetzen. Dabei lernen die Schüler auch ein geschärftes Medienbewusstsein zu entwickeln. Sie erfahren, dass Fotografien keine Abbilder der Wirklichkeit sind. Darüber hinaus wird ihnen vermittelt, wie man Retuschen erkennen kann. Im vorliegenden Fall gibt es unterschiedliche Aufnahmen, die zu verschiedenen Zeiten verbreitet wurden. Außerdem sind auch die technischen Möglichkeiten einer Retusche zu bedenken. Bei einer analogen Fotografie lässt sich anhand des Negativs eine Veränderung nachweisen, was allerdings bei einer digitalen Fotografie nicht mehr möglich ist.
Das Eingehen auf die „damnatio memoriae" ermöglicht den Schülern, die historische Dimension wahrzunehmen. Es bietet sich an, dass sie im Internet recherchieren und Beispiele für Inschriften und Münzen, bei denen Namen gelöscht wurden, oder für umgearbeitete Kaiserbildnisse finden.

Literatur

Bilder, die lügen (Begleitbuch zur Ausstellung), hg. vom Haus der Geschichte der Bundesrepublik Deutschland, Bonn 1998.

Alain Jaubert, Fotos, die lügen. Politik mit gefälschten Bildern, Frankfurt a. M. 1989.

David King, Stalins Retuschen. Foto- und Kunstmanipulationen in der Sowjetunion, Hamburg 1997.

Friedrich Vittinghoff, Der Staatsfeind in der römischen Kaiserzeit. Untersuchungen zur „damnatio memoriae", Berlin 1936 (Neue deutsche Forschungen, Abt. Alte Geschichte, Bd. 2).

Wahlplakat der Deutschnationalen Volkspartei zu den Reichstagswahlen am 7. Dezember 1924, *Flachdruck (47,5 x 32,0 cm) von Hans Schweitzer, Sammlung Grübling/Diederich, Frankfurt a. M.

Die „Dolchstoßlegende" auf einem Wahlplakat

Beschreibung

Der obere Teil des Wahlplakats wird von einem Bild, der untere von einem Text in Frakturschrift eingenommen. Ein rot gekleideter Mann mit Ballonmütze und schwarzer Augenmaske stößt einem Soldaten, der einen Stahlhelm trägt, ein Messer oder Ähnliches in den Rücken. Da der Mann den Griff umklammert hält, ist nur das äußerste Ende des Griffs zu sehen, die Tatwaffe ist fast ganz in den Körper des Soldaten eingedrungen. Dieser wirft den Kopf zurück, sodass der Betrachter sein schmerzverzerrtes Gesicht sieht. Mit der Linken umklammert er noch die schwarz-weiß-rote Fahne, der Rechten ist sein Gewehr entglitten. Seine Figur ist mit schwarzem Stift gezeichnet und leicht schraffiert, während seine Koppel und der Schaft des Gewehrs rot sind. Der Angreifer ist auf schwarzem Hintergrund gezeichnet.

Links unten im Bild ist die Signatur des Grafikers, ein verschnörkeltes S in einem Kreis, zu sehen. Darunter steht folgender Text (ohne die Hervorhebungen im Original):

Wer hat im Weltkrieg dem deutschen Heere den Dolchstoß versetzt? Wer ist schuld daran, daß unser Volk und Vaterland so tief ins Unglück sinken mußte? Der Parteisekretär der Sozialdemokraten Vater sagt es nach der Revolution in Magdeburg:
„Wir haben unsere Leute die an die Front gingen, zur Fahnenflucht veranlaßt. Die Fahnenflüchtigen haben wir organisiert, mit falschen Papieren ausgestattet, mit Geld und unterschriftslosen Flugblättern versehen. Wir haben diese Leute nach allen Himmelsrichtungen, hauptsächlich wieder an die Front geschickt, damit sie die Frontsoldaten bearbeiten und die Front zermürben sollten. Diese haben die Soldaten bestimmt, überzulaufen, und so hat sich der Verfall allmählich, aber sicher vollzogen."
Wer hat die Sozialdemokratie hierbei unterstützt? Die Demokraten und die Leute um Erzberger. Jetzt, am 7. Dezember, soll das Deutsche Volk den zweiten Dolchstoß erhalten. Sozialdemokraten in Gemeinschaft mit den Demokraten wollen uns zu Sklaven der Entente machen, wollen uns für immer zugrunde richten. Wollt Ihr das nicht, dann wählt deutschnational!

Interpretation

Das von Hans Schweitzer gezeichnete Bild wirkt äußerst aggressiv. Der Künstler verwendete nur schwarz, weiß und rot, die Farben des Deutschen Kaiserreichs. Damit wird bereits deutlich, dass der Zeichner in der Weimarer Republik dem nationalen, antirepublikanischen Umfeld angehörte. Thematisiert wird in der Zeichnung die sog. Dolchstoßlegende, laut der die Heimat dem kämpfenden Heer in den

Rücken gefallen war, was mit dem Bild eindrucksvoll zum Ausdruck gebracht wird. Zugleich verdeutlicht die Farbgebung, dass es „die Roten" waren, die den Dolchstoß ausführten. Darauf deutet auch die Ballonmütze hin, die als Symbol für alles Sozialdemokratische und Sozialistische galt.
Der Text dürfte nicht von dem Zeichner stammen, sondern eher von der Deutschnationalen Schriftenvertriebsstelle, die das Plakat auch herausgegeben hat. Bereits 1920 hatte sie unter der Überschrift „Der Dolchstoß von hinten" ein Werbeblatt veröffentlicht, in dem sie die bisher bekannten, wenig beweiskräftigen Einzelbelege zusammenstellte.
Mit einem Zitat eines Parteisekretärs der Sozialdemokraten nach der Revolution namens Albert Vater wird die „Dolchstoßlegende" belegt und behauptet, die Demokraten und Leute um Erzberger hätten die Sozialdemokratie dabei unterstützt. Dann wird der Blick auf die bevorstehenden Wahlen am 7. Dezember 1924 gelenkt. Angeblich wollen Sozialdemokraten und Demokraten die Deutschen zu Sklaven der Entente machen.

Albert Vater

Albert Vater, 1859 in Soldin / Neumark als Sohn eines Nagelschmieds geboren, kam nach mehrjähriger Wanderschaft nach Magdeburg, wo er als Schmied arbeitete. Er engagierte sich in der illegalen sozialdemokratischen Organisation „Copra", erwarb 1900 eine Gastwirtschaft, gründete zuerst eine eigene Partei, schloss sich aber bald wieder der SPD an. In der Magdeburger SPD zählte er zu den Linken. 1917 trat er der USPD bei, im November 1918 gehörte er dem Arbeiter- und Soldatenrat an, im Februar 1919 war er Mitbegründer der Magdeburger KPD und erster Bezirksleiter von Magdeburg-Anhalt. Im November 1918 war Vater dem Polizeipräsidenten beigeordnet worden. In dieser Position ließ er im

April 1919 den zufällig in Magdeburg weilenden Reichsjustizminister Otto Landsberg verhaften. 1921 wurde Vater verhaftet, wegen Hochverrats („Bildung bewaffneter Banden") angeklagt, aber freigesprochen. Vermutlich zunehmende Existenzsorgen und eine Verschlechterung seines Gesundheitszustands veranlassten ihn, sich 1923 im Bahnhof von Halle zu erschießen.

Hans Schweitzer

Hans Schweitzer wurde 1901 in Berlin als unehelicher Sohn eines Medizinstudenten geboren und wuchs bei der Großmutter in einem Arbeiterviertel Berlins auf. Ab 1918 studierte er Kunsterziehung an der Königlichen (später Staatlichen) Kunstschule Berlin. Er wurde Zeuge der revolutionären Ereignisse in Berlin (Paul, S. 47). Unter ihrem Eindruck hat er wohl seine ersten „Kampfbilder" gegen die „Marxisten" gezeichnet. Seit September 1920 veröffentlichte er regelmäßig Zeichnungen im Berliner Lokal-Anzeiger, einer rechten Tageszeitung, die in Deutschland weit verbreitet war. Anfang 1924 stellte ihn der Hugenberg-Scherl Verlag als festen Mitarbeiter an. Seinen Durchbruch als Grafiker erzielte er gegen Ende 1924 mit dem „Dolchstoßplakat" für den Wahlkampf der DNVP. Zeitgleich entstand sein erstes Wahlplakat für die NSDAP („Nieder mit der Finanzversklavung!"), der er 1926 beitrat. Zu einem seiner bekanntesten Werke zählt das NS-Wahlplakat mit der Aufschrift „Unsere letzte Hoffnung: Hitler" (1932).

Für die Signatur von Grafiken für die NSDAP legte er sich das Pseudonym „Mjölnir" (Hammer des germanischen Donnergottes Thor) zu, damit er weiterhin für Hugenbergs „Nachtausgabe" Karikaturen zeichnen konnte. Während Schweitzer in den NS-Zeitungen grundsätzlich die Enteignung gewisser Bevölkerungsgruppen befürwortete, musste er in Hugenbergs Auftrag den Kampf gegen jegliche Enteignung darstellen. Die zeichnerische Betätigung Schweitzers in zwei unterschiedlichen politischen Kontexten war offenbar den meisten Zeitgenossen nicht bekannt (Fulda, S. 218).

In Anerkennung seiner Verdienste in der „Kampfzeit" wurde der mit Goebbels befreundete Schweitzer 1935 zum „Reichsbeauftragten für künstlerische Formgebung" ernannt, erhielt zwei Jahre später den Professorentitel und wurde SS-Ehrenmitglied.

In der Bundesrepublik konnte Schweitzer keine große Karriere mehr machen. Als seine Vergangenheit nach 1955 bekannt wurde, erhielt er vom Bundespresseamt in Bonn keine Aufträge mehr. 1980 starb er in Landstuhl.

Zur Entstehung der Dolchstoßlegende

Am 17. Dezember 1918 referierte die „Neue Zürcher Zeitung" zwei Aufsätze des britischen Generals Sir Frederick Maurice über die Ursachen des deutschen Zusammenbruchs. Der Bericht schloss: „Was die deutsche Armee betrifft, so kann die allgemeine Ansicht in das Wort zusammengefaßt werden: sie wurde von der Zivilbevölkerung von hinten erdolcht."

Im November 1919 verlas Hindenburg vor dem Untersuchungsausschuss des Reichstags eine wohl von Ludendorff vorbereitete Erklärung: „Wie ein englischer General sehr richtig sagt, die deutsche Armee ist von hinten erdolcht worden." Verbreitet und benützt wurde die Dolchstoßlegende von den Rechten. Im Herbst 1925 kam es daher zu dem Münchner Dolchstoßprozeß, der dazu führte, dass die Vertreter der Dolchstoßthese sie nur noch auf die USPD, aber nicht mehr auf die SPD bezogen und sie nicht mehr als einzige, sondern als eine von mehreren Ursachen des Zusammenbruchs ansahen.

Zu den Aussagen des Plakats

Im Ersten Weltkrieg lagen seit 1917 den Militärbehörden Hinweise auf Aktivitäten im Untergrund vor – z.B. Äußerungen einzelner Soldaten oder die Verteilung von Flugblättern revolutionären Inhalts. Allerdings hatten sie keinen Einfluss auf den Kriegsverlauf. Albert Vater war nicht der einzige, der sich zum „Dolchstoß" bekannte, auch Emil Barth (USPD) gehörte dazu. „Innere Überzeugung beziehungsweise die Absicht, die eigene politische Richtung oder auch nur sich selbst zu profilieren, spielten im Fall der bewußten Bekenntnisse aus dem Lager der Linksradikalen der Rechten in die Hände" (Sammet, S. 198).

Matthias Erzberger (1875-1921) vom Zentrum war 1917 der Urheber der Friedensresolution des deutschen Reichstags, er unterzeichnete 1918 den Waffenstillstand. Bei den Rechten war er verhasst. Im August 1921 wurde Erzberger während eines Erholungsaufenthalts im Schwarzwald ermordet. Die Attentäter, ehemalige Mitglieder der Brigade Ehrhardt, Angehörige der Organisation Consul, entkamen ins Ausland.

Am 20. Oktober 1924 entschloss sich das Kabinett Marx für die Auflösung des Reichstags, da eine Erweiterung der Regierung nach rechts und links gescheitert war. Ebert löste folglich den Reichstag auf und setzte Neuwahlen für den 7. Dezember 1924 fest. Die DNVP versuchte mit hemmungsloser Agitation vor allem bisherige Anhänger der Deutschvölkischen und der Nationalsozialisten zu gewinnen, wofür auch das Wahlplakat zeugt. Allerdings stieg ihr Anteil bei den Wahlen lediglich um 1 % von 19,5 % auf 20,5 %, während der Anteil der SPD von 20,5 % auf 26 % stieg.

Hinweise für den Unterricht

Die Schüler sollen bei der Beschäftigung mit dem Wahlplakat der Frage nachgehen, welche Wirkung die Bilddarstellung auf den Betrachter wohl gehabt hat. Zugleich ist es wichtig, sich mit den Textaussagen des Plakats kritisch auseinanderzusetzen. Im Zusammenarbeit mit dem Kunstunterricht könnte die Aufgabe gestellt werden, ein Plakat gegen die Anhänger der Dolchstoßlegende zu entwerfen.

Literatur

Boris Barth, Dolchstoßlegende und politische Desintegration. Das Trauma der deutschen Niederlage im Ersten Weltkrieg 1914-1933, Düsseldorf 2003.

Bernhard Fulda, Die vielen Gesichter des Hans Schweitzer, in: Visual History. Ein Studienbuch, hg. v. Gerhard Paul, Göttingen 2006, S. 206-224.

Friedrich Frh. Hiller von Gaertringen, „Dolchstoß"-Diskussion und „Dolchstoßlegende" im Wandel von Jahrzehnten, in: Geschichte und Gegenwartsbewußtsein. Festschrift für Hans Rothfels zum 70. Geburtstag, Göttingen 1963, S. 122-160.

Gerhard Paul, „Mjölnir". Eine deutsche Künstlerkarriere, in: Journal Geschichte 23 (1991), 2/3, S. 45-59.

Rainer Sammet, „Dolchstoß". Deutschland und die Auseinandersetzung mit der Niederlage im Ersten Weltkrieg (1918-1933), Berlin 2003 (Reihe Hochschulschriften, Bd. 2).

Die „Dolchstoßlegende" auf einem Wahlplakat

„Stützen der Gesellschaft"

Beschreibung

Das Bild zeigt die Köpfe und Oberkörper von fünf Männern, die hintereinander und gleichzeitig übereinander angeordnet sind, und vier schemenhafte Gestalten im Hintergrund. Jede Person ist durch Aussehen, Bekleidung und verschiedene Attribute charakterisiert.

Die drei Männer im Vordergrund bilden eine Gruppe und nehmen über die Hälfte des Bilds ein. Ganz vorne sitzt ein Mann, dessen Kopf im Profil sichtbar ist, an einem Tisch. Unter seinem Jackett trägt er ein Hemd mit einem übertrieben hohen Stehkragen. Am Krawattenknoten steckt ein Hakenkreuz, und am Revers ist ein Ordensband befestigt. Außerdem hat er um die Brust ein Couleurband geschlungen, was ihn als Alten Herrn einer schlagenden Verbindung ausweist. Dazu passt auch der Bierkrug, den er in der Linken hält, und der Säbel, dessen Griff er mit der Rechten umklammert. Schmisse durchziehen sein Gesicht, und sein linkes Ohr fehlt; in der linken, leeren Augenhöhle klemmt ein Monokel. Sein auffallendstes Merkmal ist die fehlende Schädeldecke. Statt eines Gehirns sieht man undeutlich einen Reiter mit einer Lanze, an der die schwarz-weiß-rote Fahne des Kaiserreichs hängt, einen Paragrafen,

Stützen der Gesellschaft, Öl auf Leinwand (200 x 108 cm) von George Grosz, 1926, Aufbewahrungsort: Nationalgalerie, Berlin.

mehrere Gläser und Stroh. Im Gegensatz dazu sind Gesicht, Ohren und Schultern der beiden Männer, die hinter ihm stehen, auffallend rund. Der vom Betrachter aus linke Mann trägt eine Jacke über einem Hemd mit

Krawatte. Seine Kopfbedeckung ist ein Nachttopf. In seinem Gesicht fallen die Knollennase und der wenig gepflegte Schnurrbart auf. Durch seine kleinen Augen hinter dem Zwicker und den leicht geöffneten Mund mit den heruntergezogenen Mundwinkeln hat er einen etwas lauernden Ausdruck. Der Mann hält in der Rechten einen übergroßen Bleistift, in der Linken einen Palmzweig, der zum Teil rot gefärbt ist. Unter den linken Oberarm hat er mehrere Zeitungen geklemmt, deren Titel teilweise zu entziffern sind (u.a. „8 Uhr Abendblatt", „Deutsche Zeitung"). Die Schlagzeilen (u.a. „Neuer grausiger Kindermord in Schle[sien?]", „Morgige Kommunisten-Demonstrationen – Ausreichender Polizeischutz") gehören der Sensationspresse an oder lassen auf eine eher konservative Berichterstattung schließen. Auch vor diesem Mann steht ein Bierkrug.

Der Mann auf der rechten Seite ist ungeheuer dick und hat ein breites, aufgeschwemmtes Gesicht mit Doppelkinn und wulstiger Nase. Auf den Hängebacken sieht man geplatzte Äderchen. Auch dieser Mann trägt einen Zwicker und einen Schnurrbart. Er ist bekleidet mit einem Jackett mit Ordensband am Revers und einem Hemd mit niederem Stehkragen. Auch bei ihm fehlt die Schädeldecke, und an Stelle des Gehirns sieht man einen großen dampfenden Kothaufen. Der Mann hält in der Rechten ein Fähnchen mit der Aufschrift „Sozialismus ist Arbeit", in der Linken ein anderes mit den Farben des Kaiserreichs.

Hinter dieser Gruppe steht ein Mann, der in eine schwarze Robe gehüllt ist und auf dem Kopf ein Barett trägt. Er hat Arme und Hände nach links ausgestreckt. Sein massiger, fast kahler Kopf sitzt auf einem kurzen dicken Hals. Besondere Kennzeichen an ihm sind die Nase, der vorgestreckte Unterkiefer und die gefletschten Zähne. Das linke Auge ist fast geschlossen.

Der Mann dahinter wendet sich in die entgegengesetzte Richtung und marschiert nach rechts. Er trägt Uniform und Stahlhelm und hat in das rechte Auge ein Monokel geklemmt. In der Rechten hält er einen gezogenen Säbel, an dem Blut klebt, in der Linken schussbereit eine Pistole. Am Kragen der Uniformjacke sieht man die Farben des Kaiserreichs und darunter ein Eisernes Kreuz.

Die Gestalten hinter ihm, von denen man nur zwei Profile deutlicher erkennen kann, sind offensichtlich auch Soldaten. Sie marschieren ebenfalls nach rechts. Einer hat den rechten Arm erhoben. Auf der anderen Seite stehen zwei Männer mit groben Gesichtern, eckigem Unterkinn und krummer Nase. Der eine hält einen Säbel, der andere eine Handgranate. Sie blicken nach links, wo ein mehrstöckiges Gebäude brennt.

Interpretation

Der Titel lässt erkennen, dass Grosz Vertreter der Gesellschaft zeigen wollte, die eine tragende Rolle spielen. Dabei bildet er keine Individuen ab, sondern Figuren, die aus verschiedenen Einzelteilen und Attributen zusammengesetzt sind.

Der Mann im Vordergrund ist Mitglied einer schlagenden Verbindung (Couleurband) und Jurist (Paragraf im Kopf). Er wird als starrer Mann dargestellt, der kaum etwas sieht und hört. Seine Treue zum Kaiserreich zeigt der Lanzenreiter in seinem Gehirn. Offensichtlich war er als Adeliger oder Angehöriger der bürgerlichen Oberschicht bei der Kavallerie. Er sympathisiert gleichzeitig mit der radikalen Rechten (Hakenkreuz). Der Wirrwarr von Gläsern und Stroh in seinem Kopf kennzeichnet ihn als Alkoholiker und Dummkopf, die Verbindung von Reiter und Paragraf lässt sich vielleicht als Ausdruck von Sturheit („Paragrafenreiter") lesen. Der zweite Mann ist der Vertreter der Presse, und sein Gesicht ähnelt dem des Pressezaren Hugenberg, der auch zwei der abgebildeten Zeitungen herausgab („Deutsche Zeitung" und „Berliner Lokal-Anzeiger"). Dazu passen auch die Schlagzeilen, während der blutverschmierte Palmzweig die Diskrepanz von geheuchelter Friedensbereitschaft und aggressiver Berichterstattung entlarven soll. Die Beschränktheit des Manns wird durch den Nachttopf als Kopfbedeckung ausgedrückt.

Der zweite, dicke Mann ist offensichtlich ein Parlamentarier, dessen Dummheit besonders drastisch dargestellt ist (Kothaufen). Er vertritt wahrscheinlich die SPD („Sozialismus ist Arbeit"), fühlt sich aber auch dem Kaiserreich verbunden und wechselt seine politischen Grundsätze wie ein „Fähnchen im Wind". Das erklärt auch die schwammigen Konturen seines Gesichts und seines Körpers.

Der Mann mit der Robe ist ein Geistlicher, auch wenn sein brutales Gesicht eher an einen Gewaltverbrecher erinnert. Er wird ebenfalls als Alkoholiker charakterisiert. Die Geste nach links kann als Einladung an die Menschen, die rechts von ihm stehen, gedeutet werden. Durch seine Blickrichtung und die fast geschlossenen Augen sieht er nicht, was um ihn herum passiert.

Dagegen gehen die Soldaten auf der anderen Seite gewaltsam gegen linke Gruppen vor. Die beiden anderen Gestalten, die im Dunkeln agieren, sind dagegen wohl eher als Angehörige ehemaliger Freikorps zu verstehen.

Damit gibt Grosz eine sarkastische Diagnose der gesellschaftlichen und politischen Eliten in der Weimarer Republik. Die Vertreter der Justiz und der Presse, der politischen Parteien, der Kirche und der Reichswehr sind beschränkt, reaktionär und gewalttätig.

George Grosz

George Grosz wurde 1893 als Georg Ehrenfried Groß in Berlin geboren. Er studierte an der Kunstakademie in Dresden und an der Kunstgewerbeschule in Berlin. Ab 1917 veröffentlichte er Karikaturen in verschiedenen satirischen Zeitschriften und gab Mappen mit Lithografien heraus, mit denen er ebenfalls die politischen und sozialen Verhältnisse seiner Zeit kritisierte. Ab 1925 schuf Grosz auch einige Ölbilder, von denen „Stützen der Gesellschaft" das bekannteste wurde. 1932 erhielt er eine Gastdozentur an der Kunstakademie in New York, wohin er im Januar 1933 übersiedelte. Nach dem Zweiten Weltkrieg besuchte er wiederholt Deutschland und starb hier während eines Aufenthalts im Jahr 1959.

Grosz wurde in seiner künstlerischen Entwicklung von Vorbildern aus unterschiedlichen Epochen und Stilrichtungen geprägt. Bei der Figurendarstellung ließ er sich von der sog. *Pittura metafisica inspirieren. Diese italienische Stilrichtung stellte den Menschen als Puppe („manichino") dar.

Während des Ersten Weltkriegs war Grosz mit kommunistischen Ideen in Berührung gekommen. Sie waren der Anlass für die ab 1920 entstandenen „Komplexbilder" mit politisch-ideologischen Aussagen.

Zur Entstehung des Bilds

Grosz war ein radikaler Gegner des Kaiserreichs und seiner Vertreter, zu denen er auch das Bürgertum zählte. Die meisten seiner Bilder erschienen als *Lithografien in Sammelmappen. In dem Werk „Das Gesicht der herrschenden Klasse in Deutschland" (1921) hat Grosz bereits wichtige Motive von „Stützen der Gesellschaft" vorweggenommen. Das Bild „Wir treten zum Beten vor Gott den Gerechten" enthält trotz mancher Unterschiede bereits vier der späteren Figuren.

Wahrscheinlich war „Stützen der Gesellschaft" ursprünglich nicht als Einzelbild geplant, sondern als Flügel eines *Triptychons mit dem zeitgleich entstandenen Gemälde „Sonnenfinsternis" als Mittelbild. Ein zweiter Flügel wurde jedoch nicht gemalt. Die beiden Bilder beziehen sich thematisch aufeinander, auch die Formate (fast gleiche Höhe) lassen eine solche Möglichkeit zu.

Hinweise für den Unterricht

Für die Erschließung des anspruchsvollen Bilds im Unterricht bietet sich an, mit einigen Figuren der Zeichnung von 1921 zu beginnen, weil sie durch wenige Details und genaue Konturen eindeutiger zu erkennen und leichter zu beschreiben sind (Abbildung bei Schuster). Bei der Besprechung des Ölbilds lassen sich dann Gemeinsamkeiten und Unterschiede herausarbeiten und auf dem Hintergrund der Entstehungszeit erklären. Auch ein Hinweis auf das Bild „Sonnenfinsternis" und das geplante Triptychon ist denkbar (Abbildung bei Schuster).

In der Oberstufe kann in Zusammenarbeit mit dem Kunstunterricht ein fehlender Flügel (z.B. die Darstellung eines unpolitischen, saturierten Bürgertums oder eine Kapitalismuskritik) entworfen werden. Auch die künstlerische Entwicklung von Grosz, seine Vorbilder und sein Gesamtwerk sind Themen, zu denen der Kunstunterricht beitragen kann.

Das Bild ist eine ergiebige Quelle für die Geschichte der Weimarer Republik, doch sollte der Lehrer darauf hinweisen, dass Grosz Schwächen von Staat und Gesellschaft in der Weimarer Republik pointiert aufzeigte, weil er diesen Staat aus einer extrem linken Position ablehnte. Deshalb gab es für ihn nur hässliche und brutale Vertreter der Eliten. Grosz gehörte zu den intellektuellen Linken, die die erste deutsche Demokratie bekämpften und damit auch zu ihrem Scheitern beitrugen.

Literatur

Heinz Kneile, „Stützen der Gesellschaft" von George Grosz. Ein Bildquelle aus der Zeit der Weimarer Republik, in: GWU 30 (1979) S. 21-28.

Peter-Klaus Schuster (Hg.), George Grosz. Berlin – New York, Berlin 1995.

Großstadt (*Triptychon), *Mischtechnik/Holz (linker Flügel: 181 x 101 cm; Mittelteil: 181 x 201 cm; rechter Flügel: 181 x 100 cm; Gesamtgröße: 181 x 402 cm) von Otto Dix, 1927/28, Aufbewahrungsort: Kunstmuseum, Stuttgart.

„Großstadt" von Otto Dix

Beschreibung

Im linken Flügel spazieren auf einer gepflasterten Gasse, die unter einem Brückenbogen hindurchführt, Prostituierte. Hinter dem aus rohen Ziegeln gemauerten Brückenpfeiler werden die Geschäfte abgewickelt, im Hintergrund sind Häuserfronten zu erkennen. Ein Krüppel ohne Beine, in zerrissener Kleidung starrt den Frauen nach, die ihn aber nicht beachten. Die Kopfbedeckung des Mannes wirkt militärisch. Daher liegt es nahe, in ihm einen Kriegsversehrten zu sehen. Lediglich eine Prostituierte scheint sich nach ihm umzublicken, ihr Gesichtsausdruck wirkt hochmütig. Ein Hund bellt den Kriegsversehrten an. Am Boden liegt ein weiterer Mann, vielleicht ein Betrunkener.

Im Mittelteil spielt eine Jazzkapelle, die das linke Bilddrittel einnimmt. Daneben tanzt ein Paar mit stark verbogenen Beinen. Eine perlenüberhäufte und von plissierten Volants umsäumte schlanke, fast knabenhafte Frau hält einen überdimensionierten Fächer hoch. Auf dem rechten Bilddrittel sitzt ein Paar: er mit Monokel, sie trägt ein enges Kleid und viel Schmuck, eine Pelz- oder Federboa liegt über der rechten Schulter, ein gemusterter Vorhang ragt ins Bild. Weiter innen im Raum steht eine zigarettenrauchende, schlanke Frau im Abendkleid, auch sie trägt reichlich Schmuck. Im Hintergrund sind noch weitere Personen auszumachen.

Auf der rechten Seite des rechten Flügels ist eine barockisierende Ornamentarchitektur zu sehen. Davor sitzt ein Krüppel mit Beinstümpfen und verrutschter Augenbinde am Boden. Er hat seinen Hut zum Betteln umgekehrt aufgestellt und salutiert. Aufgrund der Farben wirkt er beinahe wie zur Architektur gehörig. Edelprostituierte, an ihrer Kleidung und am Schmuck zu erkennen, steigen eine Treppe hinauf und hinab. Der Pelz und der Überwurf der Frau im Vordergrund sind als eindeutige Insignien des weiblichen Geschlechtsteils gestaltet. Die Frau hinter ihr zeigt ihren weitgehend unverhüllten Busen.

Auf dem linken Flügel findet sich das Monogramm unten rechts mit der Jahreszahl 1928, ebenfalls im Mittelteil auf der Trommel und auf dem rechten Flügel (dort aber mit der Jahreszahl 1927) wieder unten rechts.

Der Maler und seine Technik

Wilhelm Heinrich Otto Dix wurde 1891 in Untermhaus bei Gera in Thüringen geboren. Nach einer Lehre zum Dekorationsmaler besuchte er 1910-1914 die Kunstgewerbeschule in Dresden. Nach seiner Soldatenzeit im Ersten Weltkrieg studierte er 1919-1922 an der Dresdner Akademie, danach arbeitete und studierte er bis 1925 in Düsseldorf. 1925-1927 lebte er in Berlin, bis er zum Professor an der Dresdner Akademie ernannt wurde. Die Nationalsozialisten enthoben ihn 1933 seines Amtes, und er erhielt Ausstellungsverbot. Danach arbeitete er in Randegg bei Singen und in Hemmenhofen am Bodensee. Seit 1949 besuchte er wieder jährlich Dresden und unternahm mehrere Studienreisen. 1969 starb er in Singen am Hohentwiel.

Dix malte erst expressionistisch, wandte sich aber seit 1920 dem Realismus zu. Er wird auch als „expressiver Realist" bezeichnet und der sog. Neuen Sachlichkeit zugerechnet. Häufig stellte er Szenen aus dem Ersten Weltkrieg und Kriegsversehrte sowie Prostituierte dar.

Für das großartige und zugleich schockierende Großstadt-Triptychon, das er 1927/28 schuf, hat Dix eine Reihe von Vorstudien zu einzelnen Bildgegenständen durchgeführt. Daneben arbeitete er drei Kartons in den Größenverhältnissen des fertigen Bilds aus, die bereits die Einzelheiten der fertigen Komposition angaben. Der Grund war die *lasierende Öl-Tempera-Technik auf Holz mit ihren komplizierten Arbeitsvorgängen. Dix

war von dieser Technik aufgrund der Transparenz-Wirkung der Farben fasziniert. Die Übernahme dieser Technik ist seiner intensiven Beschäftigung mit den alten Meistern, wie u.a. Matthias Grünewald und Lukas Cranach, geschuldet. Auch die Wahl leuchtender kontrastreicher Farben, die Betonung des Stofflichen sowie die Leidenschaft für die Ausgestaltung von Details sind gemeinsame Merkmale.

Interpretation

Die Kriegskrüppel, die auf dem linken und rechten Flügel zu sehen sind, werden aufgrund der Ähnlichkeit häufig als Selbstporträts des Malers gedeutet, obgleich er betonte, er habe das nicht beabsichtigt. Der Gegensatz zwischen dem zur Schau gestellten Luxus und Amüsement und andererseits dem Elend der Kriegskrüppel, die keinerlei Beachtung bzw. höchstens Verachtung wie auf dem linken Flügel des Triptychons erfahren, wird häufig als Anklage der sozialen Verhältnisse der Weimarer Republik interpretiert. Dazu trägt auch die Form des altarähnlichen Triptychons bei. Statt der religiösen Bildersprache wird jetzt eine Allegorie auf das moderne Großstadtleben geboten. Der Künstler betonte demgegenüber: „Wenn dann die Herren kommen, nicht wahr, und sagen: Ja nu, was soll denn das alles hier? Soll das für einfache Menschen sein oder für Ästheten? Für wen soll das eigentlich sein? Es war nicht nötig, daß Sie das gemacht haben. – Da kann ich bloß sagen: Ich male ja nicht für die. Weder für die noch für die. – Ich bin ein derart souveräner Prolet, daß ich sage: Das mach' ich! Da könnt Ihr sagen, was Ihr wollt! – Wozu das gut ist, weiß ich selber nicht. Aber ich mach's, weil ich weiß: So ist das gewesen und nicht anders [...]" (Keuerleber, S. 2). Dix sieht sich somit als Zeitzeugen, nicht als Ankläger der Zeitumstände.

Neben der sozialkritischen Deutung wird das Triptychon auch als Ausdruck der Körperpräsentation in der großstädtischen Gesellschaft der Jahre nach dem Ersten Weltkrieg interpretiert. Selbstanpreisung des Körpers als Ware findet sich im Mittelteil, wo die Damen bemüht sind, eine möglichst perfekte Illusion von Glück durch Reichtum zu erzeugen. Die Halbweltdamen des rechten Flügels offerieren ihre sexuellen Reize dem Markt und sind mit ihrem Nachahmungseifer der wohlhabenden Schicht zuzuordnen. Im linken Flügel dagegen erweist sich die Sexualisierung des Körpers am deutlichsten in der Reduktion auf den billigen Warenwert. Die Triptychon-Form ermöglichte nach der Kunsthistorikerin Eva Karcher eine besonders vielseitige Gliederung des Bildraums. So konnte der Maler zeitlich und räumlich Realitätsebenen in einem Bild vereinen.

Eine wichtige Anregung für das Gemälde war nach Dix' eigener Aussage Joyces Roman „Ulysses", an dem ihn laut Karcher wohl das kompositionelle Gefüge am stärksten faszinierte. „Es gibt im Großstadtbild eben keinen linear fortschreitenden erzählenden Aufbau mehr, sondern es geht um die Vergegenwärtigung subjektiver komplizierter Bewußtseinsvorgänge und Reflexionen" (Karcher, S. 169). Die Darstellung der Gleichzeitigkeit von Handlungen und Ereignissen war auch eine der wichtigsten Entdeckungen des epischen Theaters der 1920er-Jahre, das von Erwin Piscator geprägt wurde. Dafür entwickelte Piscator 1927 zusammen mit Walter Gropius neue Techniken.

Susan Laikin Funkenstein hat nachgewiesen, wie sehr die Bekleidung, die insbesondere die Damen des Mittelteils tragen, sich an Darstellungen orientierte, die durch die Zeitschrift „Elegante Welt" verbreitet wurde. Diese Zeitschrift, die alle zwei Monate erschien, brachte auch jährlich ein Heft heraus, das den Tanzstilen und der Tanzmode gewidmet war. Martha Dix las es wahrscheinlich.

Sie und ihr Mann hatten eine gemeinsame Vorliebe für das Tanzen, insbesondere für die modernen Tänze wie Shimmy und Charleston.

In den 1920er-Jahren war der androgyne Frauentyp in Mode, wie er von der Dame mit dem Fächer verkörpert wird. Die Dame, die mit ihrem Partner im Mittelteil offensichtlich Charleston tanzt, ahmt laut Funkenstein die Tanzkunst von Josephine Baker nach, die 1926 und 1928 in Berlin auftrat: Allerdings gelinge es ihr nicht, deren Anmut in den Bewegungen und deren Humor in ihrer Darstellung zu erreichen.

Vorzeichnungen und der Karton des Mittelfelds wurden wohl bereits in Berlin fertiggestellt, aber die Arbeit ging in Dresden weiter. Es ist bekannt, dass Dix einige Dresdner Bekannte als Vorlage für seine Figuren nahm. So soll der Saxophonist einem damals bekannten sächsischen Politiker ähneln.

Wie sehr der Künstler mit diesem Werk verbunden war, zeigt sich daran, dass er es zwar ausstellte, aber trotz mehrerer Angebote nicht verkaufte. Es verblieb bis zu seinem Tod in seiner Sammlung.

Hinweise für den Unterricht

Das Bild muss selbstverständlich in den historischen Kontext seiner Entstehungszeit gestellt werden. Die Phase der relativen Stabilisierung der Weimarer Republik zwischen 1924 und 1929 werden als die „Goldenen Zwanziger" bezeichnet. Bei dieser Bezeichnung ist der Blick jedoch weniger auf die politische und wirtschaftliche Situation gerichtet, die gar nicht so „golden" war, sondern vor allem auf die Entfaltung eines Lebensgefühls und die fast eruptive Freisetzung schöpferischer geistiger Kräfte. Die kulturelle Szene und das politische Leben in Weimar waren kaum aufeinander bezogen.

Es bietet sich eine Zusammenarbeit mit dem Deutsch- und dem Kunstunterricht an. Im

Deutschunterricht ist als Lektüre zu empfeh-
len: der Bericht Carl Zuckmayers über Berlin
(Als wär's ein Stück von mir. Horen der
Freundschaft, Hamburg 1966, S. 353 ff.) und
Kurt Tucholskys Schilderung des Berliners in
„Berlin, Berlin" (Gesammelte Werke, hg. v.
Mary Gerold-Tucholsky und Fritz Raddatz,
Bd. 2, 1919-1920, Reinbek 1975, S. 129 f.).
Auf alle Fälle sollten die Schüler ihre
Eindrücke, die ihnen das Bild vermittelt,
äußern und diskutieren. Ausgehend von
gegensätzlichen Meinungsäußerungen der
Schüler kann dann auf die Rezeption der
„neuen Kunst" in der Weimarer Republik hin-
gewiesen werden. Denn sie war keineswegs
allgemein akzeptiert, sondern eine mächtige
kulturpessimistische und zivilisationskritische
Strömung setzte der vordringenden Moderne
entschiedenen Widerstand entgegen. Man
kann daher mit guten Gründen von zwei
Kulturen sprechen, die sich fremd und feind-
selig gegenüberstanden.

Literatur

*Eva Karcher, Otto Dix 1891-1969. Leben und
Werk, hg. v. Ingo F. Walther, Köln 1988.*

*Eugen Keuerleber, Otto Dix zum 80. Geburtstag,
Ausstellung und Katalog, hg. v. der Galerie der
Stadt Stuttgart, Stuttgart 1971.*

*Susan Laikin Funkenstein, Fashionable Dancing:
Gender, the Charleston, and German Identity in
Otto Dix's Metropolis, in: German studies
review 28 (2005), H. 1, S. 20-44.*

*Fritz Löffler, Otto Dix. Leben und Werk, Wien
und München 1967.*

„Ich suche Arbeit jeder Art!"

Beschreibung

Das erste Foto zeigt einen etwa 30-jährigen Mann. Er hat ein breites Gesicht und einen kurzen Kinnbart. Sein Hut ist weit in die Stirn gezogen, sodass man seine Haare nicht sehen kann. Der Mann trägt einen Rock oder kurzen Mantel über einem hellen Hemd mit Fliege, eine Hose mit röhrenförmigen Beinen und Schuhe mit hohem Schaft. Mit seinen rechtwinklig geöffneten Füßen und den Händen an der Hosennaht wirkt seine Haltung fast militärisch stramm. Dazu passt auch sein ernstes Gesicht und die niedergeschlagenen Augen.

Von dem großen Schild auf seiner Brust mit der Aufschrift „Ich suche Arbeit jeder Art!" laufen zwei Schnüre über seine Schultern, was auf ein gleiches Schild auf dem Rücken schließen lässt. Das erklärt auch, warum ein gut gekleideter Mann hinter ihm stehen geblieben ist und interessiert, vielleicht auch

„Ich suche Arbeit jeder Art!", Foto von Herbert Hoffmann, Berlin (?), um 1930.

etwas amüsiert auf den Mann schaut. Der Mann steht auf einer gepflasterten Straße. Im Hintergrund sieht man eine Säule oder einen Laternenmast und Hausfassaden.

Die Frau auf dem zweiten Foto (s. S. 170) ist ca. 25-30 Jahre alt. Sie trägt einen Mantel, darunter einen Faltenrock, dunkle Strümpfe und flache Schuhe mit Schnallen. Ihr volles, halblanges Haar wird von einer Mütze bedeckt. Als Schmuck ist eine einfache Halskette zu erkennen.

Die Frau lächelt etwas, hat dabei aber die Augen gesenkt. Ihre Hände stecken in den Manteltaschen, und ihre Haltung drückt Verlegenheit aus. Vielleicht rührt sie von dem Schild, das sie mit einer Schnur um den Hals trägt. Darauf steht sorgfältig mit der Hand geschrieben:

„Hallo! Ich suche Arbeit! Ich kann Stenographie und Schreibmaschine, ich habe englische und französische Sprachkenntnisse, ich nehme jede im Haushalt vorkommende Arbeit an, kann alles was einen aufmerksamen Geist erfordert."

Die Frau steht auf einem Pflaster aus kleinen rechteckigen Steinen. Hinter ihr sieht man eine niedrige Mauer mit einem Zaun.

„Hallo! Ich suche Arbeit!", unbekannter Fotograf, Berlin, Dezember 1931.

scheint sehr ernst zu sein, denn er ist zu jeder Art von Arbeit bereit. Die Frau, die wahrscheinlich als Angestellte in einem Büro gearbeitet hat, nennt auf ihrem Schild ihre Kenntnisse und Fähigkeiten, betont aber auch die Bereitschaft für eine Haushaltstätigkeit oder eine andere Arbeit. Die ausführlichere Beschreibung diente vor allem auch dazu, um Missverständnisse (Bereitschaft zur Prostitution) zu vermeiden.

Die beiden Bilder stehen stellvertretend für zahlreiche andere Fotos, in denen arbeitslose Menschen mit Schildern auf sich aufmerksam machten. Sie zeigen die dramatischen Auswirkungen der Weltwirtschaftskrise, die arbeitswillige Menschen dazu zwang, sich selbst wie ein Produkt anzubieten.

Arbeitslosigkeit in der Weimarer Republik

Interpretation

Die beiden Fotos sind keine Schnappschüsse, sondern mit Wissen der fotografierten Personen aufgenommen, die dafür auch eine entsprechende Haltung einnehmen. Sie dokumentieren die wirtschaftliche Lage, speziell die Lage von Arbeitslosen, am Ende der Weimarer Republik. Sie sind aber auch Zeugnisse der individuellen Situation, in der sich der Mann und die Frau befinden, sodass sie auf unkonventionelle Weise Arbeit suchen. Der Mann war vermutlich Arbeiter. Seine Lage

Der Erste Weltkrieg hatte nicht nur ein besiegtes, sondern auch ein finanziell geschwächtes Deutschland hinterlassen. Die ökonomischen Probleme wurden in den folgenden Jahren durch die Umstellung von Kriegs- auf Friedenswirtschaft, durch Gebietsverluste, Reparationen und den „Ruhrkampf" weiter verschärft.

Die Inflation, die 1923 ihren Höhepunkt erreichte, hatte bereits 1923/24 zu einem Anstieg der Arbeitslosigkeit geführt. Die Neuregelung der Reparationszahlungen durch den Dawesplan und die Einführung der

„Ich suche Arbeit jeder Art!"

Rentenmark führte zu einer vorübergehenden Konsolidierung. Aber trotz des Wirtschaftswachstums nach 1924 kam es aufgrund eines Sanierungskrise – sie betraf Firmen, die von der Inflation profitiert hatten – und der verstärkten Rationalisierung erneut zu einer Zunahme der Arbeitslosigkeit, die im Winter 1928/29 bereits auf drei Millionen stieg.

Die Weltwirtschaftskrise traf die ungefestigte deutsche Wirtschaft besonders hart und verschärfte die Rezession. Die Verringerung der Produktion, die Entlassung von Arbeitskräften und die Schließung zahlreicher Betriebe führten zu einer drastischen Zunahme der Arbeitslosigkeit, die mit 6,13 Millionen Arbeitslosen im Februar 1932 ihren Höchststand erreichte. Das bedeutete, dass jede zweite Familie in Deutschland davon direkt betroffen war.

Die Arbeitslosigkeit hatte auch politische Auswirkungen. Die 1927 gegründete Arbeitslosenversicherung geriet 1929 in Zahlungsschwierigkeiten, sodass im Dezember die Beiträge von 3,0 auf 3,5 % angehoben werden mussten. Der Rückgang der Einnahmen und die steigenden Ausgaben führten im März 1930 zu einem Streit um eine weitere Erhöhung (auf 4 %) oder eine Senkung der Leistungen. Wegen der kontroversen Positionen von SPD und DVP in dieser Frage zerbrach die große Koalition unter Reichskanzler Hermann Müller-Franken. Die Spar- und Deflationspolitik der Regierung Brüning verschärfte die politische Lage und hatte ein Anwachsen der radikalen Parteien (KPD und NSDAP) zur Folge.

„Arbeitslosigkeit" in zeitgenössischen Medien

Über Herbert Hoffmann ist nichts bekannt. Das von ihm aufgenommene Foto des Arbeitslosen wurde 1931 in dem Buch „Das Gesicht der Demokratie. Ein Bilderwerk zur Geschichte der Deutschen Nachkriegszeit" (S. 91) veröffentlicht. Der Herausgeber Edmund Schultz gehörte dem Kreis um Ernst Jünger an, dessen Bruder Friedrich Georg die Einleitung verfasste. Alle drei vertraten einen extremen Nationalismus. Das Bild ist unterschrieben mit „Das ‚Recht auf Arbeit'" und zeigt damit die antirepublikanische Einstellung des Autors.

Die Massenarbeitslosigkeit von 1930-1933 wurde auch zum Gegenstand unterschiedlicher Dokumentationen. Der aus Livland stammende Schriftsteller Alexander Graf Stenbock-Fermor veröffentlichte 1931 „Deutschland von unten. Reisen durch die proletarische Provinz 1930" (Neuauflage Luzern/Frankfurt a. M. 1980). Der aus Texas stammende Journalist Hubert R. Knickerbocker, der seit 1923 in Deutschland lebte und für deutsche und US-amerikanische Zeitungen schrieb, verfasste das Buch „Deutschland – so oder so?" (Berlin 1932).

Das verstärkte Interesse an politischen und sozialen Fragen führte dazu, dass die Arbeitslosigkeit auch zu einem Thema in Literatur und Film wurde. Die bekanntesten Beispiele sind Hans Falladas Roman „Kleiner Mann – was nun?" (1932) und Ödön von Horvaths Drama „Kasimir und Karoline" (1932). Die Idee für einen Film über die Folgen der Arbeitslosigkeit stammt von dem aus Bulgarien stammenden Regisseur Slatan Dudow, dessen Dokumentarfilm „Wie der Berliner Arbeiter wohnt" (1930) verboten wurde. Zusammen mit Bertolt Brecht und Ernst Ottwals verfasste er das Drehbuch zu „Kuhle Wampe oder: Wem gehört die Welt" (1932). Der Film wurde von der Berliner Filmprüfstelle verboten und erst in einer gekürzten Fassung freigegeben.

Zusätzliches Material

Der Tagesablauf von Arbeitslosen

Die 1933 veröffentlichte Studie über Langzeitarbeitslose war in dem Industriedorf Marienthal bei Wien entstanden. Wegen der Kombination ver-

schiedener Untersuchungsmethoden wurde sie zu einem Klassiker der empirischen Sozialforschung.

Doppelt verläuft die Zeit in Marienthal, anders den Frauen und anders den Männern. Für die letzteren hat die Stundeneinteilung längst ihren Sinn verloren. Aufstehen – Mittagessen – Schlafengehen – sind die Orientierungspunkte im Tag, die übriggeblieben sind. Zwischendurch vergeht die Zeit, ohne daß man recht weiß, was geschehen ist. Die Zeitverwendungsbogen zeigen das drastisch. Ein 33jähriger Arbeitsloser schreibt:

6 – ½ 7	stehe ich auf,
7 – 8	wecke ich die Buben auf, da sie in die Schule gehen müssen,
9 – 10	wenn sie fort sind, gehe ich in den Schuppen, bringe Holz und Wasser herauf, wenn ich hinaufkomme, fragt mich immer meine Frau, was sie kochen soll; um dieser Frage zu entgehen, gehe ich in die Au [Parkanlage bei der Textilfabrik Marienthal],
10 – 11	einstweilen wird es Mittag,
11 – 12	(leer),
12 – 13	1 Uhr wird gegessen, da die Kinder erst aus der Schule kommen,
13 – 14	nach dem Essen wird die Zeitung durchgesehen,
14 – 15	bin ich hinunter gegangen,
15 – 16	zum Treer [Kaufhaus mit Alkoholausschank] gegangen,
16 – 17	beim Baumfällen im Park zugeschaut, schade um den Park,
17 – 18	nach Hause gegangen,
18 – 19	dann nachtmahlten wir, Nudeln mit Gries geröstet,
19 – 20	schlafen gehen.

Marie Jahoda, Paul R. Lazarsfeld, Hans Zeisel, Die Arbeitslosen von Marienthal. Ein soziographischer Versuch über die Wirkungen langandauernder Arbeitslosigkeit 1933; zit. nach Longerich, S. 401-402.

Hinweise für den Unterricht

Die beiden Bilder eignen sich als Einstieg in das Thema „Arbeitslosigkeit als Folge der Weltwirtschaftskrise". Ausgehend von den beiden Personen kann die wirtschaftliche Entwicklung der Weimarer Republik und insbesondere die Entwicklung der Arbeitslosigkeit 1930-1933 gezeigt werden. Die Bilder eignen sich aber auch zu einer kreativen Auseinandersetzung mit Einzelschicksalen (fiktive Biografie, Tagebuch, Rollenspiel). Dazu können literarische Zeugnisse und Zeitdokumente verwendet werden.

Als Erweiterung des Themas ist eine Zusammenarbeit mit dem Fach Kunst denkbar (Foto als Zeitdokument und Kunstwerk, Entwicklung eines sozialkritischen Fotos). Das Thema eignet sich aber auch für ein fächerübergreifendes Projekt (zusammen mit Sozialkunde, Deutsch und Ethik), bei dem auf eine Aktualisierung (Arbeitslosigkeit in der Weimarer Republik – Arbeitslosigkeit heute) nicht verzichtet werden sollte.

Literatur

Diethart Kerbs, Henrick Stahr (Hgg.), Berlin 1932. Das letzte Jahr der ersten deutschen Republik. Politik, Symbole, Medien. Berlin 1992.

Peter Longerich, Die Erste Republik. Dokumente zur Geschichte des Weimarer Staates, München, Zürich 1992.

„Ich suche Arbeit jeder Art!"

„Die Klebekolonnen der SA bei der Arbeit. Boykottplakate künden dem Publikum an, welche Geschäfte nicht zu betreten sind", Foto vom 1. April 1933, etwas beschnitten abgebildet im „Völkischen Beobachter", 2./3. April 1933, Beiblatt.

Der Boykott jüdischer Geschäfte

Beschreibung

Das erste Foto zeigt fünf Männer vor dem Eingang eines Geschäfts. Vier von ihnen tragen SA-Uniform. Der größte von ihnen, ein junger Mann, der die anderen um einen Kopf überragt, scheint die Aktion zu leiten. Er verdeckt einen großen Teil der Eingangstür, auf die ein Spruchband fast senkrecht geklebt ist. Neben der Tür hängt ein Thermometer mit dem Namen „Messler". Der Mann hält in der Rechten eine Büchse und gibt mit dem ausgestreckten Finger der Linken ein Zeichen. Angesprochen sind offensichtlich die beiden Männer, die vor ihm stehen. Einer von ihnen

trägt einen Stapel Plakate auf dem Arm und zeigt mit dem Daumen der rechten Hand in dieselbe Richtung wie der junge Mann. Hinter ihnen hat ein Mann mit einem Eimer in der linken Hand wahrscheinlich gerade das Schaufenster beklebt, auf dem ein größeres Plakat und ein Spruchband zu sehen sind. Ganz rechts steht ein Mann in Zivil mit einer Hakenkreuzbinde am linken Arm. Auch er trägt einen Stapel von Spruchbändern über dem linken Arm.

Vor ihm liegt ein weiteres Plakat auf einem Tisch oder Stuhl. Auf der Straße vor dem Geschäft stehen ein runder Holztisch und vier Holzstühle. Im Hintergrund führt eine breite Treppe in einen Hauseingang.

Auf dem zweiten Foto (s. S. 174) bildet ein geschlossenes Gitter den Hintergrund. Von dem Geschäft, das sich dahinter befindet, sind die

SA-Männer vor einem jüdischen Geschäft, Foto vom 1. April 1933.

Bezeichnungen „Ausgang" und „Eingang" zu lesen. In den Gehweg davor sind drei große Fußabstreifer eingelassen. Hier stehen breitbeinig drei SA-Männer, von denen der linke, ein sehr junger Mann, in der linken Hand eine Zigarette hält. Der mittlere trägt ein großes Schild mit der Aufschrift „Deutsche! Wehrt Euch! Kauf nicht bei Juden!" an einer Schnur um den Hals. Zwischen den beiden Männern hängt ein etwas verknittertes Plakat an dem Gitter. Darauf ist zu lesen: „Deutsche, verteidigt Eu[ch] [g]egen die jüdisch[e] Greuelpropagand[a]. Kauft nur bei Deutschen". Darunter steht, allerdings kaum zu entziffern, derselbe Text auf Englisch. Der ältere Mann ganz rechts schaut zu einer älteren Frau in einem dunklen Mantel, die ihn wahrscheinlich gerade angesprochen hat. Auf der linken Seite kommt ein weiterer Passant, ein älterer Herr mit Brille und Hut, der die ganze Aktion nicht weiter zu beachten scheint.

Interpretation

Die beiden Fotos – die Fotografen sind unbekannt – wurden am 1. April 1933 aufgenommen und zeigen zwei Schritte des Boykotts gegen jüdische Geschäfte. Das erste Foto wirkt wie ein Schnappschuss. Man kann die Plakate nicht lesen, doch soll das Foto vor allem die Aktivitäten der SA bei der Vorbereitung des Boykotts dokumentieren. Alle Männer wirken in unterschiedlicher Weise an dem Boykott mit. Türe und Schaufenster sind bereits beklebt, und die große Zahl der Plakate und Spruchbänder, die bereitgehalten werden, lässt das weitere Vorgehen erahnen.

Das zweite Foto steht für die Durchführung des Boykotts. Die Männer haben demonstrativ vor einem geschlossenen Geschäft Posten bezogen. Ihre Haltung drückt Entschlossenheit und Stärke aus, mit der der Boykott durchgeführt werden soll. Die Plakate sind gut lesbar,

Der Boykott jüdischer Geschäfte

wobei der englische Text speziell auf eine Verbreitung der Bilder im Ausland (Großbritannien und USA) abzielt. Wie dieses Foto verbreitet war, ist nicht bekannt. Es findet sich in zahlreichen Geschichtsbüchern, allerdings häufig beschnitten (ohne den Mann rechts und die beiden Passanten).

Der Boykott am 1. April 1933

Mit dem Boykott am 1. April 1933 begann die öffentliche Diskriminierung der Juden in Deutschland. Offiziell wurde er als eine Antwort auf die Greuelpropaganda der Juden im Ausland ausgegeben und sollte eine Warnung für das „Weltjudentum" darstellen. Das Vorgehen des NS-Staats gegen Juden und politische Gegner hatte zwar im Ausland zu vereinzelten Protesten geführt, doch hielten sich gerade jüdische Organisationen zurück, um nicht den in Deutschland lebenden Juden zu schaden. Der Boykott wurde von einem „Zentralkomitee zur Abwehr der jüdischen Greuel- und Boykotthetze" unter Leitung von Julius Streicher organisiert. Er wurde in der Presse und durch Plakate systematisch vorbereitet und fand im ganzen Reich samstags ab 10 Uhr statt. Jüdische Geschäfte wurden mit Plakaten und Spruchbändern versehen, und SA-Männer stellten sich davor auf, um Kunden beim Betreten zu hindern. Auch die Praxen von jüdischen Ärzten und die Kanzleien von Rechtsanwälten wurden boykottiert. Entgegen den Berichten, der Boykott sei friedlich verlaufen, kam es vereinzelt zur Zerstörung von Schaufenstern, zu Plünderungen und zu Gewalttätigkeiten der SA und der Bevölkerung gegen jüdische Geschäftsleute. Der Boykott wurde in der Presse und im Rundfunk als großer Erfolg gefeiert, doch hatte er in Wirklichkeit genau das Gegenteil erreicht. Im Ausland gab es heftige Proteste, der Vorwurf der Greuelpropaganda wurde zurückgewiesen und der Boykott deutscher Exporte angedroht. Dies führte dazu, dass der Boykott, der ursprünglich mehrere Tage dauern sollte, bereits nach einem Tag beendet wurde.

Der Boykott war der erste offizielle Schritt zur Ausgrenzung jüdischer Bürger in Deutschland, bei dem der NS-Staat auch die Reaktion der Bevölkerung erproben wollte. Diese Ausgrenzung wurde in den nächsten Jahren fortgesetzt. Wichtige Etappen waren die Nürnberger Gesetze (1935), die „Reichskristallnacht" (1938) und schließlich die Wannseekonferenz (1942). Damit wurde Hitlers antisemitische Rassenideologie konsequent verwirklicht und die erfolgreiche Emanzipation Deutscher jüdischen Bekenntnisses, wie sie seit Beginn des 19. Jahrhunderts erfolgt war, gewaltsam beendet.

Zusätzliches Material

Die Ankündigung des Boykotts in der Presse Deutschland will keine Weltwirren und keine internationalen Verwicklungen, aber das nationale revolutionäre Deutschland ist fest entschlossen, der inneren Misswirtschaft ein Ende zu bereiten. Nun, da die Feinde der Nation im Inneren vom Volke selbst unschädlich gemacht worden sind, trifft das ein, was wir längst erwartet hatten. Die kommunistischen und marxistischen Verbrecher und ihre jüdisch intellektuellen [!] Anstifter, die mit ihren Kapitalien rechtzeitig ins Ausland ausrückten, entfalten nun von dort aus eine gewissenlose landesverräterische Hetzkampagne gegen das deutsche Volk überhaupt. Lügen und Verleumdungen von geradezu haarsträubender Perversität werden über Deutschland losgelassen. [...] Die nationalsozialistische Partei wird nunmehr den Abwehrkampf gegen diese Generalverbrechen mit den Mitteln aufnehmen, die geeignet sind, die Schuldigen zu treffen. Denn die Schuldigen sind bei uns und missbrauchen Tag für Tag das Gastrecht, das ihnen das deutsche Volk gewährt hat. [...] Denn verantwortlich für diese Lügen und Verleumdungen sind die

Juden unter uns. Von ihnen geht diese Kampagne des Hasses und der Lügenhetze gegen Deutschland aus. In ihrer Hand läge es, die Lügner in der anderen Welt zurechtzuweisen. Da sie dies nicht wollen, werden wir dafür sorgen, dass dieser Haß- und Lügenfeldzug gegen Deutschland sich nicht gegen das unschuldige deutsche Volk, sondern gegen die verantwortlichen Hetzer selbst richtet. Die Boykott- und Greuelhetze darf nicht und wird das deutsche Volk nicht treffen, sondern in tausendfacher Schwere die Juden selbst. [...]

Aufruf der Parteileitung, in: Pfälzische Presse vom 29. März 1933, S. 1.

Goebbels Rundfunkrede vom 1. April 1933
Und nun konzentrieren sie [die Gegner des Nationalsozialismus] sich auf die letzte Macht, die, weil sie in der ganzen Welt verzweigt ist, eine Gefahr darstellen kann, auf die Macht des internationalen Judentums. Allerdings hat die jüdische Presse in Berlin umgelernt. [...] Wenn sie heute erklären, sie könnten nichts dafür, wenn ihre Rassegenossen in England und Amerika das nationale Regiment in Deutschland in den Kot zerren, dann können wir auch nichts dafür, wenn das deutsche Volk sich an ihnen schadlos hält.
Wir hatten dem internationalen Judentum eine Gnade widerfahren lassen, die es gar nicht verdiente. Und was war der Dank der Juden? Im Lande krochen sie zu Kreuze und draußen in der Welt entfachten sie eine Lügen- und Greuelpropaganda, die noch die des Weltkrieges übertrifft.

Dokumente der deutschen Politik, hg. v. Paul Meier-Benneckenstein, Berlin 1937, S. 167 f.

Hinweise für den Unterricht

Die beiden Fotos sollten zusammen eingesetzt werden, weil sie unterschiedliche Situationen und Stationen wiedergeben. Das erste Foto hält das dynamische Vorgehen der SA während der Vorbereitung fest, das zweite Foto zeigt dagegen eine statische Szene, bei der neben den Plakaten und der Haltung der Männer auch auf die Symbolik (Dreizahl) hingewiesen werden kann. In der Oberstufe lässt sich die Frage diskutieren, warum das Foto in vielen Geschichtsbüchern beschnitten reproduziert wurde (nur die beiden linken Posten ohne Passanten).
Der Einsatz der Bildquellen kann in mehrfacher Hinsicht erweitert werden. Zur Ergänzung eignen sich die Zeitungsberichte und der Aufruf Streichers (Ankündigung, Begründung, Durchführung), wobei auf die Lenkung der Presse und bewusste Falschinformationen hinzuweisen ist. Der Boykott als erster öffentlicher Akt der NS-Regierung lässt nach den ideologischen Grundlagen des Antisemitismus fragen, aber auch einen Blick auf die weitere Ausgrenzung und Diskriminierung lenken. Die Durchführung des Boykotts in der eigenen Stadt kann in der Oberstufe im Archiv oder mithilfe von älteren Zeitungen ermittelt werden.

Literatur

Enzyklopädie des Holocaust. Die Verfolgung und Ermordung der europäischen Juden, Bd. 2, hg. v. Eberhard Jäckel, Peter Longerich und Julius H. Schoeps, 1993.

Der Lichtdom beim Appell der politischen Leiter am 9. September 1938 auf dem Zeppelinfeld, in: „Völkischer Beobachter" (Berliner Ausgabe), 10. September 1938, S. 1.

Die Reichsparteitage in Nürnberg

Beschreibung

Das erste Foto ist von einem etwas erhöhten Standort aus aufgenommen. Es besteht hauptsächlich aus Helldunkel-Kontrasten und lässt nur wenige Einzelheiten erkennen. Das Bild zeigt eine riesige Menschenmenge, die in drei Blöcken angetreten ist. Die beiden Blöcke rechts und links sind weitgehend dunkel, nur eine Hakenkreuzstandarte und einige Schilder werden sichtbar. Der mittlere Block ist dagegen von Scheinwerfern so angestrahlt, dass die dort mitgeführten Fahnen wie Flammensäulen aussehen. Helles Licht trennt die Menschen von einem schwarzen Nachthimmel im Hintergrund. Es besteht aus 19 senkrecht nach oben gerichteten Lichtsäulen und einigen schräg strahlenden Scheinwerfern, die auf die Fahnen dazwischen gerichtet sind.

Das zweite Foto (s. S. 178) ist ebenfalls von einem erhöhten Standort aus aufgenommen und klar in Vorder-, Mittel- und Hintergrund gegliedert. Der Vordergrund wird eingerahmt durch sechs *Pylone, hinter denen eine niedrige Mauer verläuft. Der begrenzte Platz ist durch ein Muster im Boden in 15 Rechtecke unterteilt. Auf einem dieser Rechtecke erhebt sich ein quadratischer Sockel mit einem großen Kranz. Davor haben sich drei Männer in strammer Haltung aufgestellt. Sie tragen schwarze Uniformen und Stahlhelme. Der Mann in der Mitte hält eine Fahne. Ihnen gegenüber stehen auf der anderen Podestseite drei uniformierte Männer, in der Bildunterschrift als Hitler, Himmler und Lutze bezeichnet. Himmler trägt ebenfalls eine schwarze Uniform, Hitler ist einen Schritt nach vorne getreten. Hinter dem Platz öffnet sich eine breite Straße, die leer ist.

Phot.: P. B. Z.

Die Heldenehrung in der Luitpoldarena bei dem gewaltigen Aufmarsch der S.A. und S.S. vor dem Führer
Vor dem riesigen Kranz der Führer (Mitte), Reichsführer S.S. Himmler (links) und Chef des Stabes Lutze (rechts)

Die Totenehrung am 9. September 1934 in der Luitpoldarena, in: „Völkischer Beobachter" (Berliner Ausgabe), 10. September 1934, S. 1.

Auf beiden Seiten ist eine große Anzahl von Männern in langen Reihen angetreten, sodass sie zwei große Blöcke bilden. Unmittelbar neben der Straße steht auf beiden Seiten eine Zehnerreihe mit einem etwas größeren Abstand zu den breiteren Reihen daneben. Zwischen den beiden Blöcken und dem Platz im Vordergrund verläuft eine Querstraße, auf der sich zu beiden Seiten Fahnenträger aufgestellt haben.

Im Hintergrund ist eine große weiße Tribüne zu erkennen, deren Ende auf beiden Seiten durch monumentale Adler verziert ist. Hinter der Tribüne hängen drei große Hakenkreuzfahnen. Die Bildunterschrift lautet: „Die Heldenehrung in der Luitpoldarena bei dem gewaltigen Aufmarsch der S.A. und S.S. vor dem Führer. Vor dem riesigen Kranz der Führer (Mitte), Reichsführer S.S. Himmler (links) und Chef des Stabes Lutze (rechts)."

Interpretation

Die beiden Fotos stammen von Bildagenturen und wurden im „Völkischen Beobachter" veröffentlicht. Sie dokumentieren zentrale Ereignisse der Nürnberger Reichsparteitage: der Lichtdom beim Appell der politischen Leiter auf dem Zeppelinfeld und die Totenehrung und Fahnenweihe in der Luitpoldarena.

Der Lichtdom wurde zum ersten Mal bei den Olympischen Spielen in Berlin 1936 inszeniert. Seine Verwendung in Nürnberg beim nächtlichen Appell der Politischen Leiter auf dem Zeppelinfeld war, wenn man Albert Speer glauben darf, aus einer Verlegenheit heraus entstanden. Dadurch sollte die mangelnde Disziplin und Haltung dieser Gruppe verborgen werden. Deshalb blieben die Männer weitgehend im Dunkeln, während über 2 000 Scheinwerfer Teile des Felds, vor allem die Haupttribüne und die Rednerkanzel, mit hellem Licht anstrahlten. Das Zeppelinfeld, neben der Luitpoldarena das einzige vor 1939 fertiggestellte Bauwerk des Geländes, war eine 363 x 378 m große Aufmarscharena für 250 000 Teilnehmer mit Tribünen für 70 000 Zuschauer. Die Haupttribüne auf der Ostseite war für Ehrengäste bestimmt. Sie war nach dem Vorbild des Pergamon-Altars gestaltet und bestand aus einem tempelartigen Mittelteil, der durch Pilaster gegliedert und von einem riesigen vergoldeten Hakenkreuz bekrönt war. Vor ihm befand sich die Rednerkanzel, die die zentrale Funktion des Gebäudes betonte. Der Mittelbau wurde von zwei langen Pfeilerhallen flankiert, in denen während der Parteitage Hakenkreuzfahnen hingen. Sie endeten in zwei Mauern mit Flammenschalen und Hakenkreuzreliefs.

Auf der Westseite war zwischen den Tribünen ein Eingang ausgespart, durch den von der Großen Straße her ein feierlicher Einmarsch der Teilnehmer erfolgen konnte. Hinter den Tribünen standen quadratische Türme, die an eine Festungsanlage erinnerten.

Die Feier in der Luitpoldarena fand vor 150 000 angetretenen SS- und SA-Männern und etwa 50 000 Zuschauern statt. Sie begann mit einer Begrüßung durch Hitler von der Rednertribüne aus. Anschließend schritt er feierlich, begleitet von den Führern von SS und SA, auf der „Straße des Führers" bis zu dem Platz vor dem Ehrenmal. Die Aufnahme, die wahrscheinlich vom Dach der Ehrenhalle aus gemacht wurde, zeigt den Augenblick des Gedenkens an die Toten des Weltkriegs und der Bewegung. Hitler gegenüber stehen drei SS-Männer, von denen der mittlere der „Reichsblutfahnenträger" Jakob Grimminger ist. Seit 1926 trug er bei wichtigen Anlässen die Fahne, die beim Marsch auf die Feldherrnhalle am 9. November 1923 mitgeführt worden war. Grimminger begleitete Hitler auf dem Rückweg, wo dieser neue Fahnen weihte, indem er sie mit der „Blutfahne" berührte. Den Abschluss der Feier bildete ein Marsch der Verbände durch Nürnberg.

Die Totenehrung und Fahnenweihe am siebten Tag der Reichsparteitage waren die einzige Veranstaltung in der Luitpoldarena, die ausschließlich zu diesem Zweck gebaut worden war. Eine 1929/30 erbaute Ehrenhalle für die Gefallenen des Weltkriegs wurde integriert.

Für die übrige Anlage wurde der ursprüngliche Park mit Blumenbeeten und Springbrunnen beseitigt und in einen Aufmarschplatz umgestaltet. Eine Tribüne für 50 000 Zuschauer rahmte die zweipolige Anlage ein. Gegenüber der Ehrenhalle stand die Ehrentribüne. Davor befand sich die Rednerkanzel, die von halbrunden Terrassen für Fahnen- und Standartenträger umgeben war. Eine 240 m lange und 18 m breite „Straße des Führers" stellte die Verbindung dieser Bauten zur Ehrenhalle dar.

Beide Veranstaltungen hatten gemeinsame, aber auch unterschiedliche propagandistische Ziele. Eine zentrale Rolle der Parteitage, die auch hier sichtbar wird, war der Führerkult. Hitler als charismatischer Führer wurde durch die Rednerkanzeln in den Mittelpunkt gestellt und gegenüber den angetretenen Massen erhöht. Verstärkt wurde dieser Eindruck auf dem Zeppelinfeld durch das auf ihn gerichtete Scheinwerferlicht und in der Luitpoldarena durch das zweimalige Entlangschreiten auf der „Straße des Führers".

Der Führerkult korrespondierte mit der Idee der Volksgemeinschaft. Hunderttausende nahmen an den Feiern aktiv oder als Zuschauer teil, waren in größere Verbände eingegliedert und erlebten als anonyme Einzelne eine große und starke Gemeinschaft von Gleichgesinnten („Du bist nichts, dein Volks ist alles").

In beiden Versammlungen wurde auch mit religiösen Elementen gearbeitet. Die Führerkanzeln waren Kirchenkanzeln nachgebildet. Auf dem Zeppelinfeld zelebrierte man Hitler auf seinem Weg zur Rednerkanzel als den von oben kommenden Erlöser. Der Lichtdom gab der Veranstaltung eine kosmische Dimension, da die Scheinwerfer sechs bis acht Kilometer in den Himmel strahlten und die Versammlung wie die Säulen einer riesigen Kirche überwölbten. Der Totenkult stilisierte die Gefallenen des Weltkriegs und der „Bewegung" zu Märtyrern und ermahnte die Lebenden, sich in den Dienst des Staats zu stellen und zu jedem Opfer bereit zu sein. Demselben Zweck diente der profanierte Reliquienkult der Fahnenweihe.

Die Geschichte der Reichsparteitage

Nach dem Vereinsrecht musste die NSDAP jedes Jahr eine Generalmitgliederversammlung abhalten. Die erste dieser Zusammenkünfte fand im Oktober 1922 als „Deutscher Tag" in Coburg statt. Nach dem Hitlerputsch 1923 gab es einen Parteitag in Weimar (1926), wo erstmals eine Fahnenweihe mit der Blutfahne erfolgte, und zwei Treffen in Nürnberg (1927 und 1929). Wegen der blutigen Zwischenfälle auf dem letzten Parteitag verbot der Nürnberger Stadtrat die für 1930 und 1931 geplanten Veranstaltungen. Im folgenden Jahr fiel ein Parteitag wegen der knappen Kassen aus.

Nach der „Machtergreifung" waren die Reichsparteitage das ideale Mittel für eine groß angelegte politische Propaganda. Sie fanden nur noch in Nürnberg statt. Nürnberg, das 1936 offiziell den Titel „Stadt der Reichsparteitage" erhielt, hatte sich aus mehreren Gründen angeboten. Die historische „Stadt der Reichstage" war eine geeignete Kulisse, um die Verbindung vom ersten zum „Dritten Reich" herzustellen.

Hinweise für den Unterricht

Die beiden Fotos sind ein exemplarischer Ausschnitt von den Reichsparteitagen, die der Höhepunkt nationalsozialistischer Propaganda waren. An der Totenehrung mit Fahnenweihe und dem Lichtdom lassen sich die Funktion der Veranstaltungen in der jeweiligen „Kulisse" und die Übernahme religiöser Elemente, die politisch instrumentalisiert wurden, zeigen. Die Fotos können durch weitere Text- und Bilddokumente (auch in Form von Schülerreferaten) ergänzt werden. Zusätzlich ist der Einsatz von Filmdokumenten (Leni Riefenstahl: „Der Triumph des Willens", 1934; „Der Marsch zum Führer", 1938) denkbar. Vor Ort bietet sich ein Besuch der Überreste auf dem Reichsparteitagsgelände in Nürnberg und des „Dokuzentrums" an.

Literatur

Eckart Dietzfelbinger, Gerhard Liedtke, Nürnberg, Ort der Masse. Das Reichsparteitagsgelände – Vorgeschichte und schwieriges Erbe, Berlin 2004.

Bernd Ogan, Wolfgang W. Weiß (Hgg.), Faszination und Gewalt. Zur politischen Ästhetik des Nationalsozialismus. Nürnberg 1992.

Peter Reichel, Der schöne Schein des Dritten Reichs. Gewalt und Faszination des deutschen Faschismus, Berlin 2006.

Siegfried Zelnhefer, Die Reichsparteitage der NSDAP in Nürnberg, Nürnberg 2002.

Die Reichsparteitage in Nürnberg

„Der Führer spricht!"

Beschreibung

Das Bild macht einen ernsten, fast feierlichen Eindruck. In einem schmucklosen Raum sitzen in der Ecke sechs Personen. Vier von ihnen haben eng nebeneinander auf einer Eckbank Platz genommen. Ganz links sitzt ein sehr alter Mann mit dünnen Haaren und einem Vollbart. Er trägt ein dunkles Gewand, vielleicht einen Mantel, hat den Kopf etwas gesenkt und seine Arme auf die Knie gelegt. Die junge Frau neben ihm ist groß und stattlich. Das blonde Haar hat sie zu einem Kranz geflochten, der von einem schmalen Band gehalten wird. Ihre Kleidung besteht aus einer hellen Bluse, von der man nur den Kragen sieht, einer Jacke, einer Schürze und einem dunklen Rock. Sie hält den Kopf gerade, hat aber die Augen etwas gesenkt. Auf ihrem Schoß hält sie mit zusammengefalteten Händen ein blondes Mädchen, das nur mit Hemd und Strümpfen bekleidet ist. Ein Puppenwagen mit einer karierten Decke steht vor ihnen, eine gestrickte Puppe liegt daneben. In der Ecke sitzt ein Mann mittleren Alters mit blondem Haar, auffallend kräftigen Augenbrauen und einem Schnurrbart. Bekleidet ist er mit einem hellen Hemd, dessen Ärmel bis zu den Ellenbogen heraufgerollt sind, und einer dunklen Hose, die von Hosenträgern gehalten wird. Er hat den linken Unterarm auf den Tisch

Der Führer spricht, Öl auf Leinwand (207 x 180 cm) von Paul Matthias Padua, 1939. Das Bild wurde 2000 bei einer Auktion verkauft und befindet sich vermutlich in Privatbesitz. Der derzeitige Eigentümer ist nicht bekannt.

gestützt und umfasst mit der Rechten sein linkes Handgelenk. Auch er hat seinen kantigen Kopf gesenkt, auf seiner Stirn sieht man Falten. Zwischen diesem Mann und der Frau sitzt ein Junge von etwa 14 Jahren, der zum größten Teil von den Erwachsenen verdeckt ist. Er trägt eine Uniformjacke und auf seinen dunklen gelockten Haaren ein Schiffchen. Seinen Kopf hat er auf die rechte Faust gestützt.

Ihm gegenüber hat sich ein Mann auf einer einfachen Holzbank ohne Lehne niedergelassen, sodass man nur seinen Rücken sieht. Neben ihm auf der Bank steht ein Steingutkrug. Er ist barfüßig, trägt Lederhosen und eine Weste über einem hellen Hemd. Da man sein Gesicht nicht sieht, ist trotz seines vollen Haars sein Alter schwer zu bestimmen. Vor ihm auf dem Holztisch liegt eine Zeitung, von der man den Namen („Tegernseer Zeit[ung] und die Schlagzeile („Der Führer spr[icht]") erkennen kann.

Alle Personen wirken sehr ernst und konzentriert. Der Grund dafür ist auf dem oberen Bildrand erkennbar. Wo sich in einer bäuerlichen Stube üblicherweise der „Herrgottswinkel" befindet, ist ein Hitler-Plakat mit der Inschrift „Ja" etwas nachlässig an der Wand befestigt. Daneben steht auf einem Wandbrett ein Volksempfänger. Offensichtlich wird gerade eine Hitlerrede übertragen, der die Familie andächtig lauscht.

Interpretation

Auf den ersten Blick wirkt das Bild wie *Genremalerei aus dem bäuerlichen Milieu. Dazu trägt nicht allein die Darstellung der Personen, sondern auch die der Gegenstände (Tisch, Bank, Krug, Puppenwagen und Puppe) bei. Die Personen gehören einer Familie an, auch wenn deren Zusammensetzung nicht eindeutig erkennbar ist. Wahrscheinlich sitzt das Ehepaar mit seinen Kindern und dem Großvater nebeneinander auf der Bank, wobei die körperliche Nähe den Zusammenhalt der Familie betont. Die Frau wird außerdem als liebevolle Mutter gezeigt. Der Mann mit der Zeitung, der auf der anderen Seite des Tischs allein sitzt und die Zeitung liest, dürfte der Knecht sein.

Aber Paduas Werk ist nicht ein Genrebild, sondern ein Propagandabild zur Verherrlichung Hitlers, die hier sehr geschickt erfolgt. Obwohl der Führer nicht persönlich anwesend ist, bildet er die Hauptperson. Auf ihn verweist eher unauffällig die Überschrift in der Zeitung, von der nur „Der Führer spr" zu lesen ist. Sein Bild mit der Unterschrift „Ja" ist an der Wand zu sehen. Ob es sich dabei um ein wirklich verbreitetes Bild bzw. Plakat handelt oder ob der Maler das Porträt mit einer Unterschrift er-

gänzte, wie sie sich auf zahlreichen Wahlplakaten fand, ließ sich nicht klären. Zusammen mit dem Volksempfänger, in dem wahrscheinlich gerade Hitlers Stimme zu hören ist, bildet es den traditionellen „Herrgottswinkel" und ersetzen das Kruzifix. Hitler ist damit zum modernen Retter und Heiland geworden und seine Rede zur Predigt, der die Menschen aller Generationen andächtig lauschen.

Auch die Wahl des bäuerlichen Milieus ist ein Mittel der NS-Ideologie. Szenen aus dem Leben der Bauern waren in der NS-Kunst sehr beliebt, denn dieser Stand galt als bescheiden, naturverbunden und „rasserein". Die Zugehörigkeit zur „arischen" Rasse wird auch hier bei dem blonden Mann, der Frau und dem Mädchen besonders betont.

Paduas Bild wurde 1940 erstmals auf der Großen Deutschen Kunstausstellung in München ausgestellt, wobei der Katalog „unverkäuflich" vermerkt. Nach Paduas eigener Aussage (Interview 1965) entstand das Bild auf Wunsch des Intendanten des Reichsrundfunks und hatte eine Nachbarfamilie am Tegernsee zum Vorbild. Doch ist seine Erinnerung an das Bild ungenau, sodass seine Äußerungen nicht zuverlässig sind.

Die Kunst in der NS-Propaganda

Hitler hatte seinen politischen Erfolg und den Aufstieg der NSDAP seit 1930 nicht zuletzt einer sehr geschickten Propaganda zu verdanken. Nach der „Machtergreifung" wurde Josef Goebbels Reichsminister des neu geschaffenen Ministeriums für Volksaufklärung und Propaganda und Präsident der ebenfalls neu ins Leben gerufenen Reichskulturkammer. Damit hatte er die Kontrolle über alle Massenmedien, vor allem über Rundfunk und Film, die jetzt für die nationalsozialistische Propaganda eingesetzt wurden.

Auch die Kunst, vor allem die für öffentliche Räume bestimmte Plastik und die Architektur, wurden nun in den Dienst der NS-Propaganda gestellt. Die neue deutsche Kunst präsentierte sich erstmals auf der Großen Deutschen Kunstausstellung, mit der 1937 das Haus der Deutschen Kunst in München eingeweiht wurde. Gleichzeitig diffamierte man die „entartete Kunst" in einer Wanderausstellung.

Wesentliche Merkmale der NS-Kunst waren eine monumentale, kriegerisch-militärische und ideologische Darstellung. In der Malerei bildete die traditionalistische Gattungsmalerei (*Porträt, Stillleben, Genre, Landschaft) den Schwerpunkt. Daneben wurden die Partei und der „Führer" auf Bildern verherrlicht und charismatisch überhöht.

Paul Matthias Padua

Der in Salzburg geborene Bauernsohn Padua (1903-1981) wuchs bei seinen Großeltern in Geiselhöring und Straubing auf. Seine künstlerischen Fähigkeiten entwickelte er als Autodidakt, schulte sich an Wilhelm Leibl und bevorzugte das bäuerliche Milieu, was ihm bei Kollegen den Spitznamen „Unter-Leibl" einbrachte.

Nach 1933 machte Padua rasch Karriere. 1939 wurde er als Kriegsmaler eingezogen, aber nach einer Verwundung 1940 vom Kriegsdienst befreit. Er lebte in Rottach-Egern und arbeitete hauptsächlich als Porträtmaler. Nach 1945 verharmloste Padua seine Rolle während der NS-Diktatur, stellte sich als Opfer dar und setzte seine Arbeit als Porträtmaler fort. Er findet immer noch Bewunderer, und seine Werke werden gelegentlich auf Ausstellungen gezeigt (z.B. Frauenchiemsee 1991).

Der Volksempfänger

Die Idee eines „Volksempfangsgerätes" wurde bereits 1926 von der Radio-Fabrik Loewe in Berlin entwickelt. Es sollte ein Gerät sein, das

preiswert, leicht zu reparieren und sparsam im Verbrauch war.

Wenige Wochen nach der „Machtergreifung" schrieb Goebbels einen Wettbewerb für einen Volksempfänger aus. Der ausgewählte Prototyp stammte von Otto Grießing, dem Chefkonstrukteur der Gerätefabrik Seibt. Es war ein „Einkreis-Zweiröhren-Typ", auf dem der Deutschlandsender (auf Langwelle) und der jeweilige Bezirkssender (auf Mittelwelle) mit einer einfachen Antenne empfangen werden konnte. Eine neu gegründete „Wirtschaftsstelle für Rundfunkapparatefabriken" bestimmte 28 Firmen, die den Volksempfänger bauen sollten. Er erhielt die Bezeichnung „VE 301", wobei 301 an den 30. Januar 1933 erinnerte.

Der preisgünstige Apparat (76 Reichsmark) führte in den nächsten Jahren zu einem beachtlichen Anstieg an Rundfunkhörern. Ende 1937

Plakat anlässlich der Rundfunkausstellung in Berlin, 1936.

waren etwa 2,5 der 9 Millionen angemeldeten Geräte Volksempfänger. Deshalb wurde der Preis für den Volksempfänger auf 59 Reichsmark gesenkt und 1938 mit dem „Deutschen Kleinempfänger" ein noch preiswerteres Gerät auf den Markt gebracht.

Hinweise für den Unterricht

Bei dem Bild Paduas sollte der Lehrer erst Ausschnitte zeigen. Er kann die Personen abdecken und mit dem Volksempfänger beginnen, um damit auf ein besonders wichtiges Medium bei der Verbreitung der NS-Propaganda hinzuweisen. Die Schüler können Hypothesen entwickeln, wie mögliche Zuhörer dargestellt sein könnten.

Die zweite Möglichkeit besteht darin, zuerst die Personen zu zeigen und beschreiben zu lassen, wobei Milieu und „Rassemerkmale" der NS-Ideologie herausgearbeitet werden. Die Haltung der Personen kann, zusammen mit der Schlagzeile der Zeitung, zum Volksempfänger führen. Als Ergänzung empfiehlt sich das Bild eines „Herrgottswinkels", der Schülern wahrscheinlich nicht bekannt ist. Zusammen mit dem Kunstunterricht kann das Bild als Beispiel für traditionelle Gattungsmalerei (Genre) und gleichzeitig als Propagandawerk bewertet werden. Ergänzende Themen sind die Entstehung und Verbreitung des Volksempfängers (Referat) und die Wirkung einer Hitler-Rede anhand eines Ausschnitts.

Literatur

Ansgar Diller, Der Volksempfänger, in: Mitteilungen des Studienkreises Rundfunk und Geschichte 9/1 (Januar 1983), S. 140-157.

Volker G. Probst, Paul Mathias Padua. Maler zwischen Tradition und Moderne, Neuss 1988.

Jean Tabor (Hg.), Kunst und Diktatur. Architektur, Bildhauerei und Malerei in Österreich, Deutschland, Italien und der Sowjetunion 1922-1956, 2 Bde., Wien/Baden 1994.

„Der Führer spricht!"

Die geistige Emigration („Arts and Sciences Finding Refuge in the United States of America"), Öl auf Leinwand (211 x 343 cm) von Arthur Kaufmann, begonnen 1938-1940, beendet 1964-1965, Aufbewahrungsort: Städtisches Museum, Mülheim/Ruhr.

Die Emigration nach 1933

Beschreibung

Das dreiteilige Gemälde (*Triptychon) besteht aus etwa gleich großen Teilen, die ähnlich aufgebaut sind. Im Vordergrund sieht man insgesamt 38 Personen: vier Frauen und 34 Männer. Abgebildet sind jeweils Kopf und Oberkörper. Die Personen blicken in verschiedene Richtungen, nur wenige schauen den Betrachter an. Alle sind gut gekleidet, wobei Grau- und Brauntöne überwiegen. Einige halten einen Gegenstand in der Hand (Pinsel, Buch, Rolle, ein Stück Papier). Sie stehen so hintereinander, als ob sie sich auf den Stufen einer Treppe befänden. Den Hintergrund bildet eine Wasserfläche, die alle drei Teile verbindet. Hier fährt im mittleren Teil ein Passagierschiff von links nach rechts. Auf dem linken Flügel sieht

man eine Hakenkreuzfahne, die an einem Kirchturm hängt. Davor ringt eine Frau mit einem Umhang, der auch den Kopf bedeckt, die Hände. Unter ihr steht die Büste einer Frau mit verbundenen Augen. Neben diesen beiden Personen kommt eine Art Gangway aus einer Öffnung in der Wand. Auf ihr gehen vier oder fünf schemenhaft gezeichnete Menschen. Auf dem rechten Flügel sieht man im Hintergrund die Freiheitsstatue, daneben ragt eine US-Flagge empor. Dahinter sind zwei Hochhäuser angedeutet.

Der Hintergrund ist in allen drei Flügeln vom Vordergrund durch vier große Rechtecke abgetrennt. Die beiden äußeren Rechtecke sind dunkel, die inneren hell. Das linke Rechteck, das breiter ist als die anderen, beginnt im linken Flügel und setzt sich im Mittelteil fort. Die Gangway des linken Flügels verliert sich hinter einem großen dunklen Rechteck, das sich im mittleren Flügel fortsetzt.

Interpretation

Kaufmann hat 38 Menschen porträtiert, die während des Nationalsozialismus in die USA emigrierten. Er begann 1938 mit den Vorstudien und *Porträts, unterbrach 1940 seine Arbeit an dem Bild und beendete es erst 25 Jahre später.

Der Hintergrund ist von links nach rechts zu lesen. Die Hakenkreuzfahne auf dem linken Flügel hängt am Turm des Ulmer Münsters und steht für die NS-Herrschaft in Deutschland. Die händeringende Frau ist eine Muttergottes aus Halberstadt, die Büste vor ihr die Synagoge vom Bamberger Dom mit einer auffälligen sechseckigen Brosche, die an den Davidstern erinnert. Die Zusammenstellung dieser Bilder ist nicht eindeutig. Sie kann an das Neben- und Miteinander von Christen und Juden in Deutschland erinnern, aber auch an den Antisemitismus der christlichen Kirchen. Die Menschen auf der Treppe sind wahrscheinlich gerade dabei, Deutschland zu verlassen, vielleicht auf der Gangway zu einem Schiff. Diese Deutung bietet sich an, da in der Mitte ein großes Dampfschiff zu sehen ist, das die Emigranten in ihre neue Heimat bringt.

Die Funktion der Rechtecke ist unklar. Sie erinnern an Hochhäuser und bilden damit schon die US-amerikanische Kulisse für die Emigranten. Vielleicht waren sie aber als Tafeln gedacht, auf denen Kaufmann die Namen der Porträtierten verzeichnen wollte. Der Hintergrund rechts gehört eindeutig zu den USA. Er zeigt mehrere Hochhäuser, die Freiheitsstatue und die US-Flagge, die im Wind weht. Die Personen sind so genau wiedergegeben, dass sie sich einzeln bestimmen

lassen. Der Maler hat sich und seine Frau auf dem linken Flügel verewigt. Bei der Verteilung auf die drei Flügel ist keine bestimmte Absicht zu erkennen. Das gilt auch für die Auswahl, bei der z.B. prominente Emigranten wie Bertolt Brecht oder Lion Feuchtwanger fehlen. Dagegen sind Arnold Zweig (Emigration nach Palästina) und Ludwig Renn (Emigration über die USA nach Mexiko) auf dem Bild. Wahrscheinlich hat Kaufmann vor allem Emigranten gemalt, die er persönlich kannte.

Die abgebildeten Emigranten

Die folgende Liste enthält nur Lebensdaten und Beruf. Ausführlichere Informationen bietet das „Biografische Handbuch der deutschsprachigen Emigration":

1. **Berthold Viertel:** 1885-1953, Filmregisseur
2. **Fritz Lang:** 1890-1976, Filmregisseur
3. **Günther Anders:** 1902-1992, Schriftsteller
4. **Ernst Toch:** 1887-1964, Komponist
5. **Ernst Bloch:** 1885-1977, Philosoph
6. **Arthur Kaufmann:** 1888-1971, Maler
7. **Elisabeth Musset-Kaufmann:** 1887-1968
8. **Max Wertheimer:** 1880-1943, Psychologe

aus: Vahle, S. 60.

Die Emigration nach 1933

9. **Emanuel Feuermann:** 1902-1942, Cellist
10. **Arnold Schönberg:** 1874-1951, Komponist
11. **George Grosz:** 1893-1959, Maler, Zeichner, Grafiker
12. **Joseph Floch:** 1895-1977, Maler
13. **Heinrich Mann:** 1871-1950, Schriftsteller
14. **Paul Zucker:** 1916-1972, Architekt
15. **Luise Rainer:** geb. 1910, Schauspielerin
16. **Ulrich Friedemann:** 1877-1949, Arzt
17. **Otto Klemperer:** 1885-1973, Dirigent
18. **Paul Tillich:** 1886-1965, Theologe
19. **Arnold Zweig:** 1887-1968, Schriftsteller
20. **William Stern** (Vater von Günter Anders): 1871-1938, Psychologe
21. **Ferdinand Bruckner:** 1891-1958, Dramaturg
22. **Albert Einstein:** 1879-1955, Physiker
23. **Klaus Mann:** 1906-1949, Schriftsteller
24. **Thomas Mann:** 1875-1955, Schriftsteller
25. **Erika Mann:** 1905-1969, Schriftstellerin
26. **Ludwig Renn:**1899-1979, Schriftsteller
27. **Kurt Valentin:** 1902-1954, Kunsthändler
28. **Hans Jelinek:** 1910-1990, Maler und Grafiker
29. **Bruno Frank:** 1887-1945, Schriftsteller
30. **Erwin Piscator:** 1893-1966, Regisseur
31. **Lotte Goslar:** 1907-1997, Tänzerin
32. **Oskar Maria Graf:** 1894-1967, Schriftsteller
33. **Benedikt Fred Dolbin:** 1883-1971, Karikaturist und Buchillustrator
34. **Kurt Goldstein:** 1878-1965, Neurologe und Psychiater
35. **Kurt Weill:** 1900-1950, Komponist
36. **Max Reinhardt:** 1873-1943, Theaterleiter
37. **Helene Thimig** (Ehefrau von Max Reinhardt): 1889-1974, Schauspielerin
38. **Ernst Toller:** 1893-1939, Schriftsteller

Arthur Kaufmann

Der 1888 in Mülheim/Ruhr geborene Arthur Kaufmann studierte 1905-1909 an der Kunstakademie Düsseldorf. Ab 1919 arbeitete er als freischaffender Künstler in Düsseldorf und lei-

tete dort 1930-1933 die von ihm gegründete Schule für dekorative Kunst. Als Jude wurde er 1933 entlassen. Er emigrierte 1933 in die Niederlande und 1936 in die USA. Von 1946 an lebte er in Brasilien, den USA, Deutschland und wieder in Brasilien, wo er 1971 starb. Das Triptychon ist sein bedeutendstes Werk.

Seit 1913 war Kaufmann mit Elisabeth Musset verheiratet, die für den Westdeutschen Rundfunk arbeitete.

Die Entstehung des Bilds

In New York arbeitete Kaufmann hauptsächlich als Porträtmaler. Da sich viele deutsche Emigranten von ihm porträtieren ließen, entwickelte er die Idee eines Gruppenporträts. Dazu fertigte er weitere Porträts an, die er in das Gemälde einfügte. Im Dezember 1939 war das Bild etwa zu zwei Dritteln fertig. Nach eigenen Aussagen war Kaufmann nach dem Westfeldzug, der eine weitere Welle der Emigration auslöste, so deprimiert, dass er die Arbeit aufgab. Er glaubte nicht, sie sinnvoll abschließen zu können. 1964 nahm er die Arbeit wieder auf, nachdem er entschlossen war, sich auf eine Auswahl der Emigranten zu beschränken. Das Bild, das er selbst als das wichtigste Werk seines Lebens bewertete, wurde 1965 abgeschlossen.

Die deutsche und österreichische Emigration

Zwischen 1933 und 1945 verließen mehr als eine halbe Million Deutsche und (ab 1938) Österreicher ihre Heimat. Dabei war die Anzahl an Akademikern, Schriftstellern, Publizisten und bildenden Künstlern überproportional hoch.

Der Grund dafür war die Politik des NS-Staats, die kulturelle Elite zu vertreiben oder auszurotten, soweit sie nicht konform mit Ideologie und Staatsverständnis des Nationalsozialismus war und den rassistischen Vorstellungen entsprach. Die erste rechtliche Grundlage bot das Gesetz zur Herstellung des Berufsbeamtentums (7. April 1933), das die Entlassung kommunistischer, marxistischer, politisch unzuverlässiger und nicht „arischer" Beamter ermöglichte. Weitere Maßnahmen erfolgten im Bereich der Kultur (Schriftleitergesetz, Einrichtung der Reichskulturkammer) und schließlich durch die Nürnberger Gesetze.

Die Gründe für die Entscheidung, Deutschland und Österreich zu verlassen, waren individuell sehr verschieden. Auch die Wahl des Exils – einschließlich der „Transitländer" gab es 75 Zielstaaten – hing von persönlichen Motiven ab. Schwerpunkt waren die USA, denn für diesen Staat sprachen Sprachkenntnisse, persönliche Beziehungen, die Frage der Sicherheit und die Bereitschaft, Flüchtlinge aufzunehmen. An zweiter Stelle kam England.

Das Schicksal der Emigranten, ihre Arbeitsmöglichkeiten und ihre Kontakte untereinander waren äußerst vielfältig. Weniger als die Hälfte kehrte nach dem Zweiten Weltkrieg in die ursprüngliche Heimat zurück, von den Emigranten auf Kaufmanns Bild weniger als ein Viertel. Die Rückkehr verlief selten ohne Probleme. Aber die Emigration und die Rückwanderung brachten nicht nur individuelles Leid, sondern auch einen beachtlichen „Internationalisierungseffekt" (Möller, S. 105) für den kulturellen Neuaufbau nach 1945.

Hinweise für den Unterricht

Das Bild eignet sich als Einstieg in das Thema „Emigration während der NS-Herrschaft" und kann vom Hintergrund her erschlossen werden (eventuell unter Abdecken der Personen). Bei den Porträts dürften den Schülern in der Mittelstufe nur wenige Personen bekannt sein (Einstein, vielleicht Thomas Mann). Hier kann der Lehrer exemplarisch vorgehen. Weitere Biografien sind als Schülerreferate denkbar. Bei dem Thema sollte auch auf die Auswirkungen der Emigration für Deutschland (Verlust bis 1945, Gewinn durch internationale Kontakte und Remigration nach 1945) hingewiesen werden. Ein Bezug zur aktuellen Situation (weltweite Migration, auch aus politischen Gründen) bietet sich abschließend an.

Literatur

Biografisches Handbuch der deutschsprachigen Emigration nach 1933. 3 Bde., u.a. München, London 1980-1983.

Horst Möller, Exodus der Kultur. Schriftsteller, Wissenschaftler und Künstler in der Emigration nach 1933, München 1984.

Skirner Vahle, „Arts and Sciences Finding Refuge in the U.S.A. – Die geistige Emigration" von Arthur Kaufmann und eine Unbekannte, 1938, in: Exil 1 (1981) H. 1, S. 57-63.

Mit Gewalt aus Bunkern hervorgeholt.

Aufnahme eines Fotografen der Dienststelle „Kommandeur der Sicherheitspolizei Warschau" (Initialen F.W.?), Bild Nr. 13 des Stroop-Berichts (12 x 18 cm), April 1943, Aufbewahrungsort: Archiv der Hauptkommission zur Erforschung der Verbrechen am polnischen Volk, Warschau.

Die Zerstörung des Warschauer Ghettos

Beschreibung

Das Foto zeigt eine Gruppe von Menschen, die aus einem dunklen Hauseingang kommen und über einen Bürgersteig auf eine gepflasterte Straße treten. Es sind etwa drei Frauen, sechs Männer und fünf Kinder, wobei man zwei Frauen und zwei Kinder an der Spitze des Zugs gut erkennen kann. Die erste Frau trägt einen dunklen Mantel und in den beiden Armbeugen der erhobenen Arme eine volle Einkaufstasche. Sie blickt nach links, sodass ihr Gesicht nur im Profil sichtbar ist. Der vielleicht achtjährige Junge, der links von ihr geht, ist mit einer Ballonmütze, einem kurzen Mantel, unter dem die nackten Knie sichtbar sind, und Kniestrümpfen bekleidet. Auch er hat die Arme erhoben und schaut sehr verängstigt. Unmittelbar hinter der Frau geht ein etwas älteres Kind, das aber teilweise verdeckt ist. Auch die zweite Frau und das kleine Mädchen neben ihr haben die Arme erhoben. Die übrigen Personen gehen so hintereinander, dass sie sich teilweise gegenseitig verdecken. Nur drei Personen auf der rechten Seite sind besser sichtbar: ein barhäuptiger Junge, der nach rechts schaut, ein etwa 16-Jähriger, der einen weißen Sack geschultert hat, und eine Frau mit Kopftuch und einer weißen Binde am rechten Arm, die ebenfalls eine Handtasche trägt. Die Kleidung der meisten Personen besteht aus einfachen Mänteln, die Männer tragen Mützen. Die Ursache für die Bewegung der Menschen wird bei genauem Hinsehen deutlich. Im Hintergrund stehen fünf Soldaten mit Helmen, drei von ihnen rechts neben dem Hauseingang, während sich ein vierter, fast verdeckt, auf der anderen Seite postiert hat. Der Fünfte kommt am Ende der Gruppe aus dem Eingang. Der Soldat, der auf der rechten Seite ganz vorne steht, hält ein Gewehr im Anschlag, das auf den einzeln stehenden Jungen gerichtet zu sein scheint. Unter dem Bild steht sorgfältig in deutscher Schrift geschrieben: „Mit Gewalt aus Bunkern hervorgeholt."

Interpretation

Das Foto gehört zu den bekanntesten und am häufigsten reproduzierten Bildquellen des Holocaust. Doch wird es oft nur als Ausschnitt oder nicht mit der ursprünglichen Bildunterschrift abgebildet, wodurch das Original verändert und seine Entstehung nicht deutlich wird.

Das Bild lässt sich aber gerade von der Unterschrift her erschließen. Es ist ein „Täterfoto", das nicht das Schicksal der Betroffenen, sondern die Leistung der Soldaten bei der Räumung des Warschauer Ghettos dokumentieren will. Schon die Wortwahl „mit Gewalt" und „Bunker" zeigt, dass ein militärischer Einsatz festgehalten werden soll. In einem deutlichen Gegensatz dazu stehen die unbewaffneten Menschen, unter ihnen viele Frauen und Kinder, die offensichtlich kaum Widerstand geleistet haben. Sie gehören zu den

jüdischen Bewohnern des Ghettos, die sich in Kellern versteckt hatten, um damit dem Abtransport in eines der Konzentrationslager zu entgehen. Die Soldaten haben sie 1943 mit Waffengewalt aus ihren Verstecken getrieben, um anschließend das Ghetto aufzulösen. Der Soldat mit dem Gewehr ist namentlich bekannt: Josef Blösche, den man wegen seiner Brutalität den „Schrecken und Henker des Ghettos" nannte oder als „Frankenstein" titulierte. Aufgrund eines Fotos identifiziert wurde Blösche 1969 in Erfurt zum Tod verurteilt und hingerichtet.

Zwei Überlebende des Holocaust glaubten sich auf dem Bild wiederzuerkennen: Der Junge an der Spitze des Zugs (Tsvi Nussbaum, geb. 1935) und der junge Mann mit dem weißen Sack (Harry Nieschawer, geb. 1925). Doch lässt sich in beiden Fällen die Identität nicht mit letzter Sicherheit klären.

Das Warschauer Ghetto

Warschau hatte vor dem Zweiten Weltkrieg 1,3 Millionen Einwohner, etwa 30 % waren Juden. Ein Jahr nach dem Überfall der deutschen Wehrmacht auf Polen trennten die deutschen Besatzer den „jüdischen Wohnbezirk" – so der offizielle Name – durch eine 18 km lange und 3,5 m hohe Mauer von der übrigen Stadt. Die 113 000 Polen, die innerhalb dieses Bezirks lebten, wurden umgesiedelt, während 138 000 Juden in das Ghetto ziehen mussten. Die jüdische Bevölkerung wuchs noch durch Flüchtlinge aus anderen Teilen des Landes, sodass das Ghetto völlig überfüllt war. Auch die Versorgung war unzureichend, die Bewohner mussten mit weniger als 200 Kalorien pro Tag auskommen. Die Folge war eine extrem hohe Sterberate durch Seuchen, Unterernährung und unzureichende Hygiene.

Ein Judenrat und ein jüdischer Ordnungsdienst, der die Polizeigewalt ausübte, verwaltete das Ghetto. Im Lauf der nächsten Monate entwickelte sich ein eigenes Wirtschaftsleben. Mehrere deutsche Firmen ließen sich im Ghetto nieder. In geringem Maß war Handel mit der übrigen Stadt möglich, vor allem aber wurde das Ghetto durch einen regen Schmuggel versorgt.

Der Aufstand 1943

Den Deportationen, mit denen man die Zahl der jüdischen Bewohner drastisch senken wollte, gingen Razzien und gezielte Ermordungen voraus. Im Juli 1942 erfolgte die erste Deportationswelle. Als ab Januar 1943 weitere Deportationen folgen sollten, leisteten die Bewohner des Ghettos bewaffneten Widerstand. Die Kontrolle des Ghettos wurde von jüdischen Kampforganisationen, die im Untergrund arbeiteten, übernommen. Man bereitete sich gegen die gewaltsame Räumung vor, indem man sich Waffen beschaffte und ein Netz von Bunkern anlegte.

Aufgrund des Widerstands gab Himmler den Befehl, das Ghetto aufzulösen. Mit der Durchführung dieser Maßnahme wurde der SS-General Jürgen Stroop beauftragt, der Erfahrung mit der Bekämpfung von Partisanen hatte. Die Räumung begann am 19. April 1943 um drei Uhr morgens. An der militärischen Aktion waren etwa 1200 deutsche Soldaten und 800 ausländische Miliz- und Polizeikräfte beteiligt. In Straßenkämpfen eroberten sie unter Einsatz schwerer Waffen das Ghetto, brannten die Häuser nieder und räumten die Bunker. Nach mehr als vier Wochen konnte Stroop am 16. Mai 1943 melden: „Es gibt keinen jüdischen Wohnbezirk Warschau mehr."

Etwa 56 000 Juden waren „erfasst", d.h. deportiert, oder „vernichtet" worden, über 200 000 konnten entkommen. Trotz der gründlichen Zerstörung gab es ein Jahr später noch Juden, die sich in den Ruinen des Ghettos versteckt hatten.

Der Stroop-Bericht

Jürgen Stroop nahm als Freiwilliger am Ersten Weltkrieg teil. 1932 trat er in die SS und in die NSDAP ein und machte im Krieg schnell Karriere. Für seine bekannteste Aktion, die Auflösung des Warschauer Gettos, wurde er mit dem Eisernen Kreuz ausgezeichnet. 1947 verurteilte ihn ein US-amerikanisches Militärgericht in Dachau zum Tod. Anschließend wurde er nach Polen ausgeliefert, wo der polnische Nationalgerichtshof 1951 ebenfalls ein Todesurteil verhängte, das 1952 vollstreckt wurde.

Die Auflösung des Warschauer Ghettos wurde von Jürgen Stroop in einem Bericht „Es gibt keinen jüdischen Wohnbezirk in Warschau mehr!" dokumentiert, von dem drei Exemplare existierten. Die in Leder gebundenen Bücher bestanden jeweils aus drei Teilen: einer maschinengeschriebenen Einleitung, in der über die Aktion zusammenfassend berichtet wurde und die Stroop unterschrieben hatte, den Abschriften der 31 Tagesrapports und unter dem Titel „Bildbericht" 54 Fotos. Sie sind auf Karton aufgeklebt, und 39 besitzen sorgfältig mit der Hand geschriebene Erklärungen. Die Bilder stammen wahrscheinlich von einem Fotografen mit den Initialen F.W., der zur Dienststelle „Kommandeur der Sicherheitspolizei Warschau" gehörte und die Räumung festhalten sollte. Die Bildunterschriften dienten nicht nur der Beschreibung der Vorgänge, sondern vor allem zur Diskriminierung der Opfer. Die Juden werden mehrmals als „Banditen" bezeichnet. Ein Bild zeigt die Rückenansicht von zwei nackten Männern. Der eine ist kleinwüchsig, der andere hat eine deformierte Wirbelsäule. Das Bild trägt die Unterschrift „Der Abschaum der Menschheit".

Ein Exemplar des Stroop-Berichts war von der 7. US-Armee erbeutet worden und wurde dem amerikanischen Nachrichtendienst überlassen. Es diente beim Nürnberger Kriegsverbrecherprozess als Beweisstück der Anklage.

Hinweise für den Unterricht

Der Einsatz im Unterricht ist in zwei Schritten denkbar. Zuerst wird das Bild ohne die Originalunterschrift gezeigt, von den Schülern beschrieben und auf seine Entstehung und Aussage befragt. Dabei sollte bereits deutlich werden, dass es sich situationsbedingt kaum um einen Schnappschuss oder um die Aufnahme eines Unbeteiligten handeln kann. Auch ein offizielles Foto, das Sympathie mit jüdischen Opfern auslösen sollte, ist kaum denkbar.

In einem zweiten Schritt kann mithilfe der Unterschrift, einer kurzen Darstellung von der Auflösung des Ghettos und dem Hinweis auf den Entstehungszusammenhang des Fotos (Stroop-Bericht, eventuell mit weiteren Bildern) verdeutlicht werden, dass es sich um ein „Täterfoto" handelt.

Ausgehend von der Betrachtung und Auswertung bietet das Foto eine Vorlage, um „aus Tätern und Opfern Menschen [zu] machen" (Hamann, S. 96). Die Schüler können sich eine Person auswählen, ihr einen Namen geben und ihr bisheriges Leben erzählen. Eine andere Möglichkeit besteht darin, sich in eine der Personen auf dem Bild hineinzuversetzen und ihre Gedanken aufzuschreiben.

In der Oberstufe können unterschiedliche Reproduktionen (Ausschnitte, Weglassen der Bildunterschrift) Anlass zu einer Diskussion über die Aussage von Fotos und über die Manipulation durch Bildveränderungen sein. Fachübergreifend lässt sich die Besprechung des Bilds durch Auszüge aus dem Roman „Warschauer Karwoche" von Jerzy Andrzejewsky (Frankfurt a. M. 1978) ergänzen.

Literatur

Christoph Hamann, Bilderwelten und Weltbilder. Fotos, die Geschichte(n) mach(t)en, Teetz 2002, S. 53-62.

Ferdinand Kroh, David kämpft. Vom jüdischen Widerstand gegen Hitler, Reinbek 1988.

Wolfgang Scheffler, Helge Grabitz, Der Ghetto-Aufstand Warschau 1943 aus der Sicht der Täter und Opfer in Aussagen vor deutschen Gerichten, München 1993.

Andrzej Wirth (Hg.), „Es gibt keinen jüdischen Wohnbezirk Warschau mehr!", Neuwied 1960.

Berliner Reichstag am 2. Mai 1945, Foto von Jewgeni Chaldej, Sammlung Ernst Volland und Heinz Krimmer, Berlin.

Die UdSSR-Fahne wird auf dem Berliner Reichstag gehisst

Beschreibung

Auf der Schwarz-Weiß-Fotografie sind rechts unten zwei Soldaten zu erkennen: Einer steht auf einem verzierten Sockel und hält eine Stange, an der eine Fahne mit Stern, Hammer und Sichel befestigt ist. Sein Kamerad steht unter ihm, hält sich mit der Linken an dem Sockel fest, mit der Rechten stützt er den Fahnenträger. Auffallend ist, dass die Fahne einen helleren Streifen hat, der sich von Hammer und Sichel an bis zum Ende der Fahne zieht. Das Gebäude, auf dem die Soldaten stehen, ist teilweise zerstört. Sie befin-

den sich auch nicht ganz oben, sondern auf dem Sims, auf dem im Hintergrund zwei Statuen zu sehen sind. Der Blick vom Gebäude aus fällt auf eine Straßenkreuzung, die nach links durch eine hohe Anhäufung von Schutt blockiert ist. Auf der befahrbaren Straße sind Personen und Fahrzeuge, auch Panzer, zu erkennen. Alle Gebäude, die zu sehen sind, sind mehr oder weniger stark zerstört. Es stehen teils nur noch die Mauern. Im Hintergrund steigen zwei dunkle Rauchwolken auf.

Interpretation

Ein sowjetischer Soldat hisst die rote Fahne der UdSSR auf dem Reichstagsgebäude des zerstörten Berlin – dieses Bild ist eines der bekanntesten Fotos des 20. Jahrhunderts und gehört zu den meistgedruckten Fotomotiven.

Es symbolisiert die Niederlage und das Ende der nationalsozialistischen Gewaltherrschaft. Beim Reichstagsbrand am 27./28. Februar 1933 waren der Plenarsaal und die Kuppel ausgebrannt, andere Räume konnten jedoch weiterhin benutzt werden

Lange wurde verbreitet, das Foto sei am 30. April, als die Kämpfe um Berlin noch andauerten, und dann am Morgen des 1. Mai 1945 aufgenommen worden, was sehr gut zum Tag der Arbeit gepasst hätte. Doch das Bild wurde erst am 2. Mai aufgenommen. Die Aufnahme stammt von Jewgeni Chaldej, der am frühen Morgen des 2. Mai 1945 das noch brennende Reichstagsgebäude mit einer sowjetischen Fahne betrat. Er stieg gegen 7 Uhr morgens mit Soldaten auf das Dach, aber nicht auf die Kuppel, da die Hitze und der Rauch in die Kuppel zogen. Chaldej verknipste einen ganzen Film, insgesamt 36 Bilder. In der Nacht zum 3. Mai flog er nach Moskau und das Foto wurde, so sein Bericht, sofort veröffentlicht.

In einer Filmdokumentation 1997 schildert Chaldej, nicht ihm, aber einem Bildredakteur der sowjetischen Bildagentur TASS sei aufgefallen, dass der seinen Kameraden stützende Soldat an jedem Arm eine Uhr trug. Dies durfte nicht sein, denn es hätte ja bedeutet, der Soldat habe sich die zweite Uhr durch Plünderung angeeignet. Daher musste der Fotograf die Uhr am rechten Arm des Soldaten retuschieren, was er mit einer Nadel machte, denn das Bild sollte umgehend veröffentlicht werden.

Es gab allerdings noch eine weitere Veränderung auf dem Foto: Durch aufsteigende Rauchwolken dramatisierte Chaldej die Szene, ein unter russischen Kriegsfotografen beliebtes Verfahren. Eine geringfügig andere Variante der Aufnahme beweist nämlich, dass zu diesem Zeitpunkt in Berlin keine Rauchwolken mehr aufgestiegen sind.

Auf der Aufnahme sind zwei Soldaten zu sehen. Die weiteren Aufnahmen zeigen, dass drei Soldaten mit Chaldej auf dem Dach

waren. Auch Alexander Grebnew, ein Kollege von Chaldej, war mit dabei und machte ebenfalls Aufnahmen.

In der Sowjetunion waren die Namen der drei Soldaten, die zu Helden der Nation erklärt eine lebenslange Rente bezogen, als Michail Jegorow, Meliton Kanataria und Konstantin Samsonow bekannt. Doch diese sind nicht die drei, die bei Chaldej abgebildet sind. Deren korrekte Namen sind Alexejev Nicolaiev, Abdullhakim Ismaiilow und Leonid Gorjatschov. Alle waren an der Erstürmung des Reichstags beteiligt. Die Erklärung liegt nicht in einem Erinnerungsfehler Chaldejs, er hatte vielmehr ein außerordentlich gutes Gedächtnis. Stalin hatte den Fotografen zum Schweigen verpflichtet, denn er hatte unter denen, die bei der Erstürmung des Reichstags mit dabei waren, drei ausgewählt. Er, der selbst Georgier war, hatte einen georgischen Landsmann zum Flaggenhisser ernannt, die andern beiden waren Russen. Chaldej musste eine Geheimhalteverpflichtung unterschreiben. Erst kurz vor seinem Tod lüftete er das Geheimnis.

Die erste Fahne kurz nach der Erstürmung des Reichstags hat Michail Petrowitsch Minin mit seinen Kameraden am 30. April 1945 kurz vor 23 Uhr auf dem Reichstag gehisst.

Als am Morgen des 30. April 1945 deutlich wurde, dass der Reichstag verteidigt wurde, beschloss man, ihn im Schutz der Nacht zu stürmen. Minin war als Anführer eines kleinen Aufklärungstrupps eingeteilt, die Maschinengewehr-Stellungen der Deutschen auszuspähen. Er war auch mit seinen Leuten bei der Erstürmung dabei. Nachdem sie in den Reichstag eingedrungen waren, suchten er und seine Leute den Weg nach oben. An einem Stück eines zerstörten Installationsrohrs befestigten sie ein rotes Tuch und steckten die improvisierte Fahnenstange in eine halbzerstörte Frauenfigur. Ein Fotograf war allerdings nicht dabei.

Die Geschichte wurde rasch umgedeutet. Politoffiziere verbreiteten, die rote Fahne habe am 30. April bereits um 14.25 Uhr auf dem Reichstag geweht.

Minin hatte sich 1941 freiwillig zur Armee gemeldet und blieb bis 1969 bei den Streitkräften. Erst zum 50. Jahrestag wurde er 1995 in Russland für seine Rolle beim Sturm auf den Reichstag geehrt.

Im Übrigen gibt es ein Foto von Mark Rekin, dem TASS-Kollegen Chaldejs, das am 1. Mai 1945 auf dem Flachdach des Reichstagsgebäudes aufgenommen wurde. Dabei sieht man kaum etwas vom Gebäude, nur drei Soldaten sind von hinten zu sehen: Der Soldat links außen hält die Fahne, der nächste schwenkt seinen Helm, der rechte hat seinen Arm erhoben. Auf der Fahne sind keine Embleme zu sehen. Vermutlich traf das auch für die Fahne zu, die Minin gehisst hatte.

Jewgeni Chaldej (1917-1997)

Jewgeni Ananjewitsch Chaldej wurde 1917 als Sohn jüdischer Eltern in Jusowka (Donezk) in der Ukraine geboren. Mit einem Jahr verlor er seine Mutter während eines Pogroms, bei dem er selbst verletzt wurde. Mit zwölf Jahren bastelte er sich eine Kamera aus Brillengläsern. Seine Großmutter schenkte ihm darauf Geld, sodass er sich mit 13 Jahren eine russische Leica kaufen konnte. Er arbeitete zuerst in einem Fotolabor seiner Heimatstadt und kam dann 1936 nach Moskau, um für die sowjetische Nachrichtenagentur TASS zu fotografieren. 1939 kaufte er sich eine deutsche Leica.

Vom ersten Tag des deutschen Überfalls auf die Sowjetunion an (22. Juni 1941) fotografierte er als Kriegsberichterstatter an vorderster Front bei allen Waffengattungen. 1941/42 verlor er seinen Vater und drei seiner Schwestern, die von deutschen Soldaten ermordet wurden. Chaldej begleitete den sowjetischen Vormarsch bis nach Berlin. Nach dem Krieg schickte ihn die TASS als Fotograf zur

Konferenz in Potsdam und zu den Nürnberger Prozessen. Danach war er in weiteren Krisengebieten tätig wie an der chinesischen Grenze und in Jugoslawien. 1949 entließ ihn die TASS, angeblich gab es keine Arbeit mehr für ihn. Es waren jedoch antisemitische Gründe, die dazu führten. Er brachte sich bis 1956 mit Gelegenheitsarbeiten durch und arbeitete danach für die „Prawda" und dann auch wieder für die TASS. Bis in die Zeit Gorbatschows hat er noch fotografiert.

Zur Ergänzung

Das Hissen der Flagge ist Ausdruck des Sieges und wird von den Menschen als visuelles Zeichen auch so verstanden. Vor dem Hissen der sowjetischen Fahne auf dem Reichstag wurde ein anderes sehr bekanntes Foto, nämlich „Raising the flag on Iwo Jima", von Joe Rosenthal (vgl. S. 215) am 23. Februar 1945 aufgenommen.

Auf der Pazifikinsel Iwo Jima, rund 1100 km von Tokio entfernt, hatten die Japaner ein Frühwarnsystem errichtet. Nach Landung der US-Amerikaner am 19. Februar 1945 entwickelte sich auf der Insel einer der blutigsten Kämpfe im Pazifik, denn damit hatten zum ersten Mal amerikanische Truppen japanisches Land betreten. Die Kämpfe dauerten bis zum 26. März 1945.

Am 23. Februar 1945 gelang es den Amerikanern, den japanischen Beobachtungsposten auf dem Berg Suribachi zu erobern und ihre Flagge zu hissen. Diesen Moment bannte Rosenthal auf ein Foto. Das weitverbreitete Foto, für das Rosenthal den Pulitzerpreis erhielt, zeigt sechs Soldaten, die sich bemühen, die Flagge in den Boden zu rammen. Chaldejs Foto hat damit durchaus eine gewisse Ähnlichkeit, vermutlich ließ er sich von Rosenthals Foto inspirieren.

Hinweise für den Unterricht

Es bietet sich an, das Foto eingehend zu besprechen. Die Schüler sollen daran erkennen, dass Fotografien nicht ein Abbild der Wirklichkeit sind, auch wenn immer wieder der Eindruck entsteht, sondern dass sie eine Botschaft vermitteln wollen. Gerade bei diesem Bild wird deutlich, dass das Reichstagsgebäude für die sowjetischen Soldaten auch einen hohen symbolischen Wert besaß. Selbstverständlich muss das Bild in den historischen Zusammenhang eingeordnet werden.

Ausgehend von der Tatsache, dass Jewgeni Chaldej 1995 zum Fotofestival „Visa pour l'image" nach Perpignan/Frankreich eingeladen war und dort mit Joe Rosenthal zusammentraf, bietet es sich an, Schülern die Aufgabe zu stellen, selbst über Joe Rosenthal zu recherchieren. In Zusammenarbeit mit dem Kunstunterricht kann dann das Motiv der Flagge besprochen werden bis hin zu dem Foto von Thomas E. Franklin vom 11. September 2001, auf dem drei Feuerwehrmänner auf den Trümmern des zerstörten World Trade Centers in New York das Sternenbanner hissen (vgl. S. 213).

Literatur

Christoph Hamann, Bilderwelten und Weltbilder. Fotos, die Geschichte(n) machten, Teetz 2002.

Jörg Müllner, Wie Russlands Fahne 1945 auf den Reichstag kam: http://www.welt.de/kultur/article1564145/Wie_Russlands_Fahne_1945_auf_den_Reichstag_kam.html (15.09.2008).

Ernst Volland, Heinz Krimmer, Von Moskau nach Berlin. Bilder des russischen Fotografen Jewgeni Chaldej, Berlin 1994.

Ernst Volland, Heinz Krimmer (Hgg.), Jewgeni Chaldej – Der bedeutende Augenblick. Eine Retrospektive (Ausstellungskatalog), Leipzig 2008.

Wandfresko (240 x 920 cm) von Adolf Riedlin im neuen Freiburger Gaswerk, 1937.

Wandfresko von Adolf Riedlin im neuen Freiburger Gaswerk, 1948, geändert vom Künstler.

„Entnazifizierung" eines Wandfreskos

Beschreibung

Eine Kolonne von Männern ist auf dem Weg zur Arbeit. Den vier Gruppen zu je drei Arbeitern, die Schaufeln oder Pickel tragen, geht einer, den Pickel geschultert, voran. Alle tragen Arbeitskleidung, aber weder der Schnitt noch die Farben sind gleich, sodass ein abwechslungsreiches Bild entsteht. Als Kopfbedeckung tragen sie einen Hut oder eine Mütze. Im Gegensatz zu den ihm folgenden Arbeitern ist der Anführer der Gruppe barhäuptig. Er grüßt mit erhobenem rechtem Arm zwei Männer. Der Ältere der beiden sitzt auf einem Stein, den Wanderstock an sein linkes Bein gelehnt, den breitrandigen Hut in der Linken. Den rechten Arm streckt er grüßend in die Höhe. Von rechts kommt ein Arbeiter ins Bild, der einen Tornister trägt. Er scheint hinter dem Sitzenden vorbeigehen zu wollen und beachtet die Entgegenkommenden nicht. Der Abstand zwischen den sich mit erhobenem Arm Begrüßenden gibt den Blick auf ein Tal zwischen den teilweise mit Schnee bedeckten Bergen frei. Die Farben sind insgesamt hell und licht.

Das *Fresko ist auf der zweiten Abbildung (1948) lediglich an zwei Stellen verändert. Anstatt des erhobenen rechten Arms des Arbeiters, der der Kolonne vorausgeht, und dem des sitzenden älteren Mannes sind beider Arme zur Begrüßung ausgestreckt.

Interpretation

Das Fresko wurde 1937 in der nationalsozialistischen Presse hochgelobt und als eine Kolonne von Arbeitern interpretiert, die geführt durch ihren Vorarbeiter zur Arbeit marschieren. Er begrüßt die beiden Arbeitslosen mit emporgehobenem rechten Arm, dem sog. Hitlergruß. Während der sitzende ältere Arbeitslose den Gruß „mit leuchtenden Augen" in gleicher Weise erwidert, erscheint der zweite etwas abseits, unentschlossen und noch außerhalb der Gemeinschaft stehend.

In den Besprechungen zeigt sich deutlich, dass man versuchte, das Bild entsprechend der nationalsozialistischen Ideologie zu beschreiben und zu deuten. So ist die Rede davon, dass die marschierende Kolonne „in Geschlossenheit und Gleichschritt die Einigkeit und Gleichrichtung aller Schaffenden unseres Volkes" versinnbildliche.

„Nicht die Darstellung eines bestimmten Arbeitertyps hat der Künstler angestrebt. Vielmehr lag der Gestaltung der einzelnen Figuren der Gedanke zugrunde, daß die nach ihrer Eigenart und ihrem Schicksal verschiedensten Menschen, erlöst aus ihrer Arbeitslosigkeit und Verlassenheit in die Gemeinschaft neu eingefügt, nun im befreienden und stolzen Rhythmus der Arbeit wieder ein würdiges Dasein führen" (Werner Höll, in: Der Alemanne, 11. April 1937; ohne den Sperrdruck im Original).

Das Fresko ist in sog. *lasierender Technik gemalt: Auf den noch feuchten Kalkmörtel wird eine Vorzeichnung übertragen. Die darf jedoch nur so groß sein, dass der Künstler die Fläche mit der Vorzeichnung an einem Tag bewältigen kann. Auf den Mörtel werden dann mehrere durchscheinende Farbschichten aufgetragen, was dem Bild einen malerischen Eindruck verleiht. Da die Farben infolge des Trocknungsprozesses ihre ursprüngliche Farbe verändern, muss das von Anfang an mitbedacht werden, damit nicht die geplante Farbigkeit verloren geht.

Die „Entnazifizierung" des Bilds

Am 21. April 1945 wurde Freiburg von französischen Truppen besetzt. Fünf Tage später verfügte die Stadtverwaltung, alle „Embleme der Nazi-Partei" seien zu entfernen.

In einem Schreiben vom 2. Mai 1945 teilte der Leiter des Gaswerks dem Kommissarischen Leiter der Stadtverwaltung mit: „Auf die Verfügung der Stadtverwaltung vom 26.4.1945 teilen wir Ihnen mit, daß wir im Wohlfahrtsgebäude des neuen Gaswerks ein Fresko-Bild haben, das die Einführung des Arbeitsdienstes darstellt, wobei zwei Männer die Hand zum Gruß emporheben. Bei strengster Beurteilung könnte darin eine Verherrlichung der Parteiziele gesehen werden. Bevor man aber an eine Entfernung des Bildes heranginge, sollte man mit Rücksicht auf den künstlerischen Wert die Angelegenheit einem Sachverständigen vortragen. Im übrigen haben wir keine Embleme in unserem Betriebe."

Joseph Schlippe, der zuständige Oberbaudirektor der Stadt, der seit 1925 im Amt war, wurde nun angewiesen, die beiden Personen, die sich mit dem „Hitlergruß" begrüßen, „zu entfernen oder abzuändern". Er schlug erst eine provisorische Abspannung vor, bis er Riedlin ausfindig gemacht habe. „Eine fremde Hand darf unmöglich an ein solches Gemälde gelassen werden."

1946 wurde der Ausschnitt mit schwarzer Ölfarbe übermalt. Riedlin war zwar 1946 aus der Kriegsgefangenschaft entlassen worden, jedoch aus gesundheitlichen Gründen nicht in der Lage zu arbeiten. Erst am 11. Juni 1948 konnte Schlippe dem Bürgermeisteramt melden, dass die Abänderung des Freskogemäldes beendet sei. „Der Künstler hat das Werk so umgestaltet, dass der frühere Inhalt (Hitlergruß) vollkommen verschwunden und trotzdem die Bildkomposition in ihrer künstlerischen Gestaltung gewahrt geblieben ist." Die Maßnahme ist im Zusammenhang mit dem Ziel der Entnazifizierung zu sehen, die von den Alliierten im Potsdamer Abkommen im August 1945 schriftlich niedergelegt wurde. Das Fresko war für den sog. Erholungsraum der Arbeiter im neuen Freiburger Gaswerk bestimmt. Es war und ist nicht öffentlich zugänglich, sondern kann nur mit einer Genehmigung der Betriebsleitung besichtigt werden, denn die Funktion des Raums hat sich bis heute nicht verändert.

Adolf Riedlin

Adolf Riedlin wurde 1892 in Laufen im Markgräfler Land als Bauernsohn geboren. Nach einer Malerlehre besuchte er ab 1910 die Kunstgewerbeschule in Karlsruhe, wo er den Abschluss der Mittleren Reife erwarb. Anschließend studierte er an der Großherzoglich Badischen Kunstakademie. Danach arbeitete er hauptsächlich als Kirchenmaler und nahm auch private Aufträge an. Im September 1914 meldete er sich freiwillig zum Kriegdienst. Nach Kriegsende nahm er ein Studium an der Kunstakademie in Stuttgart bei Adolf Hoelzel auf, der als einer der Wegbereiter in der Entwicklung der abstrakten Malerei gilt.

Riedlin setzte sich auch mit anderen Kunstrichtungen auseinander. Nach dem Verkauf seines Erbteils 1921 hatte er etwas Geld, sodass er nicht verkaufsorientiert arbeiten musste. Das änderte sich nach der Inflation. So arbeitete er ab 1924 zwei Jahre als Porträtmaler in Baden-Baden, dann wieder in Laufen. Unterbrochen wurde diese Zeit durch einen fünfmonatigen Aufenthalt in Paris, wo er sich vor allem mit dem Surrealismus auseinandersetzte. 1931 stellte er als Gast der „Badischen Secession" aus. 1932 bezeichnete er sich als ihr Mitglied, bis die Mitgliedschaft in dieser Künstlervereinigung 1936 durch die Reichskammer der bildenden Künste verboten wurde.

1936 gewann Riedlin den Wettbewerb für das Fresko im neuen Freiburger Gaswerk. Obwohl er für dieses Kunstwerk gerade von nationalsozialistischer Seite viel Anerkennung erfuhr, entfernte man im Herbst 1937 bei der Beschlagnahmeaktion „Entartete Kunst" im Freiburger Augustinermuseum fünf seiner Arbeiten. 1946 aus amerikanischer Kriegsgefangenschaft entlassen, begann er 1947 nach schwerer Krankheit wieder zu malen. Dabei wandte er sich erneut dem Experimentieren zu, diesmal vor allem mit Farbe und mit der Maltechnik. Ab den 1960er-Jahren stand die abstrakte Malerei verstärkt im Mittelpunkt seines Interesses. 1969 starb er in Freiburg.

Der Maler und der Nationalsozialismus

Während Riedlins Wandfresko den nationalsozialistischen Vorstellungen entgegenkam, findet sich in seinen Zeichnungen und Gemälden davon nichts. Vielmehr wurden im selben Jahr noch fünf seiner Werke aus dem Augustinermuseum entfernt und nach Berlin abtransportiert, da sie unter „entartete Kunst" gerechnet wurden.

Nach Fertigstellung des Freskos bedankte sich Riedlin mit einem Schreiben an den damaligen Freiburger Oberbürgermeister, der seine Arbeit bei einem Festakt gewürdigt hatte: „Das Neue und Bedeutsame Ihres Schrittes liegt darin zu sehen, daß auch der bildenden Künstlerschaft wieder unmittelbare Achtung und Anerkennung gezollt wird, wenn sie gewillt ist, dem Volke zu dienen. Ich wünsche nur, daß Ihr Schritt auch jenen alemannischen Künstlern, die noch in passiver Haltung abseits stehen, ein Ansporn sei." Daraus lässt sich nicht entnehmen, Riedlin sei ein überzeugter Nationalsozialist gewesen, eher ein Mitläufer, der froh über den Auftrag und die Anerkennung war. In diesem Zusammenhang ist darauf zu verweisen, dass alle vier

Künstler, die sich beim Wettbewerb um den Auftrag beteiligten, in Geldnöten waren. Einer von ihnen hatte 1935 einen Zuschuss erhalten. Drei, darunter auch Riedlin, wurden in einer Aufstellung der Direktion der Städtischen Sammlungen mit der Überschrift „Unterstützung notleidender Künstler" aufgeführt.

Hinweise für den Unterricht

Im Zusammenhang mit dem Ende der NS-Diktatur und der Nachkriegszeit stellt sich die Frage nach dem Umgang mit der nationalsozialistischen Vergangenheit, auch hinsichtlich der zahlreichen Embleme. Es bietet sich an, den Schülern zuerst die Abbildungen beider Fassungen des Freskos vorzulegen und sie zu bitten, die Unterschiede herauszufinden und zu versuchen, diese zu erklären. Dann erst sollte die Entstehung, die Interpretation und die Veränderung des Wandgemäldes besprochen werden. Im Anschluss daran kann sich eine Diskussion über den Umgang mit dem Fresko, aber auch über den Künstler anschließen.

Literatur

Bilder, die lügen (Begleitbuch zur Ausstellung), hg. vom Haus der Geschichte der Bundesrepublik Deutschland, Bonn 1998.

Antje Lechleiter, Der Maler Adolf Riedlin, in: Adolf Riedlin 1892-1969, Ausstellungskatalog, hg. vom Augustinermuseum Freiburg und vom Museum am Burghof Lörrach, Freiburg, Lörrach 1992, S. 7-23.

„Entnazifizierung" eines Wandfreskos

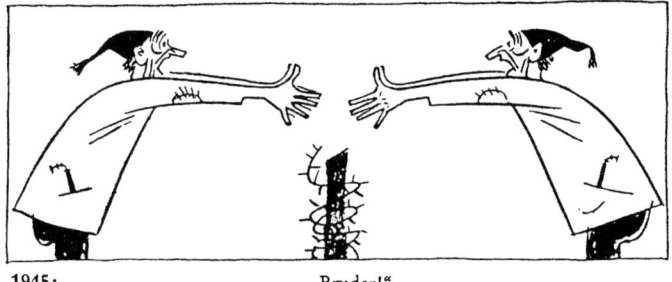

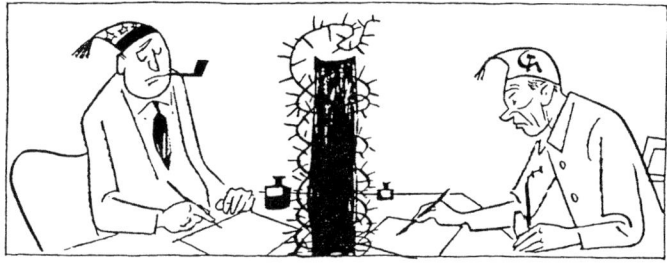

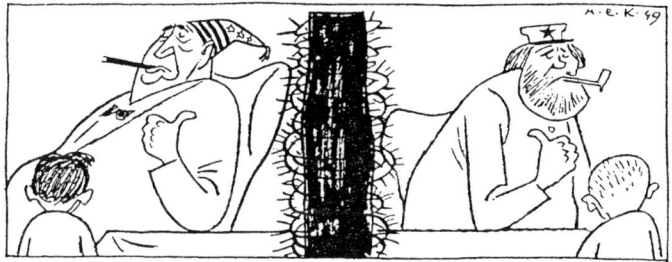

Karikatur „1945 – 1955 – 1965" (1949) von Hanns Erich Köhler, jede Zeichnung 4,6 x 12,2 cm, insgesamt 17 x 12,2 cm, aus: Köhler, Süskind, S. 9.

„Bruder!" – eine Karikatur zur deutschen Teilung

Beschreibung

Drei gleich große Zeichnungen folgen aufeinander; die Bezeichnung besteht aus je einer Jahreszahl und einem Wort bzw. Satz.

1) 1945

In der Mitte der Zeichnung steht ein mit Stacheldraht umwickelter Pfosten, der knapp die halbe Bildhöhe einnimmt. Auf beiden Seiten des Pfostens sind zwei Männer zu sehen, die sich die Arme entgegenstrecken, doch ihre Hände berühren sich nicht. Die Männer sind im Aussehen identisch: Das magere, abgehärmte Gesicht, der zum Ruf geöffnete Mund, die Zipfelmütze, der mit einem Flicken besetzte Ärmel der einfachen

Jacke, aus deren Tasche ein Pfeifenstiel herausragt, die dunkle Hose. Der darunter stehende Ausruf „Bruder" deutet auf ein enge verwandtschaftliche Beziehung der beiden.

2) 1955

Der mit Stacheldraht umwickelte Pfosten ist doppelt so dick wie im ersten Bild, er nimmt mehr als zwei Drittel der Bildhöhe ein, der Draht ragt noch weiter in die Höhe. Rechts und links davon sitzen zwei Männer an einem Tisch und schreiben. Sie haben keinen Blickkontakt. Beide tragen eine Zipfelmütze, doch die des Schreibers links (vom Betrachter aus gesehen) ist mit Sternen und einem Streifen verziert, die des Mannes rechts mit Hammer und Sichel. Das Gesicht des Mannes links ist voller geworden, er zieht an der Pfeife und trägt eine Krawatte. Die Lehne seines Stuhls ist geschwungen, das Tintenfass auf dem Tisch ist recht groß. Das Gesicht des Mannes auf der rechten Seite hat dagegen mehr Falten, er wirkt nicht so gut ernährt. Eine Krawatte ist nicht zu erkennen. Die Pfeife, die er in der Linken hält, hat noch die gleiche Form wie die des ersten Bilds. Sein Stuhl ist einfach, das Tintenfass klein. Darunter steht: „Mein lieber Vetter!"

3) 1965

Der mit Stacheldraht umwickelte Pfosten ist nochmals dicker und höher geworden. Er erreicht beinahe den oberen Bildrand. Zwei Männer sitzen in einem Sessel, jeweils mit dem Rücken zum Pfosten, einen Ellbogen auf den Tisch gestützt. Beide sind korpulent und älter geworden. Der Mann auf der linken Seite trägt noch eine Zipfelmütze mit Sternen und mehreren Streifen, die Krawatte ist durch eine Fliege ersetzt, die Pfeife durch eine Zigarre. Er sitzt in einem Sessel mit hoher Lehne. Der Mann rechts sitzt ebenfalls in einem Sessel, allerdings mit niedrigerer Lehne. Er trägt eine einfache Jacke und eine Schirmmütze mit Stern, hat einen Bart und raucht eine Pfeife. Vor beiden steht jeweils ein kleiner Junge, der nur von hinten zu sehen ist. Die beiden unterscheiden sich lediglich durch ihren Haarschnitt. Beide Männer erklären offenbar ihren Enkeln ihre Verwandtschaft, indem sie mit dem Daumen in Richtung des Pfostens und somit auch des dahinter Sitzenden zeigen: „Ach ja, – wir haben irgendeinen entfernten Verwandten im Ausland...". Rechts oben ist „H. E. K. 49" zu lesen, die Signatur des Zeichners und das Entstehungsjahr der Zeichnung.

Interpretation

In einer Karikatur ist die Zipfelmütze das Zeichen für den „deutschen Michel", d.h. die Verkörperung eines Deutschen. Auch die Pfeife ist häufig ein Attribut. Dass die Zipfelmützen 1955 und 1965 jeweils mit Sternen und Streifen bzw. mit Hammer und Sichel bzw. mit dem Sowjetstern geschmückt sind, verweist auf die Anbindung an die jeweilige Besatzungs- bzw. Siegermacht. Auf den ersten Blick sieht es so aus, als habe der Zeichner die wachsende Entfremdung zwischen dem Westen und Osten Deutschlands dargestellt. Allerdings ist die Zeichnung mit „1949" datiert. Das exakte Datum der Erstpublikation der Karikatur war bislang nicht zu ermitteln. Aus dem Text des Autors Wilhelm Emanuel Süskind, den er zu den Karikaturen Köhlers anlässlich des zehnjährigen Bestehens der Bundesrepublik 1959 schrieb, lässt sich schließen, dass die Karikatur wohl nach den Wahlen zum Deutschen Bundestag, eventuell nach der Wahl des ersten Bundeskanzlers am 15. September 1949 entstand.

Historische Einordnung

Die Vereinbarungen der Alliierten zur einheitlichen Besatzungspolitik in Deutschland ließen sich nicht verwirklichen, sondern die vier Besatzungszonen entwickelten sich rasch auseinander. Mit dem Bizonenabkommen 1947 wurde die ohnehin gefährdete Einheit Deutschlands in Frage gestellt, was auch den deutschen Politikern bewusst war. In diesen Zusammenhang ist die sog. Münchner Ministerpräsidentenkonferenz (5.-7. Juni 1947) einzuordnen. Das Jahr 1947 bildete mit der Verkündigung der Truman-Doktrin, des Marshallplans und der Kominform-Gründung den Ausgangspunkt der Blockbildung, die 1955 formell abgeschlossen war.

Der Kalte Krieg, der sich seit 1945 herausbildete, trat 1947 in sein offenes Stadium. 1948 folgten die Währungsreform in den drei Westzonen und die in der Ostzone, der Beginn der Blockade Berlins und die Konstituierung des Parlamentarischen Rats in Bonn.

1949 billigte der Deutsche Volksrat eine Verfassung, der Parlamentarische Rat indes verabschiedete das Grundgesetz, im Westen folgten die Wahlen zum ersten Deutschen Bundestag, und im Osten kam es schließlich zur Gründung der DDR.

Durch die Bildfolge mit den Jahreszahlen 1945 – 1955 – 1965 wird suggeriert, schon 1945 sei eine Teilung in Ost und West abzusehen gewesen. Der Kalte Krieg bildete sich seit 1945 erst heraus und niemand konnte die tatsächliche Entwicklung voraussehen. Sichtbare Absperrungen an der Demarkationslinie baute die DDR erst 1952. Diese wurden bis zum Bau der Mauer 1961 ständig verstärkt. Der Zeichner sieht voraus, wie sich die Entwicklung, die 1949 zur Bildung von zwei deutschen Staaten führte, auf das Leben der Menschen auswirken könnte. Das Anwachsen der Absperrung zwischen den beiden Staaten wurde in der Tat Wirklichkeit.

Günther Kaufmann hat u.a. auf Meinungsumfragen in der Bundesrepublik verwiesen: 1955 wünschten 80 % der Befragten die Wiedervereinigung, 1972 waren es 78 %. Allerdings stellt sich die Frage, wie die Menschen die Möglichkeit dazu gesehen haben. Es wurde immer schwieriger, insbesondere nach dem Mauerbau, sich das Leben im jeweils anderen Teil Deutschlands vorstellen zu können.

Hanns Erich (Erik) Köhler

Hanns Erich Köhler (1905-1983) wurde in Tetschen-Bodenbach / Böhmen geboren. Sein Vater arbeitete in der Verwaltung einer Papierfabrik. Nach einem Kunststudium in Dresden, München und Wien veröffentlichte er 1935 die ersten politischen Karikaturen. Er begann als Werbegrafiker in Prag, war dann in Reichenberg, der Hauptstadt des Reichsgaus Sudetenland, und schließlich in Berlin tätig. 1943-1945 unterrichtete Köhler als Professor an der Deutschen Hochschule für Bildende Kunst in Prag.

Nach dem Krieg kam er zuerst nach Riedenburg im Altmühltal, ab 1953 wohnte er in Herrsching am Ammersee. Neben Loriot und Walter Henkels stieg er zu einem der bekanntesten Karikaturisten der frühen Bundesrepublik auf. Er arbeitete u.a. für die Deutsche Zeitung, die Frankfurter Allgemeine Zeitung, die Nürnberger Nachrichten, die „Zeit" und den Simplicissimus. Außerdem illustrierte er mehrere Bücher.

Hinweise für den Unterricht

Die Karikatur ist in vielen Geschichtsschulbüchern für die Sekundarstufe I und II abgedruckt. Günter Kaufmann hat darauf verwiesen, dass es nicht genüge, Karikaturen, insbesondere prognostische Karikaturen wie die vorliegende, lediglich zur Motivation einzusetzen. Vielmehr komme es darauf an, das Urteil des Karikaturisten zu erfassen und für die Aufarbeitung des historischen Gegenstands fruchtbar zu machen.

Es ist wichtig, das Entstehungsdatum der Karikatur zu berücksichtigen, damit die Schüler erkennen, dass die Situation der Aufteilung in Ost- und Westblock die des Entstehungsjahrs und nicht die des Jahres 1945 ist. Ferner sollen die Schüler den Zustand, der für 1955 und 1965 in der Karikatur dargestellt ist, mit den tatsächlichen Ereignissen vergleichen. Dabei können sie auch aufgefordert werden, die entsprechenden Meinungsumfragen heranzuziehen. Allerdings sollte dabei auf die Fragestellung geachtet werden, um den Aussagewert richtig einzuschätzen.

Es bietet sich an, den aufschlussreichen Bericht des Journalisten Hans Ulrich Kempski über seine Erlebnisse im Rahmen der Münchner Ministerpräsidentenkonferenz lesen zu lassen (Bayerisches Fernsehen, 3. Programm, 17. Juni 1982, abgedruckt in: Jürgen Weber, Geschöpfe der Alliierten. Die Länder und ihre Zusammenarbeit, in: ders., Geschichte der Bundesrepublik Deutschland, Bd. 1, Auf dem Wege zur Republik 1945-1947, S. 321-369, S. 369). Der Bericht zeigt nicht nur, wie der Kalte Krieg in sein offenes Stadium trat, sondern er gibt auch ein anschauliches Bild der damaligen Lebensverhältnisse.

Abschließend sollte diskutiert werden, ob die äußere Trennung nach 1945 und die Entwicklung der beiden deutschen Staaten eine Trennung bewirkt haben, die bis heute nachwirkt, oder ob es Anzeichen für ein Überwinden der Trennung gibt. Dafür können die Schüler einen Fragebogen entwerfen, den sie Mitschülern oder Bekannten zum Ausfüllen vorlegen. Bei der Auswertung der Ergebnisse muss selbstverständlich darauf verwiesen werden, dass es sich um keine repräsentative Befragung handelt.

Literatur

Günter Kaufmann, „Oh Bruder!" – drei Karikaturen H. E. Köhlers zur deutschen Teilung. Ein Versuch, sich der Suggestion von Karikaturen zu widersetzen, in: GWU 45, 1994, S. 151-163.

Christoph Kleßmann, Die doppelte Staatsgründung. Deutsche Geschichte 1945-1955, Göttingen 1982.

Hanns Erich Köhler, Wilhelm Emanuel Süskind, Wer hätte das von uns gedacht. Zehn Jahre Bundesrepublik Deutschland, Bonn 1959.

Originalfoto mit Alexander Dubček, Tschechische Presse, 1. April-Woche 1968.

Ein retuschiertes Foto zum „Prager Frühling"

Beschreibung

Das erste Foto zeigt drei Männer, die feierlich in Schwarz gekleidet in einer Reihe vor dem Veitsdom auf dem Prager Hradschin stehen. Der vom Betrachter aus rechte Mann hält seinen Hut in der linken Hand. Neben ihm salutiert ein Offizier mit reich dekorierter Brust. Hinter der Gruppe erkennt man weitere Männer, und vor und neben ihnen steht eine größere Menschenmenge aus Privatpersonen mit Fotoapparaten und Reportern mit Filmkameras. Ganz vorne knien zwei Jungen.

Das zweite Foto (s. S. 206) unterscheidet sich auf den ersten Blick kaum von dem ersten. Erst bei genauerem Hinsehen entdeckt man, dass der mittlere der drei Männer verschwunden ist. Die *Retusche ist dabei sehr einfach durchgeführt. Der Mann wurde herausgeschnitten und die linke Bildhälfte nach rechts geschoben. Dies wird am Hintergrund sichtbar. Das quer stehende Gebäude verdeckt jetzt einen sehr viel größeren Teil des Veitsdoms. Dass das Bild manipuliert wurde, sieht man daran, dass der Plattenbelag nicht mehr stimmt. Außerdem hat man vergessen, die rechte Schuhspitze des Verschwundenen zu tilgen.

Interpretation

Das erste Foto wurde am 30. März 1968 im Rahmen einer Feierstunde auf dem Hradschin aufgenommen. Schauplatz ist der dritte Burg-

Retuschierte Fassung ab Herbst 1969.

hof auf der Südostseite des Veitsdoms, im Hintergrund ist das Schloss und der alte Sitz des Profoss zu sehen, der in den Platz hineinragt. Am 30. März wurde Ludvík Svoboda zum Präsidenten der Republik gewählt. Das neue Staatsoberhaupt zeigte sich hier erstmals der Bevölkerung. Neben ihm stehen Josef Smrskovský, der künftige Vorsitzende der Nationalversammlung, und Alexander Dubček, der seit dem 5. Januar 1968 Generalsekretär der kommunistischen Partei war. Alle drei waren wichtige Reformpolitiker des „Prager Frühlings". Das Bild hat aber nicht nur einen offiziellen Charakter, sondern macht durch die fotografierenden Privatpersonen – darunter Jugendliche in der ersten Reihe – einen familiären Eindruck.

Nach dem Einmarsch der Sowjetunion und ihrer Verbündeten wurden Alexander Dubček und Josef Smrskovský gefangen genommen, aber bald darauf wieder freigelassen. Dubček verlor in der Folgezeit alle seine Ämter und musste als Hilfsarbeiter in der Slowakei leben. In diese Zeit fällt die retuschierte Fassung der Fotografie, mit der er auch aus dem öffentlichen Bewusstsein getilgt werden sollte.

Der „Prager Frühling"

Der „Prager Frühling" war eine späte Folge der Entstalinisierung in der Sowjetunion seit 1956. Ab 1963 kam es zu einer Revision der „Säuberungsprozesse" von 1951/52, bei der 79 der 82 Angeklagten freigesprochen und zum größten Teil voll rehabilitiert wurden. Da Staatspräsident Novotný und die Regierung nicht bereit waren, die politischen Konsequenzen zu ziehen, wuchsen Unzufrieden-heit und Kritik an Staat und Partei. Führende Intellektuelle forderten eine Liberalisierung der Wirtschaftspolitik und größere geistige Freiheit. Schließlich formierte sich auch im Zentralkomitee der Widerstand gegen Novotný. Dieser trat am 5. Januar 1968 als Parteichef zurück. Als sein Nachfolger wurde der bisherige slowakische Parteisekretär Alexander Dubček gewählt. Am 22. März ver-zichtete Novotný auch auf sein Amt als Staatspräsident. Mit ihm schieden zahlreiche „Dogmatiker" aus Partei- und Staatsämtern aus, sodass jetzt die Befürworter einer Reformpolitik in einflussreiche Positionen kamen. Am 30. März wurde Ludvík Svoboda von der Nationalversammlung zum Staatsprä-sidenten gewählt, am 8. April Oldrich Černik mit der Regierungsbildung beauftragt.

Die nächsten Monate waren gekennzeichnet durch eine lebhafte politische Diskussion, in der man die Führungsrolle der KPČ immer mehr in Frage stellte. Die Spannungen mit der Sowjetunion und den sozialistischen Nach-barstaaten führten zu einer militärischen Intervention in der Nacht des 20./21. August, an der auch Truppen aus Bulgarien, Ungarn, Polen und der DDR beteiligt waren. Im April 1969 übernahm Husák die Parteiführung, während Alexander Dubček zunehmend aus dem politischen Leben und der Öffentlichkeit verschwand. In den nächsten Monaten wurden auch die übrigen Reformpolitiker abgelöst und ihre Entscheidungen rückgängig gemacht.

Das Manipulieren von Fotografien

Fotografien sind die einzigen Geschichts-quellen, die „sub eventu", d.h. während eines Ereignisses, entstehen. Das gibt ihnen einen hohen Grad an Authentizität. Aber auch Fotos geben das Geschehen nicht objektiv wieder, sondern vermitteln nur ein Bild davon.

Bilder lassen sich auch nachträglich bearbei-ten, wobei der Übergang zur Bildfälschung fließend ist. Durch einfache Retuschen wer-den Einzelheiten aus einem Bild entfernt. Dabei kann es sich um unerwünschte oder unpassende Details handeln. Durch Abhebung wird der Hintergrund bei einzel-nen Personen getilgt, sodass sie aus ihrer Umgebung herausgehoben und besonders betont werden. Wenn man Personen aus Fotos herausschneidet, lassen sich neue Bilder montieren. Im Gegensatz zu Foto-montagen, auf denen die verschiedenen Bestandteile noch erkennbar sind, geben sich montierte Fotos als originale Bilder aus. Die Vergrößerung eines Ausschnitts ist ein Grenzfall der Bildmanipulation. Ein Foto, von dem man nur einen Teil veröffentlicht, ist nicht gefälscht. Trotzdem zeigt es nicht die Wirklichkeit, weil der Ausschnitt willkürlich gewählt und alles andere bewusst wegge-schnitten ist.

Der umfangreichste Eingriff in ein Bild ist das Wegretuschieren von Personen, ohne dass man das Gesamtbild verändert. Es geschieht in der Regel dadurch, dass man ein Bild auseinanderschneidet und so wieder zusammensetzt, dass die unerwünschte Person „in der so ausgehöhlten Versenkung" (Jaubert, S. 13) verschwindet. Allerdings sind viele Fälschungen keineswegs perfekt, sodass man beim genauen Betrachten die Veränderungen sieht. Vielleicht geschah dies sogar absichtlich, da die moderne „damnatio memoriae" (vgl. S. 155) auch zur Einschüch-terung diente. Stand das ursprüngliche Bild nicht mehr zur Verfügung oder lag das Ereignis lange genug zurück, so ersetzte die Fälschung das Original.

Weitergehende Möglichkeiten bietet die elek-tronische Bildverarbeitung, die das Bild in Punkte auflöst, sie elektronisch aufzeichnet und speichert. Dadurch lassen sich völlig neue Bilder herstellen, bei denen eine Fälschung kaum noch nachzuweisen ist.

Ein retuschiertes Foto zum „Prager Frühling"

Zusätzliches Material

Das Fälschen von Bildern

Fotografien zu fälschen galt vielleicht als eine der erfreulicheren Aufgaben für die Graphikabteilungen der Verlage jener Zeit. Jedenfalls ging es dabei viel feiner zu als bei der „Feuer und Schwert"-Methode der Zensur. Man machte zum Beispiel mit einem scharfen Skalpell einen Einschnitt entlang des Bildes der Person oder des Objekts neben jener, die getilgt werden sollte. Mit Hilfe von etwas Leim konnte letztere dann einfach überklebt werden. Ein bißchen Farbe oder Tinte wurde sorgfältig auf Schnittkanten und Hintergrund gepinselt, um die Manipulation zu kaschieren. Ebenso konnten mit diesem Verfahren zwei oder mehrere Fotos ausgeschlachtet und zu einem einzigen vereinigt werden. Daneben verwandte man die *Airbrush-Technik (Aufsprühen von Tinte mit Hilfe einer Druckpatrone), bei der das unglückliche Opfer im Bild unter einer Wolke von Tusche oder Farbe verschwand. Die durch den Zerstäuber erzielten verschwommenen Ränder machten die Eliminierung weniger deutlich als grobe Messerarbeit.

Oft entfernte man Personen aus Fotografien nicht durch Retuschen, sondern durch schlichtes Wegschneiden. In der Verlagsgraphik sind Fotoschnitte aus ästhetischen Gründen keine Seltenheit, doch in der Sowjetunion dienten sie häufig politischen Zwecken. [...]

Geschickte Fotoretuschen für Reproduktionen hingen, wie jedes Handwerk vor der Ära der Computertechnologie, vom Können des Ausführenden ab und von der Zeit, die ihm zur Verfügung stand. Aber warum waren die Retuschen bei sowjetischen Büchern und Zeitschriften in der Regel so plump? Wollten die Stalinisten, daß die Leser die Beseitigung bemerkten, als warnendes, drohendes Beispiel? Oder mochte die schwächste Spur eines fast verschwundenen Kommissars, die der Retuscheur absichtlich stehen ließ, zu einer gespenstischen Mahnung werden, der Ausgelöschte könnte immer noch zurückkehren?

King, S. 13.

Hinweise für den Unterricht

Das Foto gehört – zusammen mit der Retusche Trotzkis auf dem Foto einer Kundgebung Lenins in St. Petersburg – zu den bekanntesten Beispielen von Bildfälschungen. Es eignet sich deshalb besonders gut, um die Manipulation von Bildern zu zeigen.

Der Lehrer sollte mit dem ersten Foto beginnen und kurz auf den historischen Anlass eingehen (Feierstunde vor dem Hradschin anlässlich der Wahl Svobodas zum Staatspräsidenten). Die Veränderungen auf dem zweiten Foto können die Schüler selbst finden und Hypothesen über die Gründe der Retusche äußern. Das Foto zeigt eine vergleichsweise plumpe Fälschung, die aber kaum erkannt wird, wenn man das erste Foto nicht kennt oder sich nicht mehr daran erinnert.

Das Thema lässt sich durch andere Fälle von Bildfälschungen (Jaubert) erweitern, die in Gruppenarbeit ausgewertet oder von Schülern in Kurzreferaten vorgestellt werden. Eine weiterführende Diskussion kann auf die Macht der Bilder eingehen und die Möglichkeiten moderner Fälschungen durch die digitale Bildverarbeitung zeigen.

Literatur

Bilder, die lügen (Begleitbuch zur Ausstellung), hg. vom Haus der Geschichte der Bundesrepublik Deutschland, Bonn 1998.

Alain Jaubert, Fotos, die lügen. Politik mit gefälschten Bildern, Frankfurt a. M. 1989.

David King, Stalins Retuschen, Hamburg 1997.

Ein retuschiertes Foto zum „Prager Frühling"

Willy Brandt kniet vor dem Mahnmal für das Warschauer Ghetto, Foto, 7. Dezember 1970.

Brandts Kniefall in Warschau

Beschreibung

In der Mitte des ersten Fotos kniet Willy Brandt auf einer breiten Stufe vor dem Mahnmal für das Warschauer Ghetto. Er ist im Profil zu sehen und hat die Arme nach unten ausgestreckt. Die Geste des Kniens wird nur durch seine Größe deutlich, da der Mantel die Beine weitgehend verdeckt. Neben Brandt drängen sich Reporter mit Mikrofonen, Fotoapparaten oder Fernsehkameras. Einer läuft gerade gebückt die Stufen hinauf. Im Hintergrund sind einige moderne Wohnblocks sichtbar. Vom Mahnmal ist nur ein Ausschnitt zu sehen. Man erkennt die Plastik eines trauernden Menschen, der seinen Kopf auf die Arme legt, eine Mauer aus großen Quadern, die linke Ehrenwache, die das Gewehr präsentiert, und

den soeben niedergelegten Kranz. Der Weg zum Monument besteht aus drei schmalen und drei breiten Stufen, die etwa die Bildhälfte ausmachen und um Brandt einen leeren Raum bilden. Die Jahreszeit ist an den leeren menkästen neben dem Kranz und an den Schneeresten auf den Stufen zu erkennen. Der Fotograf stand links von Brandt und etwas erhöht.

Das zweite Foto (s. S. 210) ist klar in Vorder-, Mittel- und Hintergrund gegliedert. Brandt kniet im Vordergrund und ist im Halbprofil sichtbar. Er hat den Kopf etwas geneigt, die Augen gesenkt und die Hände ineinandergelegt. Die Geste des Kniens ist deutlich erkennbar. Am Fuß des Mahnmals, dessen Treppen fast nicht zu sehen sind, steht eine Gruppe von Menschen, außer einigen Reportern offensichtlich Mitglieder der deutschen Delegation und Passanten. Sie betrachten ernst oder interessiert Brandts Kniefall. Das Mahnmal selbst ist nicht im Bild, das linke Bilddrittel zeigt lediglich schemenhaft den Arm und einen Teil des Gewehrs der Ehrenwache auf der rechten

Brandts Kniefall aus einer anderen Perspektive, Foto von Engelbrecht Reineke von der Bundesbildstelle.

Seite. Durch ihn werden die meisten Reporter auf der gegenüberliegenden Seite verdeckt. Den Hintergrund bildet eine breite Straße mit Autos und modernen Wohnblocks. Der Fotograf stand links von Brandt, aber einige Stufen höher und hinter der Ehrenwache. Das Bild ist mit Zoom aufgenommen.

Interpretation

Die Fotos sind die beiden bekanntesten Aufnahmen von Brandts Kniefall in Warschau am 7. Dezember 1970. Sie sind unmittelbar nacheinander entstanden, unterscheiden sich aber in dem Bildausschnitt und der Perspektive, sodass sie jeweils einen anderen Eindruck geben. Das erste Foto hält das Ereignis fest. Brandt, der etwas gestaucht wirkt, ist nicht genau im Mittelpunkt, sondern bildet eine Linie mit der Skulptur des Mahnmals und dem dort niedergelegten Kranz. Die Reporter und Zuschauer im Hintergrund stellen dazu ein Gegengewicht dar. Dies wird durch den Soldaten der Ehrenwache, der etwas isoliert und am höchsten steht, noch verstärkt.

Das zweite Foto setzt dagegen deutlich Brandt als Hauptperson in Szene. Sein Kopf bildet genau den Schnittpunkt der Bilddiagonalen. Sein Gesicht im Halbprofil, der etwas gesenkte Kopf und die ineinandergelegten Hände verleihen dem Bild Ernst und feierliche Würde. Dies wird verstärkt durch die ruhig stehenden Personen im Hintergrund. Das Ereignis selbst ist bis auf den Arm und das Gewehr der Ehrenwache weitgehend ausgeblendet.

Die Bilder des Kniefalls wurden weltweit verbreitet. Sie erschienen im Fernsehen und auf der Titelseite vieler Zeitungen und Zeitschriften. Eines der Fotos findet sich heute in allen deutschen Lehrbüchern zur Zeitgeschichte, weil es nicht nur die Momentaufnahme eines historischen Ereignisses ist, sondern schon bald als Symbol verstanden wurde: Willy Brandt, der selbst während des

Brandts Kniefall in Warschau

NS-Regimes im Exil lebte, stellte sich der Geschichte seines Landes und zeigte öffentlich seine Trauer über die Opfer der deutschen Gewaltherrschaft.

Willy Brandt

Willy Brandt wurde 1913 als Herbert Ernst Karl Frahm in Lübeck geboren und wuchs bei seinem Großvater auf. Schon früh engagierte er sich in der Sozialistischen Arbeiterjugend und seit 1930 in der SPD. Nach der „Machtergreifung" nahm er den Tarnnamen Willy Brandt an und floh über Dänemark nach Oslo, wo er als Journalist tätig war. 1938 ausgebürgert nahm er die norwegische Staatsangehörigkeit an. Ab 1945 arbeitete er als Deutschlandkorrespondent für skandinavische Zeitungen und als Presseattaché an der norwegischen Militärmission in Berlin. 1948 erhielt er wieder die deutsche Staatsangehörigkeit. 1949-1957 war er Bundestagsabgeordneter und anschließend Regierender Bürgermeister von West-Berlin. 1964 wurde er zum Vorsitzenden der SPD gewählt.

Nachdem er zweimal als Kanzlerkandidat gescheitert war, trat er 1966 als Vizekanzler und Außenminister in die Regierung der großen Koalition (CDU/CSU und SPD) unter Kiesinger ein. Nach der Bundestagswahl 1969 wurde er Bundeskanzler der sozial-liberalen Regierung (SPD/FDP). Er setzte auf innenpolitische Reformen („mehr Demokratie wagen") und außenpolitische Verständigung. In der vorgezogenen Bundestagswahl 1972 wurde seine Politik bestätigt, die 1971 auch mit dem Friedensnobelpreis gewürdigt worden war. 1974 trat Brandt als Bundeskanzler zurück, nachdem sein enger Mitarbeiter Günter Guillaume als DDR-Agent enttarnt worden war. Brandt blieb bis 1987 Parteivorsitzender und engagierte sich in verschiedenen internationalen Organisationen. 1992 starb der „Weltbürger und Patriot" (Carola Stern) in seinem Haus in Unkel bei Bonn.

Brandt war aufgrund seiner Persönlichkeit und seiner politischen Visionen ein charismatischer Politiker, der in Deutschland, aber auch international Anerkennung fand. 1970 wurde er von der „Time" als „Mann des Jahres" gewählt, und bei einer Umfrage des Focus 2002 („Welchen deutschen Politiker empfinden Sie als Vorbild?") stand er mit 33 % der Nennungen an der Spitze.

Die Ostpolitik der sozial-liberalen Koalition

Brandts Überlegungen einer neuen Politik gegenüber den Staaten des Warschauer Pakts begannen schon bald nach dem Bau der Mauer. Dazu gehörten der Verzicht auf die Hallstein-Doktrin und die Anerkennung der DDR als selbstständiger Staat. Unterstützt wurde er dabei von Egon Bahr („Wandel durch Annäherung"). Erste Erfolge konnte Brandt bereits als Außenminister durch den Botschafteraustausch mit Rumänien (1967) erzielen.

In seiner Regierungserklärung bezeichnete er den Gewaltverzicht und die territoriale Integrität als Grundlagen der Außenpolitik. Nach längeren Verhandlungen kam es am 12. August 1970 zum Abschluss des Moskauer Vertrags. Am 7. Dezember 1970 wurde der „Vertrag über die Grundlagen der Normalisierung" (Warschauer Vertrag) mit Polen abgeschlossen. In den nächsten zwei Jahren folgten das Vier-Mächte-Abkommen über Berlin, der Verkehrsvertrag mit der DDR und schließlich die Anerkennung der DDR im Grundlagenvertrag (21.12.1972).

Der Kniefall von Warschau

Brandt hatte den Wunsch geäußert, während seines Staatsbesuchs in Warschau einen Kranz am Grabmal des Unbekannten Soldaten niederzulegen. Anschließend sollte in schlichtem Rahmen eine Kranzniederlegung am Denkmal für die Opfer des Warschauer Ghettos stattfinden. Dabei kniete Brandt vor dem Denkmal nieder. Diese unprotokollarische Geste erfolgte spontan und war „geschichtspolitisch und moralisch [...] geradezu grandios, vielleicht sogar eine der großen Gesten der Weltgeschichte" (Wolffsohn, Brechenmacher, S. 11). In Polen wie in Deutschland löste der Kniefall unterschiedliche Reaktionen aus. Viele Polen waren betroffen, weil auch ihre Geschichte und politische Gegenwart nicht frei von Antisemitismus war. In Deutschland führte er zu einer heftigen Kontroverse, die sich z.B. in Leserbriefen äußerte.

Zusätzliches Material

Brandt in seiner Autobiografie
Der Kniefall von Warschau, den man in der ganzen Welt zur Kenntnis nahm, war nicht „geplant". Ich hatte mir freilich am frühen Morgen überlegt, daß es gelingen müsse, die Besonderheit des Gedenkens am Ghetto-Monument zum Ausdruck zu bringen. Ich sprach darüber mit niemandem. Unter der Last der jüngsten deutschen Geschichte tat ich, was Menschen tun, wenn die Worte versagen; so gedachte ich der Millionen Ermordeter.

Willy Brandt, Begegnungen und Einsichten. Die Jahre 1960-1975, Hamburg 1976. S. 525.

Hinweise für den Unterricht

Anhand des ersten Fotos kann der Lehrer das geschichtliche Ereignis und seine Bedeutung erläutern. Dabei sollten die Grundlagen der Ostpolitik und die Verträge von Moskau und Warschau schon bekannt sein. Eine Erweiterung des Themas bietet sich in verschiedene Richtungen an. Durch den Vergleich mit dem zweiten Foto wird deutlich, wie sich durch die veränderte Perspektive oder die Wahl eines Bildausschnitts sehr verschiedene Eindrücke und Wirkungen erzielen lassen. Daran kann sich die Frage nach der Objektivität eines Fotos als der wichtigsten Bildquelle der Gegenwart anschließen, um die unterschiedlichen Möglichkeiten von Foto und Text (Zeitungsbericht) zu vergleichen.

Als weitere Medien bietet sich ein Filmausschnitt an oder der Vergleich mit einer künstlerischen Bearbeitung, der Oper „Kniefall von Warschau" von Gerhard Rosenfeld (Uraufführung am 22.11.1997 in Dortmund) und der Gedenktafel in Warschau, die von der polnischen Bildhauerin Wiktori Czechowska-Antoniewska (geb. 1929) stammt und an den Kniefall erinnert.

Literatur

Karl Dietrich Bracher, Wolf Jäger, Werner Link, Geschichte der Bundesrepublik Deutschland, Bd. 5: Die Republik im Wandel. Die Ära Brandt: 1969-74, Mannheim 1986.

Herwig Buntz, Ein Ereignis, drei Fotos – Willy Brandt in Warschau (1970), in: Geschichtsbilder. Historisches Lernen mit Bildern und Karikaturen, Hg. vom Staatsinstitut für Schulpädagogik und Bildungsforschung, Donauwörth 2001, S. 61-67.

Christoph Schneider, Der Kniefall von Warschau. Spontane Geste - bewusste Inszenierung?, in: Gerhard Pau (Hg.), Das Jahrhundert der Bilder, Bd. 2: 1949 bis heute, Göttingen 2008, Seite 410-417.

Carola Stern, Willy Brandt, Reinbek 2002.

Michael Wolffsohn, Thomas Brechenmacher, Denkmalsturz? Brandts Kniefall, München 2005.

Der 11. September – „Flagge zeigen"

Beschreibung

Vor einem weißen und hellgrauen Hintergrund stehen drei Männer mit Feuerwehrhelmen. Sie tragen T-Shirts, lange Hosen mit Knie-schützern und Leuchtstreifen am Ende der Beine. Der Mann in der Mitte hat zusätzlich eine halblan-ge Jacke mit zwei Leuchtstreifen an. Da sie vorne offen ist, sieht man eine Taschenlampe mit einem Leuchtstreifen an seinem Gürtel hängen. Eine ähnliche Lampe ohne Leuchtstreifen ist auch beim linken Mann am Gürtel befestigt. Bei dem Mann auf der rechten Seite sind auf dem Rücken die Buchstaben F und PBC zu erkennen, während der übrige Aufdruck durch einen Gurt verdeckt ist.

Die Männer stehen auf einer klei-nen Erhebung, die nicht genauer zu erkennen ist. Aus ihr ragen zwei kleine Stangen und ein größerer Mast heraus. An dem Mast, der das Bild diagonal teilt, ziehen zwei der Männer gerade eine Flagge der USA auf. Alle drei blicken nach oben, der rechte Mann mit offenem Mund, der linke mit andächtig geschlossenen Augen. Betrachtet man den Hintergrund genauer, so sieht man ein Gewirr von Trümmern und einzelne größere Balken.

New York, 11. September 2001, Foto von Thomas E. Franklin, erstmals veröffentlicht im (Bergen) Record, Hackensack, New Jersey am 12. September 2001.

Interpretation

Das Foto stammt von dem Reporter Thomas E. Franklin, der für den Record (auch „Bergen Record", da der Erscheinungsort Hackensack im Bergen County, New Jersey, liegt) arbeitete. Seine Zeitung schickt ihn am 11. September nach New York, wo er am Nachmittag gegen 17 Uhr die Aufnahme machte. Sie zeigt die drei New Yorker Feuerwehrmänner William Eisen-grein, George Johnson und Daniel McWilliams, die am Nachmittag des 11. September 2001 die Flagge der USA hissen. In den Vereinigten Staaten ist das Foto inzwischen zur Ikone geworden.

Dafür gibt es mehrere Gründe. Die Zerstörung des World Trade Centers ist nicht ausgeblen-det, doch bleibt sie mit unauffälligen Farben im Hintergrund. Dagegen erscheinen die Männer im Vordergrund deutlich in kräftigen Farben. Im Bildmittelpunkt steht das Sternenbanner, das wichtigste nationale Symbol. Da die Fahne noch auf Halbmast steht, erinnert sie zugleich an die Opfer, darunter auch über 300 Feuerwehrmänner.

Dieses Bild kann beim Betrachter verschiedene Gefühle auslösen. Die Feuerwehrleute wirken nicht erschöpft oder abgekämpft, sondern erscheinen trotz ihrer staubigen Kleidung eher als Sieger in dem Chaos. Da ihre Gesichter nicht genau zu sehen sind, stehen sie stellvertretend für ihre Kameraden.

Das Hissen der Fahne löste eine Welle von Patriotismus aus, die die USA gleichsam zum „Land der wehenden Fahnen" (Süddeutsche Zeitung, 17. September 2001) werden ließ. Damit wollte die Bevölkerung ihre Geschlossenheit demonstrieren. Ihre Bereitschaft, „Flagge zu zeigen", konnte zugleich als Kampfansage gegen die Terroristen verstanden werden: „Wir werden zurückschlagen!" (Präsident George W. Bush in einer Rede am 12. September).

Der Anschlag vom 11. September 2001

Der Terroranschlag am 11. September sollte vier wichtige Gebäude der USA mit hohem Symbolwert treffen: die beiden höchsten Wolkenkratzer Manhattans, das Pentagon und wahrscheinlich das Weiße Haus. 19 Selbstmordattentäter unter der Führung des Ägypters Mohammed Atta hatten den Anschlag jahrelang vorbereitet. Am Morgen des 11. September begaben sie sich als Passagiere auf vier Flugzeuge, die von Boston, Newark und Washington (Dulles Airport) nach Los Angeles oder San Francisco starteten. Schon kurz nach dem Start stürmten sie, mit Paketschneidern und Messern bewaffnet, die Cockpits, überwältigten die Besatzung und bedrohten die Passagiere.

Anschließend übernahmen sie das Steuer und änderten den Kurs.

Um 8.45 Uhr schlug die erste Maschine in den Nordturm des World Trade Centers in Manhattan ein, 18 Minuten später die zweite in den Südturm. Beide Maschine, noch fast voll getankt, explodierten und lösten einen Brand aus, der die Konstruktion zum Schmelzen brachte. In weniger als zwei Stunden sackten die getroffenen Stockwerke in sich zusammen, was zum vollständigen Einsturz der beiden Türme führte. Dabei starben mehr als 2600 Menschen, von denen nur wenige tot geborgen und identifiziert werden konnten.

Das Flugzeug mit dem Ziel Pentagon schlug in den Nordflügel des Verteidigungsministeriums ein, explodierte dort und löste einen Brand aus. 189 Menschen starben, darunter die 64 Insassen des Flugzeugs.

In Flug United Nr. 93 von Newark nach San Francisco hatten die Entführer ebenfalls kurz nach dem Start das Kommando übernommen und den Kurs geändert. In diesem Flugzeug erfuhren Passagiere durch Telefongespräche mit ihren Angehörigen, was inzwischen in New York und Washington passiert war. Deshalb stürmten sie das Cockpit, was zum Absturz des Flugzeugs führte. Es schlug in einem Wald in der Nähe von Pittsburgh auf, alle 37 Passagiere, die sieben Besatzungsmitglieder und die Entführer kamen dabei ums Leben.

Vom Foto zur Fotoikone

Franklins Bild erschien am 12. September im „Bergen Record" und hatte eine unvorstellbare Wirkung. Innerhalb kurzer Zeit kamen etwa 30 000 Anfragen, ob man das Bild nachdrucken dürfe. Die Genehmigung wurde anfangs kostenlos gegeben, später bat die Zeitung um eine Spende, die den Opfern zugute kommen sollte.

Die drei Feuerwehrleute erschienen auf Plakaten und auf T-Shirts, als Weihnachtsschmuck und sie dienten als Vorlage für Zeichnungen und Bilder. Franklin wurde für den Pulitzerpreis für Fotografie vorgeschlagen, und mehrere Zeitungen in den USA bewerteten das Foto als bestes Bild des Jahres 2001. Der größte Erfolg war, dass die Post im März 2002 das Foto für die Briefmarkenserie „Heroes USA" verwendete. Zur Präsentation der Briefmarke lud Präsident Bush Franklin und die drei Feuerwehrleute ins Weiße Haus ein. Die Briefmarke zeigt einen Bildausschnitt, wobei der Hintergrund kaum noch zu erkennen ist.

Das Foto sollte auch Vorbild für ein Denkmal werden, das vom New York Fire Department in Auftrag gegeben wurde. Der Entwurf, der im Dezember 2001 veröffentlicht wurde, sah vor, dass einer der Feuerwehrleute ein Afroamerikaner und ein anderer ein Latino sein sollte. Damit wollte man darauf hinweisen, dass bei den Opfern alle Rassen und ethnischen Gruppen vertreten waren. Doch viele der New Yorker Feuerwehrmänner kritisierten diesen Entwurf, weil aufgrund der politischen Korrektheit die Geschichte umgeschrieben würde. Daraufhin wurde der Entwurf zurückgezogen.

Die Wirkung von Franklins Foto ist dadurch zu erklären, dass es Zuversicht und Entschlossenheit anstelle von Grauen, Zerstörung und Hilflosigkeit zeigt. Das Ereignis wird personalisiert und der Betrachter emotional angesprochen. Durch seine symbolische Verdichtung steht das Bild stellvertretend für den Anschlag auf das World Trade Center.

Die Bedeutung des Bilds ist aber nur dann vollständig zu erfassen, wenn man weiß, dass es ein „kanonisiertes Foto aus dem nationalen Bilderreservoir" (Hamann, S. 15) zitiert, das von Joe Rosenthal im Februar 1945 auf Iwo Jima gemacht wurde.

Die Flaggenhissung auf Iwo Jima

Flaggenhissung auf Iwo Jima, Foto von Joe Rosenthal, 1945.

Am 19. Februar 1945 landeten Truppen der USA auf der Insel Iwo Jima, die 1100 km südlich von Tokio im Pazifik liegt. Sie eroberten die Insel in erbitterten Kämpfen, bei denen 7000 Amerikaner und 20 000 Japaner fielen. Während des Kampfs hissten Soldaten auf dem Berg Suribachi die Flagge der USA. Joe Rosenthal (geb. 1911), der als Fotograf die Truppen begleitete, erfuhr davon und stieg auf den Gipfel, wo die Flagge schon stand. Da traf er einige Soldaten, die eine größere Fahne aufziehen wollten, und fotografierte sie dabei.

Dieses Bild wurde in den USA zur „patriotischen Ikone" (Hamann) des Zweiten Weltkriegs. Rosenthal erhielt dafür 1945 den Pulitzerpreis für Fotografie. Sein Bild diente als Vorlage für ein Kriegsanleihe-Plakat, für zwei Briefmarken (1945 und 1995) und das Iwo-Jima-Monument (1954) in Washington. Auch in dem Film „Flags of Our Fathers" (2006) von Clint Eastwood spielt die Flaggenhissung eine zentrale Rolle, wird aber mit der historischen Wirklichkeit konfrontiert. Eastwood stützte sich dabei auf das gleichnamige Buch, das James Bradley, einer der Männer auf dem Foto, 2000 veröffentlichte.

Zusätzliches Material

Thomas E. Franklin über sein Foto

Ich würde sagen, ich war knapp 150 Meter entfernt, als ich sah, wie die Feuerwehrmänner die Flagge hissten. Sie standen auf dem Rest eines Gebäudes, ungefähr sieben Meter über dem Boden. [...] Ich fotografierte das Bild von unterhalb einer der ehemaligen Fußgängerüberführungen, vielleicht die zwischen der World Trade Plaza und dem World Financial Center. Sobald ich das Bild gemacht hatte, erkannte ich die Ähnlichkeit mit dem berühmten Bild der Marinesoldaten, die die Flagge auf Iwo Jima hissen. [...] Dies war ein wichtiges Bild. Es drückte mehr aus als nur Tod und Zerstörung. Es sagte mir etwas über die Stärke des amerikanischen Volks und dieser Feuerwehrmänner, die gegen das Unvorstellbare kämpfen mussten. [...]

aus: http://septerror.tripod.com/firephoto.html (übersetzt von Herwig und Veit Buntz).

Hinweise für den Unterricht

Da der 11. September im öffentlichen Bewusstsein noch lebendig ist, könnten Schüler der Sekundarstufe I eine Umfrage durchführen, welche Erinnerung Erwachsene an das Ereignis und die Berichterstattung in den Medien haben. Dabei kann das Foto als Gesprächsanlass dienen.

Das Foto von Franklin eignet sich aber auch für die intensive Auswertung einer aktuellen Bildquelle und für die Entstehung einer Fotoikone. Der Anschlag vom 11. September sollte den Schülern bekannt sein. Bei der Arbeit mit dem Bild kann als erster Schritt die Frage stehen, warum gerade dieses Foto eine so große Wirkung hatte. Dazu lassen sich die Äußerungen von Franklin heranziehen. Als zweiter Schritt ist der Vergleich mit dem Foto von Iwo Jima und ein Hinweis auf den US-amerikanischen Patriotismus mit der Flagge als wichtigstes Symbol denkbar, wobei auch der Film „Flags of Our Fathers" eingesetzt werden kann.

Literatur

Stefan Aust, Cordt Schnibben (Hgg.), 11. September. Geschichte eines Terrorangriffs, Stuttgart und München 2002.

Christoph Hamann, Bilderwelten und Weltbilder. Fotos, die Geschichte(n) mach(t)en, hg. vom Berliner Landesinstitut für Bildung und Medien, Teetz 2002.

Glossar

A

Ätzradierung > Radierung

Airbrush
(Engl.; eigentl. „Luftpinsel"). Mit diesem Verfahren, das aus der Werbegrafik stammt, wird die Farbe mit einer Spritzpistole aufgesprüht.

Allegorie
(Gr. *allegoria*: anders ausdrücken). Anschauliche Darstellung von abstrakten Begriffen, Vorstellungen oder Vorgängen durch konkrete Objekte oder Personen. Das häufigste Stilmittel ist die Personifikation mit dazugehörigen Attributen (z.B. „Justitia" mit Waage und Schwert), gelegentlich auch mit erläuternden In- oder Beischriften.

Altar
(Lat. *altaria*: Aufsatz auf einem Opfertisch). Altar bezeichnet eine erhöhte Opferstätte, wie sie in vielen Religionen vorkommt. In der christlichen Kirche wurden die Opferaltäre durch Tische ersetzt, die auch als Kasten- oder Blockaltäre gestaltet sein konnten. Seit dem frühen Mittelalter war die Tischplatte oft mit einem Baldachin überdacht und erhielt später eine Rückwand, aus der sich die gotischen > Flügelaltäre entwickelten.

Andachtsbild
Andachtsbilder stellen einen religiösen Bildtypus dar, der vor allem – zur Identifikation und zum Mitleiden – das Gefühl des Betrachters ansprechen soll. Ein beliebtes Thema ist z.B. Christus als Schmerzensmann.

Aureole
(Lat. *aureolus*: schön golden). Die Aureole ist eine Form des Heiligenscheins, die im Unterschied zum Nimbus nicht nur den Kopf, sondern den ganzen Körper umgibt. Aureolen wurden seit der Antike verwendet, um Götter oder Herrscher hervorzuheben.

B

Bildikone
(Gr. *ikon*: Bild). Der Begriff bezeichnet ein besonders aussagekräftiges Bild, das häufig reproduziert und zitiert wird. Es entwickelt sich zum „Kultbild", löst sich von seinem ursprünglichen Inhalt oder Entstehungszusammenhang und erhält oft neue Bedeutungen.

E

Eitempera
(Lat. *temperare*: das rechte Maß geben). Als Tempera bezeichnet man Farben, für die man eine Emulsion als Bindemittel verwendet. Seit der Antike werden Farben auch mit Eiweiß und Eigelb gebunden und durch Zusatz von Wasser oder Öl aufgetragen. Damit erhalten die Farben eine Leuchtkraft, die sich wenig von Ölfarben unterscheidet.

Ereignisbild
Das Ereignisbild ist eine Sonderform des > Historienbilds. Es stellt geschichtliche Ereignisse dar, die gerade geschehen oder noch unmittelbar gegenwärtig sind. Damit besitzen Ereignisbilder einen hohen Grad an Authentizität. Aber sie werten auch das Geschehen, überhöhen oder verfälschen es.

F

Federzeichnung
Seit der Antike verwendete man Kiel- oder Rohrfedern, seit dem 19. Jahrhundert auch Metallfedern, um mit Tinte oder Tusche auf Papier zu zeichnen. Die Federzeichnung

erlaubt nicht nur einfache Skizzen, sondern durch unterschiedliche Strichführung auch ausdrucksstarke Werke. Die Wirkung konnte durch „Lavieren" (lat. *lavare*: waschen; Verwaschen oder Verreiben von aufgetragenen Farben) gesteigert werden.

Flachdruck

Im Unterschied zum Hochdruck (> Holzschnitt, > Holzstich) und Tiefdruck (> Kupferstich, > Radierung) liegen die Teile, die gedruckt werden sollen, auf derselben Ebene wie die nicht gedruckten.

Flügelaltar

Der einfache Altartisch (> Altar) erhielt seit dem 11. Jahrhundert einen Aufsatz, der als Relief oder Gemälde gestaltet war. Seit dem 14. Jahrhundert erweiterte man die Altäre. An den frei stehenden Altarschrein wurden auf beiden Seiten drehbare Flügel angebracht (> Triptychon), deren Vorderseiten geschnitzt oder bemalt sein konnten, während die Rückseiten bemalt waren. Wurden die Flügel geschlossen, so ergaben diese ein neues Bild.

Flugblatt

Einseitig bedruckte Blätter (Einblattdrucke), die mit der Erfindung des Buchdrucks entstanden. Auf ihnen wurden aktuelle, meist politische Nachrichten schnell verbreitet. Viele Flugblätter enthalten ein Bild (> Holzschnitt oder > Kupferstich) und einen oft gereimten kommentierenden Text.

Fresko

(Ital. *al fresco muro*: auf die frische Wand gemalt). Wandmalerei, die im Gegensatz zur Secco-Malerei mit Kalkfarben auf den frischen, noch feuchten Putz aufgetragen wird. Dieser bildet beim Trocknen zusammen mit der Farbe eine harte, wasserunlösliche Schicht. Vorzeichnungen werden meistens auf Karton in Originalgröße angefertigt.

G

Gelatineverfahren > Glasnegativ

Genremalerei

(Frz. *genre* von lat. *genus*: Gattung, Wesen, Art). Die Genremalerei stellt Themen aus dem alltäglichen Leben dar. Sie hat ihre Anfänge in der mittelalterlichen Kunst und erreichte in der niederländischen Malerei im 17. Jahrhundert ihren ersten Höhepunkt (Pieter Bruegel). Im Biedermeier waren idyllische Genrebilder beliebt, doch entwickelte sich im Laufe des 19. Jahrhunderts vor allem in Frankreich auch eine sozial- und gesellschaftskritische Genremalerei.

Glasfenster > Glasmalerei

Glasmalerei

Farbige Glasfenster werden aus farbigen Einzelscheiben wie ein > Mosaik zusammengesetzt und durch ein Netz aus Bleistegen zusammengehalten. Die Grundfarben erhält man durch die Beimengung von Metalloxiden. Durch das Aufbrennen von lichtundurchlässigen Farben (Schwarzlot, Silbergelb oder Eisenrot) können die Glasscheiben bearbeitet werden.

Glasnegativ

In der Fotografie wurde außer dem Positivverfahren ein Verfahren entwickelt, bei dem beschichtete Glasplatten das Negativ des Bilds festhielten. Durch Belichtung ließen sich davon mehrere Abzüge machen. Die Beschichtung erfolgte anfangs durch ein Kollodiumverfahren, bei dem Kollodiumwolle (nitrierte Zellulose) als Emulsion für die lichtempfindlichen Chemikalien diente. Ein verbessertes Verfahren war das Gelatineverfahren. Dabei wurde eine Mischung aus Gelatine und Bromsilber auf eine Glasplatte aufgetragen. Die so behandelten Platten waren sehr viel haltbarer und erlaubten eine wesentlich kürzere Belichtungszeit.

Gobelin

(Frz., nach der 1662 in Paris gegründeten Manufaktur „Les Gobelins", deren Namen wahrscheinlich auf eine Färberfamilie zurückgeht). Der Begriff bezeichnet Bildteppiche, wie sie besonders seit dem 17. Jahrhundert als Wandschmuck beliebt waren. Die Bilder wurden nach Vorlagen gewirkt, wobei man verschiedenfarbige und – anders als beim Weben – unterschiedlich lange Schussfäden verwendete.

H

Historienbild

Auf Historienbildern sind geschichtliche Ereignisse dargestellt, die länger zurückliegen und deshalb als „historisch" empfunden werden. Historienbilder versuchen entweder eine möglichst genaue Wiedergabe der Ereignisse oder sie idealisieren und heroisieren die Geschichte. Die meisten Historienbilder waren für die Öffentlichkeit bestimmt, sodass man große Formate und Techniken wie > Mosaik, > Fresko, Tafel- oder Ölbilder bevorzugte. Für die Historienmaler der frühen Neuzeit lieferte die Geschichte vor allem moralische Exempel, während sie seit der Französischen Revolution zur politischen oder nationalen Sinnstiftung beitragen sollte.

Hofmaler

Seit dem späten Mittelalter gab es Künstler, die hauptsächlich für einen fürstlichen Auftraggeber arbeiteten und oft auch am Hof lebten. Das befreite sie von den Auflagen der Zunft und sicherte ihnen meistens einen guten Verdienst. Zu ihren Aufgaben gehörten auch die Ausgestaltung von Festen und die Ausstattung fürstlicher Bauten.

Holzschnitt

Der Holzschnitt ist ein Hochdruckverfahren, das seit dem Beginn des 15. Jahrhunderts zur Vervielfältigung von Bildern verwendet wurde. Der Entwurf wird spiegelbildlich auf das geglättete Holz gezeichnet und die Stellen, die weiß bleiben sollen, werden entfernt. Anschließend wird die Druckfarbe aufgetragen. Der Druck erfolgt mit einer Handpresse oder durch das Abstreichen mit einer Bürste. Die meisten Holzschnitte erlauben nur eine begrenzte Anzahl von einigen Hundert Abzügen.

Holzstich (Xylografie)

Modernes Hochdruckverfahren, das sich aus dem > Holzschnitt entwickelte. Als Druckplatte verwendete man „Hirnholzblöcke", die quer zu den Holzfasern geschnitten sind. Bevorzugt wurde hartes Holz mit feiner Maserung. Das Herausarbeiten der spiegelbildlichen Vorzeichnung erfolgte mit Grabsticheln oder Graviernadeln und ermöglichte auch feine Linien und zarte Schraffuren, sodass eine sehr detaillierte Wiedergabe und eine malerische Wirkung möglich waren. Das Verfahren wurde vor allem von Thomas Bewick (1753-1828) für Buchillustrationen verwendet, diente aber bald schon für den Druck anderer Bilder, z.B. in illustrierten Zeitungen. Wegen der Härte des Holzes, das Kupfer übertrifft, waren mehrere Hunderttausend Abdrucke möglich. Am Ende des 19. Jahrhunderts wurden mithilfe von Holzstichen auch Fotos reproduziert (Fotoxylografie).

I

Idealstadt

Gedachte oder verwirklichte Planstadt, die alle Bedingungen einer Stadt optimal erfüllt. Die Idealstädte weisen fast immer eine regelmäßige geometrische Anlage mit einem deutlichen Zentrum auf. Im Grundriss der Idealstadt spiegeln sich meistens die politischen und sozialen Verhältnisse der Zeit wider (antike Polis, absolutistische Residenz).

Ikone > Bildikone

K

Kartusche
(Frz. *cartouche:* Rolle, Einfassung). Aus der barocken Baukunst stammende Zierform, in der eine Fläche durch einen reichen Ornamentrahmen eingefasst ist.

Kavalierperspektive
Schiefe Parallelprojektion durch einen erhöhten Augenpunkt, sodass die Tiefen verkürzt werden. Die Bezeichnung leitet sich von der Perspektive eines Reiters ab.

Kupferstich
Der Kupferstich ist die älteste Tiefdrucktechnik. Die Vorzeichnung wird spiegelbildlich auf eine geschliffene Kupferplatte aufgetragen. Anschließend werden die Linien oder Punkte mit einem Stahlstichel aus der Platte herausgeschnitten. Flächen erhält man durch Schraffuren aus vielen feinen Linien. Nach dem Stechen wird die Platte mit Druckfarbe eingewalzt und so poliert, dass die Farbe nur in den Vertiefungen bleibt. Von einer Platte sind etwa Tausend Abzüge möglich. Der Kupferstich entstand etwa zeitgleich mit dem > Holzschnitt und war besonders im 17. und 18. Jahrhundert sehr beliebt. Im 19. Jahrhundert wurde er von der > Lithografie und dem > Holzstich weitgehend abgelöst.

L

Lasieren
(Mlat. *lazurium* aus Lapislazuli und Azur; eigentl. himmelblau). Bei dieser Technik werden Lasuren (z.B. Öl- und Harzfirnisse) oder Farben verdünnt aufgetragen, sodass sie transparent wirken. Da das Licht erst von den tieferen Schichten reflektiert wird („Tiefenlicht"), wirken diese leuchtender und etwas dunkler.

Lavieren > Federzeichnung

Lehrbild
Die Bezeichnung Lehrbild (auch Merk- oder Dogmenbild) wurde für Bilder verwendet, auf denen die protestantische Lehre sinnfällig dargestellt war. Im Unterschied zum > Andachtsbild wurde das Lehrbild didaktisch gestaltet und sollte vor allem den Verstand ansprechen.

Lithografie
(Gr., eigentl. „Steinschrift"). Von Aloys Senefelder (1771-1834) erfundene Methode des Flachdrucks. Die Zeichnung lässt sich direkt mit fetthaltiger Kreide oder einer Tusche aus Fett, Wachs und Ruß (Federlithografie) auf den Stein auftragen. Anschließend wird die Platte mit einer Mischung aus Wasser, Gummi arabicum und verdünnter Säure so präpariert, dass sie an den zeichnungsfreien Stellen Wasser aufnimmt. Da das Wasser die Druckfarbe abweist, werden nur die vorgezeichneten Stellen abgedruckt. Die Lithografie war eine sehr preiswerte Methode, mit der auch große Formate (Plakate) gedruckt und hohe Auflagen erzielt werden konnten.

M

Mischtechnik
Mit Misch- oder Wechseltechnik bezeichnet man die Verwendung verschiedener Maltechniken bei demselben Bild. Die wichtigste Mischtechnik ist die Verbindung von Tempora- und Ölfarben.

Mosaik
(Herkunft ungeklärt, gr. oder arab. Ursprung). Flächendekoration, die durch das Zusammenfügen kleiner verschiedenfarbiger Teile (Steine oder Glas) entsteht. Sie werden mit Mörtel oder Kitt befestigt und auf dem Boden, an der Wand oder an Gewölben angebracht.

P

Personifikation > Allegorie

Petschaft

(Tschech. *Pečet:* Siegel). Kleiner Stempel, mit dem man Briefe siegelt, in Form eines Rings oder einer Platte, in die ein Namenszug oder ein Wappen eingraviert ist.

Pilaster

(Frz. *pilastre* von lat. *pila:* Pfosten). Pilaster sind vorspringende flache Wandpfeiler, die sich wie Säulen in Basis, Schaft und Kapitell gliedern. Sie können tragende Funktion haben (Verstärkung der Mauer, Gebälk) oder nur zur Gliederung der Wandfläche dienen.

Pittura metafisica

(Ital.: metaphysische Malerei). Richtung der italienischen Malerei zu Beginn des 20. Jahrhunderts, in der die Wirklichkeit jenseits der sichtbaren Dinge dargestellt werden sollte. Dies geschah durch unbelebte und leere Räume, kulissenhafte Bauten oder Gliederpuppen anstelle von Menschen.

Planstadt > Idealstadt

Porträt

(Frz. *portrait:* Bildnis). Gemaltes oder gezeichnetes Bildnis eines Menschen, das die Individualität des Dargestellten berücksichtigt und sich meistens auf das Gesicht oder den Oberkörper („Brustbild") beschränkt.

Prospect

(Lat. *prospectus:* Hinblick, Aussicht). Ansicht einer Landschaft oder einer Stadt, die perspektivisch verkürzt ist.

Putto

(Ital. Knäblein zu lat. *putus:* Knabe). Kleine, meist nackte Knabenfiguren nach dem Vorbild der antiken Eroten, die seit der Renaissance an die Stelle der mittelalterlichen Engel traten.

Pylone

(Gr. *pylon:* Portal). Pylone waren in der ägyptischen Architektur rechteckige Tortürme, die einen Tempel- oder Palasteingang flankierten. Seit dem Barock werden ähnliche Formen verwendet, um Eingänge hervorzuheben. Als Pylone bezeichnet man auch die Tragepfeiler von Hängebrücken.

R

Radierung

(Lat. *radere:* schaben). Tiefdruckverfahren, bei dem eine Kupfer- oder Zinkplatte mit einem „Ätzgrund" (säurefeste Schicht als Asphaltlack oder Wachs) überzogen ist. Die Zeichnung wird mit einer erwärmten oder kalten Nadel in den Ätzgrund geritzt. In einem anschließenden Säurebad werden die von der Nadel freigelegten Stellen in das Metall geätzt. Im Unterschied zum > Kupferstich lässt sich die Zeichnung einfacher auf die Druckplatte übertragen, doch ist die Zahl der möglichen Abzüge geringer.

Retusche

(Frz. *retoucher:* überarbeiten, eigentl. „wieder berühren"). Korrekturen oder Ergänzungen an einem Kunstwerk. Bei der Veränderung von Fotografien unterscheidet man Positivretuschen (am Foto) oder Negativretuschen (am Negativ). Diese Retuschen dienten oft der Fälschung eines Fotos.

Rotunde

(Lat. *rotundus:* rund). Gebäude oder Raum mit kreisförmigem Grundriss, der meist mit einem Kuppelgewölbe abgeschlossen ist. Die Form wurde seit der Antike für religiöse Gebäude (Tempel, Kirchen) und seit der Renaissance auch für weltliche Bauten verwendet.

S

Salon

(Frz. von ital. *salone:* Festsaal). Die Einrichtung eines Salons als Ausstellungsraum einer königlichen Kunstakademie geht auf Ludwig XIV. zurück. Seit 1667 fanden in Paris im „Salon carré" des Louvre regelmäßige Ausstellungen statt. Über die Auswahl der Werke bestimmte eine Jury, deren Mitglieder eher traditionelle Werke bevorzugten.

Schlachtenbild

Eigener Bildtypus der Historienmalerei, der kriegerische Szenen darstellt. Seit der Renaissance waren Schlachtenbilder meist großformatige Gemälde, die ein Gesamtbild des militärischen Geschehens, seltener wichtige Einzelszenen zeigten.

Schmuckblatt

Dekorativ gestaltetes Blatt, z.B. eine Urkunde oder das Titelblatt eines Buches.

Sepia

(Gr. *sepia:* Tintenfisch). Aus dem Sekret des Tintenfischs lässt sich ein dunkelbrauner Farbstoff gewinnen. Mit einem Bindemittel wie Leim oder Gummi arabicum kann man eine Tusche herstellen, die mit einer Feder oder einem Pinsel aufgetragen wird und wasserunlöslich trocknet.

Sims

(Lat. *simatus:* platt gedrückt). Als Sims oder Gesims bezeichnet man – im Unterschied zum senkrecht verlaufenden > Pilaster – einen waagrechten Bauteil, der aus der Mauer heraustritt. Er kann dazu dienen, eine Wand zu gliedern oder sie zu verzieren. Auch die Bekränzungen an Fenstern oder Türen nennt man Simse.

Sockel

(Frz. *socle* von lat. *soculus:* kleiner, leichter Schuh). Sockel (oder Postament) heißt der vorspringende Unterbau eines Gebäudes und der Fuß eines Standbilds oder einer Säule. Er trennt das Bau- oder Kunstwerk vom Boden. Der Sockel setzt sich meistens aus mehreren Teilen zusammen.

T

Triglyphe

(Gr. *triglyphos:* eigentl. „Dreischlitz"). In der Architektur der dorischen Tempel waren Triglyphen Steinplatten, in die drei Kerben geschnitten sind. Sie entwickelten sich aus Holzbrettchen, mit denen man ursprünglich die Balkenköpfe verkleidete. Im Tempelfries wechselten Triglyphen mit Metopen (meist mit Reliefs geschmückte Zwischenfelder) ab.

Triptychon

(Gr. *triptychos:* dreifach). Dreiteiliges Altarbild, oft als > Flügelaltar ausgeführt, bei der die Teile inhaltlich zusammengehören. Der Begriff wurde später allgemein für dreiteilige Bilder verwendet.

V

Vignette

(Frz. *vigne:* Weinranke). Ornament aus Weinranken, mit denen Texte und Bilder begrenzt und verziert werden.

Votivbild

(Lat. *votivus* aus *vovere:* feierlich geloben, versprechen). Votivbilder dokumentieren die wunderbare Rettung aus einer Notlage, in der Menschen die Hilfe Gottes oder eines Heiligen anriefen. Nach der Erhörung ihrer Bitte stellten sie das Ereignis in einem Bild dar und stifteten es einer Kultstätte. Die Darstellung auf den Votivbildern ist naiv und volkstümlich und enthält oft interessante kultur- und alltagsgeschichtliche Details.

Nachschlagewerke

Der Brockhaus Kunst. Künstler, Epochen, Sachbegriffe, Mannheim, Leipzig ³2006.

Anja-Franziska Eichler, Schnellkurs Druckgrafik, Köln 2006.

Felix Freier, DuMont's Lexikon der Fotografie. Technik – Geschichte – Fotografen – Kunst, Köln 1997.

Brigitte Govignon (Hg.), Kleine Enzyklopädie der Fotografie, München 2005.

Kindlers Malereilexikon, 6 Bde., Zürich 1964-1971.

Heijo Klein, DuMont's Kleines Sachwörterbuch der Drucktechnik und grafischen Kunst, Köln ⁸1991.

Walter Koschatzky, Die Kunst der Graphik. Technik, Geschichte, Meisterwerke, München ¹⁴2003.

Lexikon der Kunst, 7 Bde., Leipzig ²2004.

Edward Lucie-Smith, DuMont's Lexikon der Bildenden Kunst, Köln ²1997.

Gerhard Paul (Hg.), Das Jahrhundert der Bilder, Bd. 2: 1949 bis heute, Göttingen 2008.

Nikolaus Pevsner, Hugh Honour, John Fleming (Hgg.), Lexikon der Weltarchitektur, München 1999.

Reclams Handbuch der künstlerischen Techniken, 3 Bde., Stuttgart 1997.

Saur Allgemeines Künstlerlexikon. Bisher erschienen Band 1-56 (bis Goepfart) und zwei Nachtragsbände (bis Beran), München, Leipzig 1983-2007.

Saur Allgemeines Künstlerlexikon. Bio-bibliographischer Index A-Z, 10 Bde., München, Leipzig 1999-2000.

Saur Allgemeines Künstlerlexikon. Bio-bibliographischer Index nach Berufen, 13 Bde., München, Leipzig 2002-2003.

Ulrich Thieme, Felix Becker (Hgg.), Allgemeines Lexikon der Bildenden Künstler, 37 Bde., Leipzig 1907-1950 (Nachdruck 1999).

Bildnachweis

Archiv für Kunst und Geschichte, Berlin – S. 23, 59, 71, 79, 121, 145, 153; Artothek, Weilheim – S. 16; Badische Landesbibliothek, Karlsruhe – S. 55; Bibliothèque Nationale de France, Paris – S. 47; Bibliothèque Nationale de France, Kupferstichkabinett, Paris – S. 67; British Museum, London – S. 100; Cabinet des Medailles, Bibliothèque Nationale, Paris – S. 54; CM2. Histoire la France au fil du temps de 1789 à nos jours, 1985, S. 77 – S. 146; Deutsches Historisches Museum, Berlin – S. 149; DIZ, Süddeutscher Verlag/Bilderdienst, München – S. 183; dpa Picture-Alliance, Frankfurt – S. 133, 215; William Henry (Will) Dysen, Prophecy?, „Daily Herald" vom 10. Oktober 1914 – S. 138; Fürstlich Waldburg-Zeilsches Gesamtarchiv, Leutkirch – S. 20; Germanisches Nationalmuseum, Nürnberg – S. 31, 95, 99, 135; Haus der Geschichte der Bundesrepublik Deutschland, Bonn – S. 193, 205, 206; „Illustrirte Zeitung" vom 15. April 1848, S. 250, S. 247 – S. 111, 113; Eberhard Jäckel u.a., Enzyklopädie des Holocaust. Die Verfolgung und Ermordung der europäischen Juden, Bd. 2, München/Zürich 1995, S. 688 – S. 173; „Jugend" 1 (1896), Heft 7 vom 15. Februar 1896, S. 105 – S. 141; H.E. Köhler/W. Süskind, Wer hätte das von uns gedacht – Jugendjahre der Bundesrepublik Deutschland, Boppard, 31961, S. 9 – S. 201; Ernst Maria Lang, München – S. 106; Library of Congress, Washington D.C. – S. 61, 63; Mein Milljöh. Neue Bilder aus dem Berliner Leben von Heinrich Zille, Berlin 1914, S. 55 – S. 126; Musée Carnavalet, Paris – S. 75, 107; Musée National de Versailles et des Trianons, Château de Versailles, Paris – S. 51; Musée National du Louvre, Paris – S. 103; Musées Royaux des Beaux-Arts, Brüssel – S. 83; Museo del Prado, Madrid – 91; Photographische Sammlung der Berlinischen Galerie, Berlin – S. 125; Presse- und Informationsamt der Bundesregierung, Bonn – S. 210; Preußischer Kulturbesitz, Berlin – S. 12, 27, 35, 39, 87, 115, 117, 119, 120, 129, 131, 157, 161, 169; Otto Rühle, Illustrierte Kultur- und Sittengeschichte des Proletariats, Bd. 2, Gießen 1977, S. 426 – S. 170; Sven Simon Fotoagentur GbmH & Co, Mülheim/Ruhr – S. 209; Staatsgalerie, Stuttgart – S. 165; Stadtarchiv, Freiburg – S. 197; Städtisches Museum, Mülheim/Ruhr – S. 185; Ullstein-Bild, Berlin – S. 174, 213; Skirner Vahle, „Arts and Sciences Finding Refuge in the USA – Die geistige Emigration von Arthur Kaufmann und eine Unbekannte, 1938, in Exil 1 (1981) H.1, S. 60 – S. 186; „Völkischer Beobachter" vom 10.09.1934 und 10.09.1938 – S. 177, 178; Andrzej Wirth, „Es gibt keinen jüdischen Wohnbezirk in Warschau mehr". Stroop-Bericht, Neuwied/Berlin/Darmstadt 1960 – S. 189.

Trotz entsprechender Bemühungen ist es uns nicht in allen Fällen gelungen, den Rechtsinhaber ausfindig zu machen. Gegen Nachweis der Rechte zahlt der Verlag für die Abdruckerlaubnis die gesetzlich geschuldete Vergütung.